社会工作作为专业力量参与脱贫攻坚，

将专业队伍、专业方法、专业力量运用到脱贫攻坚的工作中，

发挥了不可替代的专业优势和人才优势，

提升了反贫困工作的专业性。

国家出版基金项目
NATIONAL PUBLICATION FOUNDATION

大国攻坚·反贫困社会工作丛书

丛书主编　向德平

社区为本的反贫困社会工作研究

文　军　吴越菲　等　著

華東理工大學出版社
EAST CHINA UNIVERSITY OF SCIENCE AND TECHNOLOGY PRESS
·上海·

图书在版编目(CIP)数据

社区为本的反贫困社会工作研究 / 文军等著. —上海：华东理工大学出版社，2020.12(2024.12 重印)
(大国攻坚·反贫困社会工作丛书 / 向德平主编)
ISBN 978-7-5628-6424-0

Ⅰ.①社… Ⅱ.①文… Ⅲ.①扶贫—社区—社会工作—研究—中国 Ⅳ.①F126

中国版本图书馆 CIP 数据核字(2020)第 270971 号

内容提要

本书在介绍社区为本的反贫困社会工作内容特点、理论基础和实务模式的基础上，从社区介入、社区增权和社区营造等角度详细阐述了社会工作在反贫困实践中的具体操作过程，同时还从社区为本的反贫困具体案例入手，选取此领域几个重要的方面展现反贫困社会工作的介入方法、理论范式和干预模式。全书各章节之间既层层递进，又相对独立；既突出了社区为本的反贫困社会工作特色，又体现了脱贫攻坚中各种反贫困社会工作的要义。本书是国内第一本系统阐述社区为本反贫困社会工作理论与实践的专业书籍，十分适合广大社会工作者、扶贫工作者、社区工作者及对相关领域感兴趣的读者参考学习。

策划编辑 / 刘 军
责任编辑 / 藕 园
装帧设计 / 王 翔
出版发行 / 华东理工大学出版社有限公司
地址：上海市梅陇路 130 号，200237
电话：021-64250306
网址：www.ecustpress.cn
邮箱：zongbianban@ecustpress.cn
印 刷 / 上海中华商务联合印刷有限公司
开 本 / 165 mm×240 mm 1/16
印 张 / 26
字 数 / 293 千字
版 次 / 2020 年 12 月第 1 版
印 次 / 2024 年 12 月第 2 次
定 价 / 98.00 元

从书总序

我国以脱贫攻坚为标志的国家级重大反贫困行动，于2020年年底取得了预期成果，绝对贫困总体上被消除。脱贫攻坚可以说是中国乃至世界反贫困史上的一件大事，值得书写一笔。社会工作作为一种专业力量参与其中，并发挥了重要作用，其实践和经验值得总结。由向德平教授主编的“大国攻坚·反贫困社会工作丛书”在这方面做了开创性的工作，值得我们称赞。

一、社会工作参与反贫困是一项重大的专业实践

（一）反贫困是社会工作的一项核心任务

社会工作自产生之日起，就与反贫困结下了不解之缘。不是社会工作“贪恋”反贫困，而是贫困给贫困群体带来了巨大的痛苦。社会工作作为一种以帮助困难群体缓解困难、追求社会公正与社会进步为己任的专业，理应把反贫困的责任放在自己的肩上。在世界社会工作反贫困历史上，发达国家的社会工作参与反贫困基本上是通过实施社会救助和社会慈善的方式进行的，并形成了社会工作的著名模式。第二次世界大战以后，发展中国家的反贫困主要面向农村展开，经济开发、社区发展成为其主要模式，20世纪50年代联合国倡导的社区发展原则正是社会工作参与反贫困所应遵循的。20世纪80年代以后出现的发展型社会工作，一方面与发展中国家的政府、社会工作者、发展工作者的实践有关，另一方面也受产生于发达国家的社会投资

等理论的影响。这些实践取得了一定的成绩，也为后来发展中国家的反贫困提供了借鉴和参照。

我国作为经济社会政策和发展项目的反贫困工作是从20世纪80年代中期开始的，最初是经济开发，接着是扶贫攻坚，主要是发展经济，由政府部门、国有大中型企业和贫困农户承担主要责任。2015年，我国开始实施脱贫攻坚工程，中央明确要求形成由专项扶贫、行业扶贫和社会扶贫互为补充的大扶贫格局，做到扶贫开发与经济社会发展相互促进，不但注重产业脱贫，而且加强教育等多层面脱贫；要求坚持群众主体，激发内生动力，注重扶贫扶智，增强贫困人口自我发展的能力，同时实施扶贫志愿者行动计划和社会工作专业人才服务贫困地区计划。这样，社会工作力量作为脱贫攻坚的有机组成部分，有了“特殊”的实践机会，也能够更有针对性地参与反贫困行动。2017年，《民政部 财政部 国务院扶贫办关于支持社会工作专业力量参与脱贫攻坚的指导意见》（以下简称《意见》）要求中国社会工作教育协会发挥推动作用，进行教育扶贫。同时，我国开始实施社会工作服务机构“牵手计划”，从发达地区选择专业性强的社会工作服务机构，与贫困地区社会工作服务机构等进行结对。社会工作教育界积极响应政府部门的号召，组织、动员和支持各社会工作院系参与这一具有历史意义的反贫困行动。各类群体参与脱贫攻坚成为中国社会工作重建以来，规模最大、时间较长、有组织、有目标要求的集体性行动。

（二）社会工作参与脱贫攻坚取得了积极成果

按照民政部等部门的《意见》，中国社会工作教育协会参与脱贫攻坚是教育扶贫，其主要任务如下：高校社会工作专业院系要与贫困地区合作建立社会工作专业培训、教师实践和学生实习实训基地，帮助贫困地区培养社会工作专业人才；高校社会工作专业教师到贫困地区开展专业督导，引导社会工作专业在校生到贫困地区进行社会实践；支持鼓励社会工作专业毕业生到贫困地区就业。在中国社会工作教育协会的组织动员下，各社会工作院系秉持专业精神、发挥主观能动性，组织师生、链接资源、深入贫困地区，开展了多项服务，较好地完成了《意见》提出的任务，并尽己所能地为贫困地区的居民做贡献，在脱贫攻坚中取得了不少开创性成果。社会工作教育界支持了贫困地区的脱贫工作，促进了贫困地区社会工作人才和专业力量的发展，也获得了参与反贫困的直接经验，使我们感受到了当地干部群众和派驻的扶贫干部在反贫困中表现出来的坚韧不拔的精神。同时，参与脱贫攻坚也成为各社会工作院系坚持理论联系实际、开展实践教学、在实践中培养学生、在比较中进行研究的重要场域，因而参与者的收获是丰硕的。

对于参与脱贫攻坚，中国社会工作教育协会领导班子给予了高度重视，设计行动计划、动员组织力量，推动了整个工作向前发展。中国社会工作教育协会还建立了反贫困社会工作专业委员会，在贯彻落实协会的总体部署、推动整个活动发展方面发挥了积极作用。作为反贫困社会工作专业委员会的负责人，向德平教授和他主持的反贫困研究机构积极配合、主动工作，有力地推动了中国社会工作教育协会工作的开展。

二、社会工作界参与反贫困是理论与实践比较、互动和提升的过程

（一）社会工作教育界参与反贫困是理论与服务实践的互动过程

社会工作教育界参与反贫困的特点是，一批批具有深厚社会工作理论

与知识积累的高校教师和研究生、高年级本科生开展实践活动，这同时也是他们走出课堂和校门开展社会工作服务的过程。在一定意义上，它是理论指导实践的过程，也是实践检验书本知识和理论的过程。反贫困工作是在自然环境复杂、文化传统多样的贫困地区展开的，社会文化因素深深地影响着反贫困行动的开展。在上述经济、政治、社会、文化背景下开展的反贫困，必然比书本上介绍的复杂得多。社会工作界参与反贫困，必然会遇到上述复杂因素的影响，会遇到许多亟待解决的“中国式”问题。这是一个不断比较、选择、实践和反思的过程。对社会工作教育界来说，这是一系列挑战，也是在克服困难中不断成长的过程。

（二）书写经验是反贫困理论和实践成果的延伸

社会工作者的基本品格是奉献和共享发展成果，同时社会工作教育界又有改进教育、传播知识、贡献社会的责任。从这个角度来说，将参与反贫困的经验和思考写出来，是十分有意义的事情。向德平教授主编的这套书正是此种努力的体现。该丛书组织了国内社会工作界20多位专家学者，基于社会工作实践，总结反贫困的相关模式和经验，生产社会工作知识，价值显而易见。

该丛书以实践为基础，兼顾了反贫困知识和实践的完整性。它是多视角、全方位和具有整体性的。其主要视角包括社区为本视角、抗逆力视角、内生动力视角、资产建设视角、金融服务视角、可行能力建设视角、赋权视角、贫困治理视角、心理弹性和生涯辅导视角等。它关注的服务对象主要包括儿童、老年、妇女、残疾人及西部农村中的弱势群体。该丛书既介绍既有的社会工作理论，也介绍中国特色的社会工作实践。基于本土实践，它介绍了社会工作参与反贫困模式的多样化和经验的多元化，反映了中国反贫困的经验及社会工作参与反贫困的机制，阐明了专业社会工作是如何发挥专业优势、实现服务效能的。

该丛书也是系列教材，体现了从理论到实践、从实践到知识的转化过程。这里包含了对反贫困知识和理论的选择，包括在实践中对社会工作知识的运用和反思，也包括基于实践的知识建构，还包括不同类型和不同层次的建议。该丛书内容丰富，有借鉴、有创新，可指导实践，也为反贫困研究提供了参考框架，是反贫困领域的学术力作，是社会工作本土化的重要成果。

三、在乡村振兴中更好地运用和发展社会工作参与反贫困的经验

到 2020 年年底，我国在总体上消灭了绝对贫困，但是相对贫困还会长期存在。中国共产党第十九届中央委员会第五次全体会议提出“实现巩固拓展脱贫攻坚成果同乡村振兴有效衔接”，我国巩固脱贫成果和反贫困的任务依然是十分繁重的。在走向乡村振兴、实现共同富裕的进程中，已经取得的反贫困经验在一定程度上依然有效，这与相对贫困现象在地域、群体、经济状况、社会生态和文化上的连续性密切相关。当然，相对贫困也有自身的特点，贫困群体有了以往反贫困的经验，有了相对好的经济基础和社会生活条件，他们摆脱贫困的内在动力和能力也有所增强。但是我们也要看到，在新的国际国内形势下，面对不断加剧的市场化竞争，相对贫困群体的生存压力不会减少，反贫困的发展性要求会更加突出。我国已经进入社会主义现代化建设的新阶段，要贯彻新的发展理念，构建以国内大循环为主体、国内国

际双循环相互促进的新发展格局,其中乡村全面振兴、遏制返贫现象发生、实现共同富裕任务艰巨。在这种背景下,社会工作者在参与脱贫攻坚中获得的经验仍然有重要的参考价值。我们也期待社会工作者群体在参与乡村振兴和解决相对贫困问题方面取得新的成果。

把论文写在祖国大地上,中国社会工作教育界以自己的实际行动在认真践行。

王思斌
北京大学社会学系

主　编　序

打赢脱贫攻坚战，是实现中华民族伟大复兴的底线要求，是贫困地区与全国一起全面建成小康社会的关键之举，是实现国家长治久安的重要保障。

我国扶贫开发进入精准扶贫、精准脱贫的新阶段。精准扶贫战略贵在精准，精准与专业具有同构性，只有调动专业的力量参与精准扶贫，才能进一步提升精准识别、精准帮扶、精准管理的精准度，才能更专业地解决贫困人口在脱贫过程中的个性问题与发展问题。社会工作参与脱贫攻坚具有重要的意义，在反贫困工作中扮演着重要的角色。

社会工作作为专业力量参与脱贫攻坚，将专业队伍、专业方法、专业力量运用到脱贫攻坚的工作中，发挥了不可替代的专业优势和人才优势，提升了反贫困工作的专业性。事实上，社会工作起源于贫民救济或慈善事业，其发展的历史就是人们与贫困做斗争的历史。社会工作的专业方法、理念正是人们在与贫困及相关社会问题做斗争的实践中逐步形成和发展起来的，因此，社会工作参与脱贫攻坚具有深厚的历史基础和重大的现实意义。社会工作参与脱贫攻坚是社会扶贫的重要组成部分。作为精准扶贫的专业力量，社会工作通过需求评估，精准识别贫困人口及其致贫原因；通过资源整合，动员与协调各方扶贫力量和扶贫资源；通过提升扶贫对象的能力，激发和提升扶贫对象的内生动力和可行能力。社会工作参与脱贫攻坚，有助于提高反贫困工作的精准性和可持续性，实现由“输血型”扶贫向“造血型”扶贫、救助型扶贫向发展型扶贫的转变。

党中央、国务院十分重视社会工作专业人才服务贫困地区的工作,《中共中央 国务院关于打赢脱贫攻坚战的决定》(中发〔2015〕34号)、《中华人民共和国国民经济和社会发展第十三个五年规划纲要》和《国务院关于印发“十三五”脱贫攻坚规划的通知》(国发〔2016〕64号)对实施社会工作专业人才服务贫困地区计划、支持专业社会工作和志愿服务力量参与脱贫攻坚提出了明确的要求。为贯彻落实党中央、国务院的决策部署,支持社会工作专业力量参与脱贫攻坚工作,《民政部 财政部 国务院扶贫办关于支持社会工作专业力量参与脱贫攻坚的指导意见》发布,民政部办公厅、国务院扶贫办综合司出台了《社会工作教育对口扶贫计划实施方案》。

为落实《民政部 财政部 国务院扶贫办关于支持社会工作专业力量参与脱贫攻坚的指导意见》的精神,贯彻实施民政部、国务院扶贫办联合制定的《社会工作教育对口扶贫计划实施方案》,深入推进教育扶贫工作,全国社会工作专业学位研究生教育指导委员会和中国社会工作教育协会积极实施“社会工作教育对口扶贫计划”,组织全国200多所高校参与社会工作教育对口扶贫工作。在反贫困社会工作实践中,社会工作教育和实践工作者积极探索,积累了较丰富的实务经验,总结了一批典型案例,产出了一系列理论成果。本丛书是中国社会工作参与反贫困成果的系统呈现。

2019年3月16日,中国社会工作教育协会反贫困社会工作专业委员会与华东理工大学出版社在武汉举行“大国攻坚·反贫困社会工作丛书”启动仪式。来自十几所高校的20余名作者代表参加了会议。会议研讨、确定了本套丛书的写作框架和主要内容。

本丛书是在全国社会工作专业学位研究生教育指导委员会、中国社会工作教育协会的指导下，由中国社会工作教育协会反贫困社会工作专业委员会具体组织完成的。王思斌教授、阮曾媛琪教授、谢立中教授、蔡禾教授、关信平教授、马凤芝教授、彭华民教授全力支持反贫困社会工作专业委员会的工作，指导本丛书的编写。

中国社会工作教育协会前任会长徐永祥教授高度重视本丛书的编写工作，为丛书的编写和出版提供了巨大的支持。本丛书寄托了全体社会工作同仁对徐永祥教授的深沉怀念！

感谢所有关心、支持本丛书的专家和同仁！

向德平
华中科技大学社会学系

目　录

CONTENTS

第一章　社区为本的反贫困社会工作概述

贫困一直是人类历史上最重要的社会问题之一。社会工作源于慈善实践，最初的慈善实践解决的正是贫困问题。社会工作与反贫困有着深厚的历史渊源，早期可以追溯到英国的《伊丽莎白济贫法》。随着社会的进步与发展，反贫困的实践日益制度化、专业化，社会工作在反贫困的进程中逐渐扮演重要的角色。中国古代的济贫思想和近代的乡村建设实践为反贫困社会工作提供了思想基础与实践经验。当前，扶贫政策越来越关注贫困地区的长远发展。基于我国贫困地区的现状，围绕脱贫攻坚的实际需求，社会工作重点开展以贫困群体救助帮扶、贫困群体脱贫能力建设、易地搬迁贫困群体的融合适应、贫困地区留守儿童的关爱保护及其他特殊困难人群的关爱服务为主的服务。本章在回顾国内外反贫困社会工作历史渊源和发展进程的基础上，阐述当前反贫困社会工作的现状及内容，同时把社区为本的理论方法与反贫困服务实践结合起来，阐释社区为本的反贫困社会工作的含义、特点，以帮助读者更好地把握社区为本的反贫困社会工作。

第一节　反贫困社会工作的起源与发展

反贫困与社会工作有着千丝万缕的联系，反贫困社会工作的起源与社会工作产生的时间基本一致，社会工作最初的产生正是为了应对由工业化带来的严重的贫困问题。因而，反贫困社会工作的起源可以从英国的《伊丽莎白济贫法》①、德国的汉堡制和爱尔伯福制、英美的慈善组织会社、英美的睦邻组织运动四个社会工作实践来理解。

一、英国的伊丽莎白济贫法

工业化在给人类带来便利生活的同时，也引发了贫困、犯罪、失业等大量的社会问题。英国是工业革命的发源地，其深受贫困问题的威胁，因此教会创办了济贫事业。随着贫民数量的日益增多，教会入不敷出，英国政府开始接手济贫工作，并针对贫困问题颁布了各种济贫法案，如1572年英国建立了"贫困观察员"制度来援助贫民。② 这些法案中，尤以1601年的《伊丽莎白济贫法》最为著名。《伊丽莎白济贫法》的主要内容体现在以下几点。(1) 每一教区每周应向地主征收济贫税。济贫税作为政府办理社会救济事业的来源之一。③ (2) 贫民救济应由地方教区举办，每一教区设立监察员若干，中

① 1601年《伊丽莎白济贫法》相对于1834年出台的《济贫法修正案》(即新济贫法)，后被称为旧济贫法。

② 蒋国河：《社会工作与农村反贫困：本土化实践与理论反思》，中国社会出版社2017年版，第5页。

③ 救济费以济贫税、志愿捐款和罚款作为主要来源。

央政府设立监督人员。(3) 将贫民分为三类：一是体魄健全的贫民，被称为“健壮的乞丐”，教区须强迫其进入感化所(probation home)和习艺所工作，严禁市民对他们施舍；二是不能工作的贫民，包括患病者、老年人、残疾人及需要抚育幼小子女的母亲，须入救济院或被施与院外救济；三是失去抚养人的儿童，包括孤儿、弃婴或因父母贫困无力抚养的儿童等，须设法使其被领养或为其找到寄养家庭。(4) 有工作能力的贫民必须参加工作，以工作换取救济。教区设贫民习艺所(work house)，供男女儿童习艺。教区有义务为具备工作能力的贫民介绍工作，或者配给原料和工作，迫使他们从事生产。(5) 对不能工作的贫民，如老人、残疾人、疾病患者等实行救济。救济工作分为院内救济和院外救济两种：院内救济适用于无家可归的人；院外救济对有家庭者给予家庭补助，使其回家从事生产。(6) 人们有救济贫穷家人及亲属的义务，贫民无法通过家人或亲属获得帮助时，教区才予以救助，而且教区救助的人也仅限于在该区出生的人或最近一段时间内在该区住满三年的人。

《伊丽莎白济贫法》正式承认了政府对济贫的责任，奠定了政府开展救济的行政制度和工作方法，成为各国现代社会救济事业的开端。它强调了教区、家属和家庭在救助贫民工作中的责任，成为日后社会救助工作的参考依据。① 同时该法案对不同人群的分类救助，开创了救济工作的类型化方式。② 然而，这种救济方式没有摆脱慈善的烙印，亦存在不少弊端，如救济工作可能造成贫民的惰性，引发贫民的依赖心理；强制性地迫使贫民参与生产工作

① 房列曙、陈恩虎、柴文杰：《社区工作》，合肥工业大学出版社 2005 年版，第 35 页。
② 周沛：《社会工作概论》，天津大学出版社 2009 年版，第 15 页。

也会对贫民的自尊心造成伤害，干预了贫民谋生的自由。但不可否认的是，《伊丽莎白济贫法》中所蕴含的理念和方法——如政府的参与、由专人负责、院外救济及人群的类型化救济等方式，为反贫困社会工作提供了宝贵的经验。

二、德国的汉堡制和爱尔伯福制

德国的社会福利事业历史悠久，15世纪时，德国已形成具有社会互助性质的保障形式，它源于警察、宗教界、社会团体举办的社会事业。[①] 作为工业化较早的国家之一，德国由工业化引发的贫困问题也十分突出。1788年，为消除乞丐沿街乞讨的现象，根据布什教授拟订的方案，汉堡市议会推选了志愿委员会来开展贫困救济的工作，即所谓的“汉堡制”。汉堡制以助人自助为救济宗旨来实现贫民的自力更生。它的具体措施是：市政府设立一个办事机构，全面负责全市的救济工作，组织各社会救济机构协同工作；将全市划分为若干区，每区设一名监察员和若干名赈济员，由他们来开展救济工作，包括为失业者介绍工作，将贫困儿童送往职业学校学习等；把无钱看病的贫民送往医院治疗，规定不准对沿街乞讨者任意施舍以防止他们养成依赖施舍的习惯。该制度实行了13年，在贫困救济方面取得了积极的成效。

1982年，德国爱尔伯福市在效仿和改良汉堡制的基础上，实施了社区救助制度——爱尔伯福制。该制度按照人口数量将全市分为564段，每段约300人(其中的贫民不超过4人)，并设一名赈济员。赈济员由政府委派地方热心人士担任，综合管理济贫工作，赈济员的职责主要包括提前到求助者家中做家境调查，明确其真实需求并给予补助，补助后每两个星期做追踪调

① 江立华：《社区工作》，华中科技大学出版社2009年版，第27页。

查，依照法定的最低标准发放赈济款以预防贫民养成依赖心理。此外，全市每14段为一个赈济区，设一名监察员，指导区内赈济员的赈济工作。区内14段联合组成一个赈济委员会，定期开会讨论赈济工作并形成报告或提案，提交给全市各区联合组成的市委员会。市委员会是该制度中最高的救济管理机构，每两周开一次会，综合管理全市的济贫所、医院、院外救济等救济事项。爱尔伯福制的三级管理工作方式，有助于信息畅通、上下协调的工作机制的形成，促进了救济工作灵活高效地开展。

汉堡制和爱尔伯福制都实行了以社区为单位开展济贫事务的方式，其所运用的济贫事业组织管理架构和程序对规范化地解决贫困问题具有借鉴价值，其所蕴含的助人自助的理念对反贫困社会工作的发展具有深远的影响。爱尔伯福制对求助者的家庭访问调查更是蕴涵着社会工作的方法，体现了反贫困社会工作实务中调查和评估的重要性。

三、英美的慈善组织会社

随着工业化的迅速发展，贫民、失业人口不断增多，济贫法的实施难以应对日益严重的贫困问题，于是各种类型的慈善组织随即出现。然而，这些组织之间缺乏联系，各自为政，甚至产生了相互冲突和资源浪费的现象。1868年，索里(Sori)牧师为了缓解这种现象，建议成立一个组织来协调政府和民间组织的各种慈善行为。因此，1869年，第一个慈善组织会社[①](charity organization society，COS)在伦敦成立，其目标是把英国尤其是伦

① 原名“组织慈善救济与抑制行乞会社”，后易名为“慈善组织会社”。

敦的慈善事业组织起来，使各组织之间密切配合，发挥最合理的作用。[①] 1877年，慈善组织会社扩展到美国，美国牧师哥尔亭(Galting)在美国纽约州的水牛城建立了慈善组织会社，形成了风靡英美的慈善组织会社运动。哥尔亭对伦敦的慈善组织会社曾做过考察，他借鉴伦敦慈善组织会社的做法，提出了组织有效济贫、避免组织间资源浪费和相互冲突的方法，强调对个人或家庭的需求进行调查，从而把贫民划分为“值得救济的贫民”(worthy poor)和“不值得救济的贫民”(unworthy poor)两类，保障经济救济能给予那些最可能自立自主的“值得救济的贫民”。对“不值得救济的贫民”，则强迫他们在救济院或者习艺所改变生活方式，以实现自力更生。哥尔亭还在理论上发展了七个理念：救济机构间的合作、社区教育、个别化、适当的救济、行乞的抑制、预防性博爱和个人服务。[②]

慈善组织会社的基本主张是个人应对其贫穷负责。为了防止接受公共救济损害贫民的自尊心、自信心与道德观念，致使贫民产生依赖救济的行为，该会社主张贫民应尽其所能来维持本人的生活，外来力量只有在必要时才介入救济。[③] 慈善组织会社救济的具体措施为：(1) 成立市级管理与联系机构，将伦敦全市划分为若干区，每个区成立一个分支机构，设志愿者委员会来主持救济分配工作；(2) 救济机构受理的申请救助案件在各区办理区内进行总登记，并另特设咨询部，供济贫法执行人员、各慈善组织及个别慈善家收集有关申请救助者的资料，使得同时向多个机构求助的职业乞丐暴露出来；(3) 各区派员

① 顾东辉：《社会工作概论》，复旦大学出版社2008年版，第62页。
② 徐永祥：《社区工作》，高等教育出版社2004年版，第30页。
③ 李迎生：《社会工作概论》，中国人民大学出版社2004年版，第37页。

对所有申请案件进行个别且详细的调查，如住房、健康、工资、教育等涉及的社会环境；(4) 提高救济款配额度，使之能够满足申请人的生活需要。

慈善组织会社的建立和发展对社会工作具有重要意义。一方面，慈善组织会社派访问员访问申请者，了解其社会背景后采取相应的措施，并依据调查情况对每一个案件做个别处理，其所运用的个别化方法促使个案工作的产生；另一方面，慈善组织会社推动了各慈善组织、救济机构间的协调合作，共同解决社区问题，也为社区组织工作的产生和发展奠定了基础。慈善组织会社整合各方资源、满足个别化需求的方法对当今反贫困社会工作的实践依然有启迪效果。

四、英美的睦邻组织运动

19 世纪中后期，英美继开展慈善组织运动之后，又兴起睦邻组织运动(settlement house movement，SHM)。该运动起源于维多利亚女王时代。这一时期英国虽经济繁荣，但社会矛盾尖锐，贫富差距加大。一批从事社会问题研究的人，包括宗教界人士等试图通过实地研究来寻找解决社会问题的方法。这些从事社会问题研究的人被称为早期的社会工作者，他们认为，让一些受过高等教育的人和贫民共同生活，不仅能使穷人和富人打成一片，推动实现政治民主与平等，而且可以让贫民获得接受教育和学习文化的机会，也有助于知识分子对贫民生活的深入了解，从而有利于各方代表共同探讨解决贫困问题的合理方式。

东伦敦教区是伦敦最贫困的教区之一。巴涅特(Barnett)夫妇经常写信邀请牛津大学和剑桥大学中对帮助贫民有兴趣的学生来为贫民提供服务，邀请他们与贫民一起生活，深入了解贫民的生活状况。1884 年，巴涅特在伦敦东区建立了第一个大学社区睦邻中心，取名为“汤恩比馆”。这种与贫民共同生活，努力从事经济、生活、文化改革的活动被称为睦邻组织运动。睦邻组织运动的独特方法及其所倡导的服务精神和所取得的成就，给其他面临各种社会问题的国家指明了方向，引发了许多国家的效仿。1889 年，亚当斯(Adams)和斯塔尔(Starr)在美国芝加哥创办了著名的社区睦邻中心——赫尔馆。它为个人、家庭提供服务，并组织各种兴趣爱好小组，同时还聘请一些专业人士运用专业知识来解决问题。赫尔馆成为美国首批在贫民地区进行福利工作的社会团体之一。①

社区睦邻中心有以下四个特点：其一，设置于贫民区，备有宿舍，所有工作人员与贫民共同生活，口号为“工作者与工作对象相亲相爱”；其二，没有既定的工作计划，根据工作对象的实际需求来安排工作；其三，尽量发动当地人才，培养其自觉的互助合作精神，服务地方；其四，社区睦邻中心既是服务中心，也是文化中心，社区睦邻中心里的工作人员会设法将本国和外国的文化介绍给当地居民。社区睦邻中心不仅对所在社区中的贫民及整个社会福利的推动大有贡献，而且对研究和解决一般社会问题及推动社会改革运动也有巨大的影响。如，赫尔馆提供各式各样的社会服务，并推动社会改革②；亚当斯帮助女

① 江立华：《社区工作》，华中科技大学出版社 2009 年版，第 31 页。

② 社会服务包括照顾女童，如邀请母亲带孩子来洗澡、修建公共游乐场专供儿童玩耍；服务男女青年，如建立体育馆、咖啡馆、女子公寓、女子俱乐部等；提供文化活动，如增加画室、美术馆、音乐厅、戏院等；改善公共卫生，如修建阴沟、下水道等。社会改革包括关注童工、女工问题，要求州政府通过工厂法、禁止雇佣 14 岁以下的童工并规范工厂卫生设施的标准。具体参见苏景辉：《社区工作：理论与实务(第三版)》，巨流图书股份有限公司 2009 年版，第 26 页。

工组织成立第一个大规模的女子工会。

睦邻组织是一种全新的服务方式，它以整个社区为服务对象，同时兼具提供服务和推动改革的使命，以谋求个人和社会生活的改善。社区睦邻中心工作人员依据贫民的实际需求开展工作以及运用多种方法来解决社会问题的做法，对社会工作中的个案工作、小组工作、社区工作等方法都产生了重要影响。具体来说，社区睦邻中心对社区工作方法的贡献主要体现在：(1) 以社区为工作对象；(2) 工作人员需要与工作对象建立良好的关系并相互信任；(3) 根据社区居民实际需求制订工作计划，先进行社区调查再做社区计划；(4) 协调联系社区内相关单位，运用社会资源；(5) 鼓励社区参与，培养当地人民自发自动、互助合作的精神与作为；(6) 除了提供社区互助服务，也要注意社会改革。① 当今的反贫困社会工作也从中有所借鉴，根据贫困地区的实际需求，发动、组织或配合各种力量来开展反贫困实践。

从英国的《伊丽莎白济贫法》、德国的汉堡制和爱尔伯福制、英美的慈善组织会社、英美的睦邻组织运动四个实践活动来审视反贫困社会工作，可以看出贫困问题的解决越来越重视个体和人本身的实际需求，解决方法也日益多样化，呈现出从简单的救济到规范化的济贫，再到多样化的服务的特点。为了应对贫困问题，世界各国在实践中不断探索，出台了一系列反贫困政策。反贫困政策从无到有，在不断修正和完善的基础上，镶嵌于社会福利制度之内，逐步实现反贫困的制度化保障。英国在推动福利制度的建立和发展方面发挥着重要的作用，尤其在解决贫困问题方面的贡献极其突出，因

① 苏景辉：《社区工作：理论与实务(第三版)》，巨流图书股份有限公司 2009 年版，第 26—27 页。

而下文以英国为例分析反贫困政策的演变,即反贫困的制度化过程。

1601年,英国的《伊丽莎白济贫法》初步建立了救济行政制度,明确了国家在解决贫困问题上的责任,并通过设立济贫院为贫民提供救济。然而,随着18世纪工业革命的迅猛发展,旧济贫法遭受越来越多的质疑和谴责,新旧因素的交织使得贫困问题愈发严重。1795年,英国通过订立《斯皮纳姆兰法案》,承认了公民获得救济的权利,确定了制订贫困救济标准的基本方法,使必要的生活资料与食品价格挂钩①,也使低收入者获得了最低限度的保障。1834年,英国政府颁布了被称为新济贫法的《济贫法修正案》,新济贫法把国家实施救济作为积极的福利举措。之后,英国又通过了《公共健康法》(1875)、《失业工人法》(1905)、《劳工介绍法》(1909)、《国民保险法》(1911)等一系列法案,扩大了社会保障的内容。1942年,《贝弗里奇报告》提出了满足国民基本需要的社会保障措施,指出要在铲除疾病、贫穷、愚昧、怠惰和匮乏的同时,建立"从摇篮到坟墓"的整套社会福利措施。以此为基础,自1945年始,英国相继出台了一系列涉及健康、保险、教育、救助等方面的社会保障法案。到1948年,英国通过建立全国性完备的社会保障制度成为最早的福利国家。纵观英国福利制度的建立与发展过程,可以发现反贫困政策贯穿于福利制度的演进过程之中,是社会福利制度体系中的重要一脉。其背后反映了国家对解决贫困问题理念的变化,即反贫困实践实现了从个人责任到国家责任的转换,国家逐渐承认了其在解决贫困问题中的实际功能,将反贫困实践一步步制度化,英国的反贫困实践从而呈现出从零星分散的贫困法案到系统完备的福利制度的变化。不可忽视的是,虽然福利制度能够保

① 杨伟民:《社会政策导论(第三版)》,中国人民大学出版社2019年版,第159页。

障穷人的基本生活水平，如在美国，补充性保障收入为残疾人、老人等低收入者提供最低收入的保障，食品券计划使低收入家庭获得必要的营养保障，面向有需要的家庭的临时援助计划为低收入家庭提供了必需品的补助等①，但福利制度只是作为一种补贴，并没有从根本上改变贫民的贫穷状态，福利制度也容易导致懒惰行为的滋生，给国家带来财政负担。

世界各国在推动反贫困实践制度化的同时，还开展了一系列援助计划来帮助穷人解决贫困问题。20 世纪 50 年代以来，一些发达国家根据本国贫困人口的分布情况，先后制订了以消灭某一特定贫困群体为目标的援助计划。如受“贫困文化论”②的影响，20 世纪 60 年代至 70 年代美国政府提出了著名的“向贫穷宣战”的计划。“向贫穷宣战”计划由就业计划、农业季节计划、地区发展计划等十项具体计划组成，试图通过提供各种机会从根本上改变穷人贫困的处境。③ 20 世纪 70 年代起，在世界银行、联合国粮食及农业组织等一系列国际组织的帮助下，一些发展中国家开展了增加穷人收入的特别计划。小额信贷作为一种反贫困的方式在南亚和拉美的发展中国家被广泛运用，信贷机构开始为贫困农民和小企业主提供各种信贷服务。孟加拉国创办的乡村银行是一个比较成功的例子。孟加拉国的乡村银行有

① 钟仁耀：《社会救助与社会福利（第三版）》，上海财经大学出版社 2013 年版，第 53—45 页。

② 贫困文化论就是从文化的角度来分析贫困现象存在的根源，认为穷人由于长期生活在贫困中，形成了一套特定的生活方式、行为规范和价值观念。1946 年，美国学者艾利斯·戴维斯在《社会下层工人动机之研究》一文中首先提出了有关“贫困文化”的思想。1959 年，美国学者奥斯卡·刘易斯在《五个家庭：关于贫困文化的墨西哥人实证研究》一书中，从社会、社区、家庭、个人等层面详细论述了“贫困文化”的概念。

③ 李迎生：《社会工作概论》，中国人民大学出版 2004 年版，第 419 页。

2 565 个分支银行，覆盖了 80 000 多名借款者，其中绝大部分是女性贷款人。[①]

总的来说，从《伊丽莎白济贫法》开始的反贫困实践逐步演绎和深化了“助人自助”的理念，为反贫困社会工作的发展奠定了基础。福利制度和援助计划对解决贫困问题也具有重要作用，二者在规模、作用、可持续性方面表现出不同但却互为补充。福利制度给穷人提供了最基本的保障，能防止穷人更穷，是最惯常使用并有一套完整的办法来规范处理贫困问题的基本手段；而直接面对穷人的援助计划则以消灭贫困为目标，具有小型、不经常性、临时或应急处理特殊贫困问题的特点[②]，二者共同融入反贫困实践中。

第二节　中国的反贫困与社会工作

中国古代的社会福利思想与实践，为反贫困社会工作提供了思想基础和实践经验，乡村建设运动中蕴含的社区理念也为当前的反贫困社会工作提供了新的视角。回顾我国的反贫困历程，福利思想和实践方法在时代的变化中不断更新，反贫困政策日益精细，专业的力量越来越受到重视。社会工作专业服务人才是为贫困群体提供心理疏导、精神关爱、关系调适、能力提升等社会服务的新兴力量。

---

① 蒋国河：《社会工作与农村反贫困：本土化实践与理论反思》，中国社会出版社 2017 年版，第 65 页。

② 王思斌：《社会工作概论（第三版）》，高等教育出版社 2014 年版，第 327 页。

一、反贫困社会工作的历史渊源

（一）中国古代的社会福利思想与实践

中国古代有关社会福利的思想十分丰富。众多杰出的思想家对社会福利问题有着独特的见解，这些思想影响至今。《礼记·礼运》中载有孔子"大同"社会的理想："大道之行也，天下为公，选贤举能，讲信修睦。故人不独亲其亲，不独子其子。使老有所终，壮有所用，幼有所长，鳏、寡、孤、独、废疾者，皆有所养。男有分，女有归。货，恶其弃于地也，不必藏于己；力，恶其不出于身也，不必为己。是故谋闭而不兴，盗窃乱贼而不作，故外户而不闭。是谓大同。"孔子所描绘的大同世界便是他理想中的福利社会，所体现的理念是我国社会福利思想的重要基础之一。孟子所提倡的"仁政"思想在于"兼济天下"，他所提倡的家庭邻里、社区之间应"出入相友，守望相助，疾病相扶持"和"老吾老，以及人之老；幼吾幼，以及人之幼"的思想及在《孟子·梁惠王上》中提及的"恻隐之心，仁之端也""制民之产，必使仰足以事父母，俯足以畜妻子，乐岁终身饱，凶年免于死亡"等思想，都蕴含了社会互助与社会福利的理念。墨子主张"兼相爱、交相利"，提倡"天下之人皆相爱，强不执弱，众不劫寡，富不侮贫，贵不敖贱，诈不欺愚"的思想，其表现出的"兼爱"理念是建立在"爱心"基础上的互助互济，是最具"社会性"的济贫思想。[①] 中国古代的这些济贫思想重视救济，提倡对弱势群体的关注，倡导人与人之间的互助友爱，给反贫困社会工作构建了深厚的思想基础。

---

① 江立华：《社区工作》，华中科技大学出版社 2009 年版，第 39 页。

虽然中国古代的社会救济事业并不算发达，但仍给反贫困工作留下了有价值的实践经验。基于社会安定的需要，各统治者把救济安民作为重要的统治手段。[①] 第一，设立专门官员，负责救济事务。从中央至地方设置专门的或兼任的官员，主要负责对鳏寡孤独、老弱病残和贫民实施救济工作。第二，建立荒政制度，重视灾民救助。如"保息六政"重视对儿童、老人、穷人的救济，开展恤贫、宽疾、安富的措施。[②] 第三，官民共举的慈善救济。这些救济活动涉及济贫、养老和育幼等慈善事业，通过设置安济坊、居养院、慈幼局等为有需要的人提供救助。此外，地方的宗族和宗教团体也会举办一些民间的救济活动。

（二）乡村建设运动

20 世纪 20 年代至 30 年代，在中国农村经济日益下滑走向衰落的背景下，一批从海外学成归来的学者和国内的一部分有识之士，以农村教育为起点、以复兴乡村社会为宗旨展开了一场声势浩大的乡村社会改造运动，即"乡村建设运动"。1924 年，晏阳初在河北定县农村推行平民教育运动；1927 年，陶行知在江苏南京创办了晓庄试验乡村师范；1930 年，彭禹廷、梁耀祖、梁漱溟等创办了河南村治学院。这些有识之士希望通过改良主义的道路，挽救当时农村面临的危机，进而拯救整个中国社会。他们虽采用不同的方法来改变乡村社会，但都坚持把经济作为乡村建设的重要部分，在经济发展的基础上发展乡村公共事业。[③]

作为乡村建设运动的代表人物，晏阳初认为中国的主要问题是农村问

① 江立华：《社区工作》，华中科技大学出版社 2009 年版，第 41—42 页。
② 类似如今的儿童福利、老年福利、社会救助、医疗服务等各种福利。
③ 王思斌：《社会工作概论（第三版）》，高等教育出版社 2014 年版，第 316 页。

题，但其实质是人的素质问题。为此，他决定发动一场“平民教育运动”来解决中国人的“愚”“穷”“弱”“私”四大基本问题，提升他们生存和发展所需要的知识力、生产力、强健力和团结力。晏阳初于20世纪30年代初举家迁往河北定县，带动一批知识分子在定县开展平民教育实验工作。平民教育实验工作的成效十分明显，产生了积极的作用。晏阳初后来总结了以华北平民教育为代表的乡村建设的工作方法和价值观，他把这些经验和做法称为“乡村改造运动的信条”，具体包括：(1) 民为邦本，本固邦宁；(2) 深入民间，认识问题，研究问题，协助平民解决问题；(3) 与平民打成一片；(4) 向平民学习；(5) 与平民共同商讨乡村建设工作；(6) 不持成见，当因时因地因人制宜；(7) 不迁就社会，应改造社会；(8) 乡村建设是方法，发扬平民潜力，使他们能自力更生；(9) 言必行，行必果。晏阳初的乡村建设经验得到了国际社会的重视，他曾多次被邀请到发展中国家介绍经验，被誉为“国际平民教育之父”。

另一位代表人物梁漱溟认为中国社会问题的根源是文化失调，应通过启发智能、发展组织来推动乡村组织建设和培养乡村力量，从而改造文化，实现民族文化的自救。梁漱溟以组织乡农学校为出发点来主持乡村建设实验。他通过农村学校把农民组织起来，培养农民形成关心并参与公共事务的新政治习惯和团体合作的精神，从而提升乡村自治组织的能力。与此同时，他还推行了社会改良的工作，如鼓励妇女放足、兴办合作社等，向农民传授和推广农业技术，这些做法推动了农产品产量的提升，也有助于改善农民的生活质量。①

---

① 徐永祥：《社区工作》，高等教育出版社2004年版，第22页。

“乡村建设运动”不仅致力于帮助农民解决贫困等问题，对整个农村社会的经济、政治和文化都起到了一定的积极作用，而且该运动所表现的自助的理念和深入农村社区进行社区组织和建设的做法对当前反贫困社会工作有一定的借鉴意义。反贫困社会工作所要做的也是在深入贫困地区、了解农民实际拥有的资源和具体需求的基础上开展地区的发展建设工作。总之，中国古代的社会福利思想与实践及 20 世纪 20 年代至 30 年代的乡村建设运动对当前的反贫困社会工作有着深远的影响。

二、反贫困政策的演进及其实践成果

改革开放前，我国的反贫困以社会救济或社会救助的扶贫方式为主要策略，通过发放救灾救济款和救济物资等对“五保户”和“城镇困难户”进行救助，具体体现为五保供养制度，即为无依无靠的孤老病残者提供保吃、保穿、保医、保住、保葬的基本生存保障。这一时期的反贫困政策具有明显的补偿性和临时救济性，并不强调个人的责任、作用和参与，也未考虑个人的长远发展问题，身陷贫困的个体是反贫困的对象或被动的接受者。① 改革开放以后，中国改变了之前只运用救济式扶贫的方式，实行以救济式扶贫与开发式扶贫相结合的方式，反贫困工作取得了重大进展。因而，我国真正意义上的反贫困始于改革开放。② 回顾反贫困政策的发展过程，从 1978 年至 2020 年，反贫困政策大致经历了五个阶段：体制改革推动扶贫阶段（1978—

① 李迎生、徐向文：《发展型福利视野下中国反贫困社会政策的改革创新——基于一个本土化分析框架》，载《社会科学》2018 年第 2 期。

② 李瑞华：《贫困与反贫困的经济学研究：以内蒙古为例》，中央编译出版社 2014 年版，第 66 页。

1985 年)、大规模开发式扶贫阶段(1986—1993 年)、"八七"扶贫攻坚阶段(1994—2000 年)、巩固温饱成果阶段(2001—2012 年)、精准扶贫和脱贫攻坚阶段(2013—2020 年)。①

(一) 体制改革推动扶贫阶段(1978—1985 年)

1978 年,按照我国政府确定的贫困标准进行统计,我国贫困人口为 2.5 亿人,占农村总人口的 30.7%。农业经营体制不合理、农民生产积极性低是导致农民贫困的主要原因。从 1978 年开始,中国进行了土地经营制度的变革,提倡推行家庭联产承包责任制。这极大地调动了农民的积极性,解放了农业生产力。与此同时,政府下调了农产品的价格,制定了鼓励乡镇发展企业的政策。一系列措施促进了经济的发展,也推动了农业产业结构的升级,为农民增加收入提供了更多的机会。据统计,从 1978 年到 1985 年,农民人均纯收入增长了 2.6 倍,尚未解决温饱的贫困人口从 2.5 亿人减少到 1.25 亿人,贫困率下降至 14.8%,贫困人口平均每年减少 1 786 万人。②

(二) 大规模开发式扶贫阶段(1986—1993 年)

随着改革开放进程的深入,经济发展水平在不同条件的农村地区的差距逐步拉大,尤其是一小部分农村地区,受各种客观条件的限制,经济发展速度较慢。为了有效地解决农村人口的脱贫问题,1984 年,《中共中央、国务

---

① 反贫困政策阶段是在查阅政策文件和阅读资料的基础上划分的,具体参见李瑞华:《贫困与反贫困的经济学研究:以内蒙古为例》,中央编译出版社 2014 年版,第 66—70 页;蒋国河:《社会工作与农村反贫困:本土化实践与理论反思》,中国社会出版社 2017 年版,第 19—22 页;何植民:《社会政策新论》,复旦大学出版社 2018 年版,第 154—155 页。

② 国务院新闻办公室:《中国的农村扶贫开发》白皮书,(2001-10-15)[2019-7-5],http://www.chinanews.com/2001-10-15/26/130338.html。

院关于帮助贫困地区尽快改变面貌的通知》发布，拉开了全国性扶贫行动的序幕。中央政府在全国筛选出几百个贫困县，把中央的扶贫资金主要投向其中的国家级贫困县，剩余的分别由省、县、乡政府分级负责。这一时期，扶贫工作带有明显的区域特征，主要以县为单位开展扶贫工作。1986 年召开的第六届全国人民代表大会第四次会议，将扶持中西部的山区、革命老区、少数民族地区和边远地区（“老、少、边、穷”地区）摆脱经济文化落后的情况作为重点议题。同年，国务院成立了贫困地区经济开发领导小组，安排专项扶贫基金和专门的优惠政策，开始有计划、有组织、有规模地开展扶贫工作。我国扶贫开发工作由此改变了救济式扶贫与开发式扶贫相结合的方式，转为开发式的扶贫方式，反贫困工作开始进入新的历史阶段。到 1993 年，国家重点扶持的贫困县农民人均纯收入从 206 元增加到 483.7 元，农村贫困人口由 1.25 亿人减少到 8 000 万人，贫困人口平均每年减少 640 万人，年均递减 6.2%，贫困发生率从 14.8%下降到 8.7%。①

（三）“八七”扶贫攻坚阶段（1994—2000 年）

随着农村改革的深入推进和国家扶贫开发力度的不断加大，中国贫困人口逐年减少，贫困特征也随之发生较大变化，贫困人口分布呈现明显的地缘性特征。这表现在贫困发生率在中西部较高：贫困人口集中分布在土地贫瘠和空气稀薄的西南大石山区，严重缺水的西北黄土高原区，土地落差大、耕地少、交通状况恶劣、水土流失严重的秦巴贫困山区，以及积温严重不足的青藏高寒区等几类地区。自然条件恶劣、基础设施薄弱和社会发展落

① 国务院新闻办公室：《中国的农村扶贫开发》白皮书，(2001－10－15)[2019－7－5]，http://www.chinanews.com/2001－10－15/26/130338.html。

后是导致这些地区贫困的主要因素。以 1994 年 3 月《国家八七扶贫攻坚计划》的公布实施为标志，中国的扶贫开发工作进入了攻坚阶段。《国家八七扶贫攻坚计划》明确提出，集中人力、物力、财力，动员社会各界力量，力争用 7 年左右的时间，到 2000 年年底基本解决农村贫困人口的温饱问题。为了集中使用扶贫资金，有效地扶持贫困人口，计划中还制订了国家重点扶持贫困县的标准，确定了 592 个国家重点扶持贫困县，覆盖了全国 72%以上的农村贫困人口。这是中华人民共和国成立后第一个有明确目标、明确对象、明确措施和明确期限的扶贫开发行动纲领。到 2000 年年底，贫困县农民人均纯收入由 1993 年的 483.7 元增加到 1321 元，农村绝对贫困人口由 8 000 万人下降到 3 209 万人，贫困发生率减少到 3.4%，基本解决了贫困人口的温饱问题，国家“八七”扶贫攻坚目标基本实现，尤其是在 1997 年至 1999 年这 3 年中，中国每年有 800 万贫困人口解决了温饱问题，这是进入 20 世纪 90 年代以来中国解决农村贫困人口脱贫问题年度数量的最高水平。①

（四）巩固温饱成果阶段（2001—2012 年）

2001 年 10 月，国务院颁布了《中国农村扶贫开发纲要（2001—2010 年）》，其中提出了我国 2001—2010 年扶贫开发的总的奋斗目标是：尽快解决极少数贫困人口温饱问题，进一步改善贫困地区的基本生产生活条件，巩固温饱成果，提高贫困人口的生活质量和综合素质，加强贫困乡村的基础设施建设，改善生态环境，逐步改变贫困地区经济、社会、文化的落后状况，为达到小康水平创造条件。按照集中连片的原则，国家把贫困人口集中的中

---

① 国务院新闻办公室：《中国的农村扶贫开发》白皮书，(2001－10－15)[2019－7－5]，http://www.chinanews.com/2001－10－15/26/130338.html。

西部少数民族地区、革命老区、边疆地区和特困地区作为扶贫开发的重点，并确定扶贫开发工作重点县，集中财力、物力和人力，实行统筹规划、综合治理。这一阶段，开发式扶贫是我国农村扶贫政策的核心和基础，它包括五个方面的内容：第一，倡导和鼓励自力更生、艰苦奋斗的精神，克服贫困农户中普遍存在的懒惰思想和依赖心理；第二，针对贫困地区基础设施薄弱、抵御自然灾害能力较差的实际情况，国家安排必要的以工代赈资金，鼓励、支持贫困农户同工同劳，开展基础设施建设，改善生产条件；第三，国家安排优惠的扶贫专项贴息贷款，制定相关优惠政策，重点帮助贫困地区、贫困农户发展以市场为导向的种植业、养殖业及相应的加工业项目，促进增产增收；第四，开展农业先进实用技术培训，提高贫困农户的科技文化素质，增强自我发展能力；第五，扶贫开发与水土保持、环境保护、生态建设相结合，实施可持续发展战略，增强贫困地区和贫困农户的发展后劲。2011 年 12 月中共中央、国务院颁布了《中国农村扶贫开发纲要(2011—2020 年)》，提出我国扶贫开发已经从以解决温饱为主要任务的阶段转入巩固温饱成果、加快脱贫致富、改善生态环境、提高发展能力、缩小发展差距的新阶段。同时，纲要还提出该阶段扶贫的总体目标。到 2020 年，稳定实现扶贫对象不愁吃、不愁穿，保障其享有义务教育、基本医疗和住房；确保贫困地区农民人均纯收入增长幅度高于全国平均水平，确保基本公共服务主要领域指标接近全国平均水平，扭转发展差距扩大趋势。2012 年末我国农村贫困人口下降至 9899 万人，农村贫困发生率降至 10.2%。①

① 国家统计局:《沧桑巨变七十载　民族复兴铸辉煌——新中国成立 70 周年经济社会发展成就系列报告之一》,(2019 - 7 - 1)[2019 - 7 - 5],http://www.stats.gov.cn/ztjc/zthd/bwcxljsm/70znxc/201907/t20190701_1673373.html。

（五）精准扶贫和脱贫攻坚阶段（2013—2020年）

2013年11月，习近平总书记到湖南省湘西土家族苗族自治州考察时首次提出“实事求是、因地制宜、分类指导、精准扶贫”的思想，“精准扶贫”由此而来。“精准扶贫”理念指的是扶贫对象精准、项目安排精准、资金使用精准、措施到户精准、因村派人精准、脱贫成效精准，这标志着党和国家把精准扶贫作为新时期的扶贫战略。2014年5月，国务院扶贫办制定了《建立精准扶贫工作机制实施方案》，提出了对贫困户和贫困村精准识别、精准帮扶、精准管理和精准考核的扶贫方法，标志着我国正式启动精准扶贫战略。2015年6月，习近平总书记在贵州调研期间提出了“扶贫开发贵在精准，重在精准，成败之举在于精准”的指示，使“精准扶贫”成为全国重要的政策行动。2016年11月，国务院颁布实施《“十三五”脱贫攻坚规划》，指出脱贫攻坚必须遵循“坚持统筹推进改革创新”的原则。2017年9月，中共中央办公厅和国务院办公厅印发《关于支持深度贫困地区脱贫攻坚的实施意见》。10月，中国共产党第十九次全国代表大会（以下简称“十九大”）胜利召开，习近平总书记在十九大报告中指出：“确保到2020年我国现行标准下农村贫困人口实现脱贫，贫困县全部摘帽，解决区域性整体贫困，做到脱真贫、真脱贫。”2018年6月，中共中央和国务院出台了《中共中央 国务院关于打赢脱贫攻坚战三年行动的指导意见》，在肯定过去5年我国脱贫工作成效的同时，提出未来3年还有3 000万左右农村贫困人口需要脱贫，尤其是“三区三州”深度贫困的地区，应集中力量攻克贫困的难中之难、坚中之坚，确保坚决打赢脱贫攻坚战，实现全面建成小康社会的奋斗目标。2020年3月，习近平总书记出席决战决胜脱贫攻坚座谈会并发表重要讲话，他指出党的十八大以来，在党中央坚强领导下，在全党全国全社会共同努力下，我国脱贫攻坚取得决定性成就，脱贫攻坚目标任务接近完成，贫困人口从2012年年底的9 899万人减到2019年年底的551万人，贫困发生率由10.2%降至0.6%，区域性整体贫困基本得到解决。①

从1978年到2020年，中国的反贫困政策经历了五个阶段，每一个阶段都取得了显著的成效，贫困人口大幅度下降，贫困发生率持续降低。中国的反贫困政策和实践不仅为世界反贫困做出了巨大贡献，也为其他发展中国家的反贫困事业提供了宝贵的经验。

三、社会工作参与反贫困的现状及内容

贫困一直以来都是中国社会的主要社会问题之一。按照2010年标准，1978年年末我国农村贫困人口7.7亿人，农村贫困发生率高达97.5%。改革开放以来，农业、农村改革的不断深入和扶贫开发的大力推进，使得我国贫困人口大幅减少，尤其是党的十八大以来，精准扶贫政策陆续出台，脱贫攻坚战大力推进，扶贫力度进一步加大，贫困人口脱贫明显加快。党的十八大以来，我国农村贫困人口累计减少超过9 000万人，截至2019年年末，全国农村贫困人口从2012年年末的9 899万人减少至551万人，累计减少9 348万人；贫困发生率从2012年的10.2%下降至0.6%，累计下降9.6个百分点。② 具体而言，反贫困状况从区域来看，2019年年末农村贫困人口均

① 新华社：《习近平出席决战决胜脱贫攻坚座谈会并发表重要讲话》，(2020-3-6)[2020-3-10]，http://www.gov.cn/xinwen/2020-03/06/content_5488151.htm。

② 光明日报：《2019年全国农村贫困人口减少1 109万人》，(2020-1-24)[2020-3-10]，http://www.gov.cn/xinwen/2020-01/24/content_5471927.htm。

减少，减贫速度均超上年。其中，西部地区农村贫困人口为323万人，比上年减少593万人；中部地区农村贫困人口为181万人，比上年减少416万人；东部地区农村贫困人口为47万人，比上年减少100万人。从省份来看，2019年各省贫困发生率普遍下降至2.2%及以下。其中，贫困发生率在1%—2.2%的省份有7个，包括广西、贵州、云南、西藏、甘肃、青海、新疆；贫困发生率在0.5%—1%的省份有7个，包括山西、吉林、河南、湖南、四川、陕西、宁夏。① 我国的反贫困工作成效十分明显，成为首个实现联合国减贫目标的发展中国家，对全球减贫事业做出了重要贡献。②

社会工作源于反贫困的慈善实践，秉持着助人自助、公平正义的价值理念。以扶贫济困为本、遵循个别化原则的社会工作，一定程度上能够突破现行反贫困工作表现出的专业性不足、扶贫能力和精力有限的困境③。社会工作参与精准扶贫，具备为贫困人群服务的价值理念、科学的服务方法、专业的敏感性、整合资源的功能等优势④。近年来，国家越来越重视社会工作在反贫困工作中的重要性。2015年11月《中共中央 国务院关于打赢脱贫攻坚战的决定》和2016年3月《国民经济和社会发展第十三个五年规划纲要》

① 国家统计局：《方晓丹：2019年全国农村贫困人口减少1 109万人》，(2020-1-23)[2020-3-10]，http://www.stats.gov.cn/tjsj/sjjd/202001/t20200123_1724700.html。

② 国家统计局：《人民生活实现历史性跨越 阔步迈向全面小康——新中国成立70周年经济社会发展成就系列报告之十四》，(2019-8-9)[2020-3-10]，http://www.stats.gov.cn/tjsj/zxfb/201908/t20190809_1690098.html。(注：①②注释中的“省份”是包含“省、直辖市、自治区”的统称。)

③ 李迎生、徐向文：《社会工作助力精准扶贫：功能定位与实践探索》，载《学海》2016年第4期。

④ 王思斌：《精准扶贫的社会工作参与——兼论实践型精准扶贫》，载《社会工作》2016年第3期。

都明确提出“实施社会工作专业人才服务贫困地区计划”的内容，2016 年 11 月《国务院关于印发“十三五”脱贫攻坚规划的通知》提出“制定出台支持专业社会工作和志愿者力量参与脱贫攻坚专项政策”的要求。2017 年 6 月，《民政部 财政部 国务院扶贫办关于支持社会工作专业力量参与脱贫攻坚的指导意见》，对社会工作参与脱贫攻坚服务做了专门部署，支持社会工作参与反贫困工作。政策的支持为社会工作进入反贫困领域提供了强有力的保障。

首先，社会工作参与反贫困工作产生了一些实践效果，尤其是发展性社会工作在反贫困工作中的应用。在发展性社会工作指导下，我国反贫困领域的社会工作以整合社会发展与经济发展为目标、以社区为基本介入单元、以多重社会工作干预联动为方法、以能力提升和可持续生计为策略①，实施反贫困的专业实践。发展性社会工作的实践表明，以自我发展和自我赋能为导向，注重对农民合作组织和合作经济项目的培育与增权，能够帮助贫困群体形成发展的内生动力，促进扶贫项目的可持续发展。② 发展性社会工作更强调服务对象的优势与潜力，重视从政策、策略等方面为服务对象提供实质的社会投资以真正提高其能力，促进他们参与社区生活及“生产性”的经济活动，表现出综合干预和大量使用社会投资策略的突出特征。③ 其次，社会工作在参与反贫困的过程中，在理论和实践方面探索出了以下两种主要

① 向德平、程玲：《发展性社会工作的脉络、特点及其在反贫困中的运用》，载《西北师大学报(社会科学版)》2019 年第 2 期。

② 蒋国河、平卫英、孙萍：《发展性社会工作视角下的农村反贫困实践——W 县 Y 村妇女互助储金会的案例分析》，载《江西财经大学学报》2018 年第 6 期。

③ 陈涛、杨锡聪、陈锋：《发展性社会工作的本土化理论及实践》，载《新视野》2018 年第 4 期。

的模式。一是制度—能力整合的反贫困模式。反贫困是参与各方协调的整体行动，表现在反贫困的制度安排和实施政策的行动是整合的，贫困群体的可行能力是整合的，扶贫制度与反贫困的可行能力也是整合的，整合的反贫困模式能够克服扶贫开发中的不足，社会工作在制度—能力整合的反贫困模式中扮演着重要角色。[①] 二是以社区为本的整合社会工作模式。该模式采用整合的社会工作方法，包括社区领袖培育、组织能力建设、社区教育与意识提升、社区照顾与服务、本土社区活动等专业与本土相结合的系统的整合的实践做法，主张与村民共创“生计发展、文化传承、环境友好、社会互助、公共参与”的社区减贫的社会经济发展道路。[②] 最后，“社会工作想象力”的发挥可以克服精准扶贫过程中的一系列问题。一方面，社会工作过程模式与精准扶贫工作机制表现出内在的一致性，社会工作可以精准介入对贫困户和贫困村的精准识别、精准帮扶、精准管理和精准考核的整个过程，以弥补不足。[③] 另一方面，以主体性培育、能力建设、组织建设和文化建设为内容的农村反贫困社会工作策略，注重培育农村贫困社区及贫民脱贫过程中的内源发展，这种做法能够克服当前反贫困工作中因过度行政化而带来的贫困人口依赖政府的行为和被动脱贫的不良倾向。[④] 可见，社会工作在反贫困领域有巨大的发挥空间。

---

① 王思斌：《农村反贫困的制度—能力整合模式刍议——兼论社会工作的参与作用》，载《江苏社会科学》2016 年第 3 期。

② 张和清、杨锡聪：《社区为本的整合社会工作实践：理论、实务与绿耕经验》，社会科学文献出版社 2016 年版，第 7 页。

③ 李迎生、郭燕：《推动社会工作精准介入反贫困实践》，载《中国人民大学学报》2018 年第 5 期。

④ 钱宁、卜文虎：《以内源发展的社会政策思维助力“精准扶贫”——兼论农村社会工作的策略与方法》，载《湖南师范大学社会科学学报》2017 年第 3 期。

纵观当前社会工作参与反贫困工作的进展，助人自助、全面发展、以人为本的理念贯穿其中。无论在理论上还是在实践中，社会工作都在不断探索其介入反贫困领域的路径，探索参与反贫困实践的更多可能性。多元化的思维和敏感的专业性使社会工作者在开展反贫困实践时，不仅能够运用专业的理念、方法和技术开展反贫困服务，同时也能够运用“社会工作的想象力”反思当前反贫困工作的优势与局限，为更有效、更精准地开展反贫困工作提供了新的视角与思路。当前，反贫困社会工作以助人自助为基本专业理念，以提升贫困人口的能力为目标，依托贫困人口的多样化需求，采用整合的专业方法与技巧实施精准扶贫，为贫困地区提供专业化的反贫困服务，促进贫困地区的可持续发展。社会工作者在提供反贫困服务时，扮演服务提供者、支持者、使能者、倡导者、资源管理者、协调者等角色。具体地说，社会工作参与反贫困工作涉及多类贫困群体，包括儿童、妇女、老年人等；所提供的专业服务多种多样，涵盖情绪疏导、精神慰藉、需求评估、关系调适、资源衔接、社会融入、社会支持、能力提升等；提供的主要服务内容有参与贫困群体救助帮扶、参与贫困群体脱贫能力建设、参与易地搬迁贫困群体的融合适应、参与贫困地区留守儿童的关爱保护和参与其他特殊困难人群的关爱服务。

以下就社会工作参与反贫困工作的内容做具体描述。

（一）参与贫困群体救助帮扶

社会工作参与贫困群体的救助帮扶，主要通过与其他实施主体（如政府、社会组织等）合作，完成对贫困群体的精准扶贫。具体而言，社会工作为贫困群体提供需求评估、识别问题、资源链接、心理支持以及其他专业服务，采用物资资金衔接帮扶和心理社会支持相结合、基本救助服务与专业化的个性服务相补充的救助模式。社会工作为贫困群体提供救助帮扶的具体过程包括以下三点。

1. 需求评估与识别问题

需求评估与识别问题的关键是预估，即在收集贫困群体信息的基础上，识别“真正”的贫困人口，根据资料和数据分析其具体的问题，为下一步制订实施方案做准备。社会工作者要本着以人为本、公平公正的原则，先通过走访、观察贫困户的相关社会关系，深入了解贫困人口的经济能力、家庭互动关系、成长历程、适应能力、可利用的资源、存在的问题等，并获得与贫困人口相关的全面且客观的资料。然后，社会工作者认真分析相关资料，察觉其中潜在的真实问题，从而把握贫困人口的核心问题和根本需求。与此同时，社会工作者也对贫困地区的资源和优势进行评估，挖掘可利用的资源，寻找可以解决贫困群体问题、满足贫困群体需求的可能的资源与方法。社会工作者在需求评估与识别问题的过程中，借用专业、科学的评估方法，以“人在情境中”为基本原理，分析问题的形成原因，为后续的方案制订与实施提供思路。

2. 方案制订与实施

方案制订与实施是根据贫困群体的主要问题与需求，设立工作目标，从备选方案中，筛选出最终的实施方案。设立目标是制订方案中的重要一环。目标包括总目标和具体目标，总目标是整个方案实施预达成的效果，具体目标是实施方案的一个个事项。总目标和具体目标的设立都是建立在贫困群体问题和需求基础之上的。社会工作者考虑多种因素，包括达成目标的预期成本、成效、可能的困难及不同群体的反应，同时依据时间、可利用的资源形成总目标,然后根据总目标制订可行、可测、有效、适当、详细的具体目标,再配套系统的专门化操作计划。制订计划要遵循实际、可行、具体、弹性和整体的指导原则。① 进而,社会工作者依照计划来实施方案。需要说明的是,在实施方案的过程中,方案并非一成不变的,社会工作者要根据情形的变化和评估的结果随时调整方案。

3. 总结评估与反思

服务过程的最终评估有很多方法,如过程评估、结果评估。过程评估是在开展服务的过程中及时察觉和反思贫困群体的变化,发现他们的成长与进步,根据变化对方案及方案的实施提出改进意见,以便提供更加有效的服务。社会工作者可以通过工作记录、阶段性的目标实现程度、出现的新的问题、贫困群体的感受、工作方法的恰当程度、资源状况等开展过程评估。结果评估可以通过目标的达成状况来分析,也可以借助"投入—产出"的成本收益方法来评估服务的有效性,具体可以通过贫困群体的前后变化及改进程度、目标完成的具体情况来进行比较。从技术方法来说,社会工作者可以结合问卷调研、访谈和观察来开展此项工作。最重要的是,社会工作者在评估之后要对贫困群体进行随时的跟踪调查,以及时发现新的问题并帮助其解决,以防发生返贫的现象。同时,社会工作者也要反思服务过程中的方法、技巧等,为以后的方案制订与实施提供可借鉴的经验,为专业化的服务提供更多的思路。不可忽视的是,社会工作者在提供服务的过程中也要发挥政策倡导的功能,反思政策制定、实施过程中可能存在的不足,及时向政府反馈,促进政策的完善,以求更好地满足贫困群体的需求。

---

① 顾东辉:《社会工作概论》,复旦大学出版社 2008 年版,第 30 页。

值得注意的是，针对不同类型的群体和差异化的个体，社会工作的服务是有所不同的。如果是从宏观层面介入整个贫困地区的服务，则以社区为核心，在把握该地区关键问题与核心需求的基础上，借助发展性社会工作的视角，以整合的方法，从地区的实际需求出发，培育贫困地区的合作组织，与不同主体合作开展扶贫工作。如若面向的是因病致贫、因灾致贫的贫困人口，社会工作者在评估需求、识别问题的基础上，需要借助个案管理的方式，为个人提供专业化的服务，如可能提供一些经济救助，则尽可能地为服务对象整合更多的经济救助资源，包括向慈善基金会争取支持、利用互联网众筹的形式向社会爱心人士募集资金等。在服务的整个过程中，社会工作者在关注贫困群体的普遍需求的同时，也要善于挖掘潜在的个人需求，提供多样化、个别化、差异化的专业服务。

（二）参与贫困群体脱贫能力建设

能力建设既是贫困群体脱贫的过程目标，也是贫困群体脱贫欲达到的结果目标。贫困群体的能力建设是开展精准扶贫的重点内容。能力建设体现了精准扶贫的重点，即以人为核心。按照阿马蒂亚·森（Amartya Sen）的"可行能力"观，真实的自由是建立在人们所具备的可行能力基础上的行动自由，即人们对生活中的挑战和风险能够做出积极的回应，并使他们摆脱困境，得到发展。与其含义相似，社会工作所倡导的能力建设，不仅是简单地培养贫困群体发展某种适应现代社会需要的技能，它更是一种态度、一种价值观和一种理解力及批判精神的培育与发展的过程①，是贫困群体技能和内

① 钱宁、卜文虎：《以内源发展的社会政策思维助力"精准扶贫"——兼论农村社会工作的策略与方法》，载《湖南师范大学社会科学学报》2017 年第 3 期。

在能力的同步提升。在能力建设的过程中，社会工作的主要服务工作有：促进贫困群体的思想转变，提升自我意识；调动贫困群体的内生动力，激发内在潜力；提升贫困群体的问题解决能力，实现自助互助。这三个方面是加强贫困群体能力建设的关键。

1. 促进贫困群体的思想转变，提升自我意识

社会工作者借助内源发展的理念，以培育和激发贫困群体的主体性与自我发展责任能力为基本着力点，关注他们的生活形态，通过走访与观察，了解他们的所思、所想、所愿，发现他们的优势及局限，分辨和澄清他们的真实需要，用专业化的社会工作助人方法去影响、改变他们的观念和行为，促进其发展动机的形成①，激发他们潜在的自我意识。社会工作者在这个过程中会向贫困群体进行政策宣传，同时扮演教育者的角色，为他们提供解决具体问题的思路。

2. 调动贫困群体的内生动力，激发内在潜力

在贫困群体自我意识提升的基础上，社会工作者通过对贫困群体的优势和局限的分析，让贫困群体意识到自身发展所处的困境及自身所拥有的优势资源，让他们能够想象改变后的美好状态，用希望来调动贫困群体的内在动力，从而激发他们的潜能。培育贫困地区的群体合作组织和开发经济合作项目是激发他们内在动力的主要方式之一。社会工作者在评估贫困地区优势资源的基础上，与其他合作主体共同寻找贫困地区脱贫的主要突破口，利用当地的特色资源发展相关的经济产业，从而带动整个贫困地区的社

① 钱宁、卜文虎：《以内源发展的社会政策思维助力“精准扶贫”——兼论农村社会工作的策略与方法》，载《湖南师范大学社会科学学报》2017 年第 3 期。

会发展。社会工作者通过培育合作组织，激发贫困群体的权利与责任意识，调动贫困群体的主动性，鼓励他们积极加入经济合作项目，激发他们内在的潜能。

3. 提升贫困群体的问题解决能力，实现自助互助

为了提升贫困群体的问题解决能力，社会工作者一方面要对贫困群体的需求与问题进行精准识别，另一方面要通过衔接培训资源，提升贫困群体的相关技能，使贫困群体能够通过自身的努力获得成长。在此基础上，社会工作者分析贫困人口个体的优势，根据其需要和优势与当地的资源进行对接，帮助他们实现就业，真正做到助人自助。与此同时，社会工作者培育多种形式的合作组织，通过小组工作等专业方法，成立妇女协会、老人协会等互助团体，以满足贫困群体的多层次需求，培养他们的归属感与合作意识，激发他们的志愿精神，从而形成邻里互助的氛围。在真正实现个体能力提升的同时，激发贫困群体自助互助的精神。

总的来说，实现贫困群体能力建设的核心是实现增权的目标，其主要做法是培育合作组织，让贫困群体在组织中实现意识和能力的提升，实现自助互助。当然，培育合作组织的前提是社会工作者要对贫困地区和贫困群体有整体上的把握，挖掘当地的优势资源，激发贫困个体的内生动力，这也是实现能力建设的关键一步。

(三) 促进易地搬迁贫困群体的融合适应

为了从根本上解决贫困群体的生存和发展问题，在开展扶贫工作时，针对不宜居住或者生存条件恶劣地区的贫困群体，政府鼓励采取就近搬迁安置、跨区域安置、县域内统一协调安置、依托工业园区安置和转移就业安置

等模式。对易地搬迁的贫困群体来说，搬迁应该是解决目前问题的好的选择，但易地搬迁也伴随着一系列问题，如搬迁可能会破坏贫困人口的日常生活结构和原有的社会关系，尤其对搬迁的个体和家庭来说，搬迁会引发极大的破坏，导致原有就业中断、生活成本增加、地区归属感丧失、心理认同弱化及对未来生活的担忧等。因此，社会工作者要为易地搬迁的贫困群体提供疏导不良情绪，加强人际关系调适，链接就业资源，重建社会支持网络等服务，从而增强易地搬迁贫困群体的归属感与认同感，促进搬迁居民与当地居民的融合适应。与此同时，易地搬迁对与搬迁群体相关的人员、原有地不需搬迁的居民和迁入地的居民都会产生不同程度的影响，因而社会工作者也要注意对这些群体进行及时的评估，识别他们的问题并开展相关专业服务来满足这些群体的需求。

从易地搬迁的实施过程来说，社会工作者需要做以下四个方面的具体工作，来协助其他主体完成易地搬迁，实现脱贫目标：第一，根据实地走访和文献查阅收集的相关资料，对易地搬迁涉及的贫困群体进行问题识别和需求评估；第二，及时把相关的政策信息有效准确地传达给贫困群体，搭建与政府沟通的平台，并向政府反馈易地搬迁贫困群体的所思所想，实现搬迁的顺利开展；第三，跟踪调查易地搬迁贫困群体的心理与社会状况，通过开展小组工作和社区工作增进易地搬迁贫困群体与当地群众的交流，增加彼此的认识；第四，在评估迁移地区居民的需求之后，根据迁移地的特色和资源，成立相关的合作组织、开展经济开发项目，在增进易地搬迁贫困群体对迁入地的认同感和归属感的同时，也可以促进当地的社会经济发展，实现真正意义上的脱贫。

值得注意的是，易地搬迁的关键点在于脱贫，因脱贫而引发的社会与心理等方面的问题应引起社会工作者的重视。脱贫看重的不仅仅是经济上的脱贫，也重视脱贫的质量，关注整个脱贫过程中的人的整体状态。因而，易地搬迁反贫困的目标是促进搬迁脱贫地区的政治、经济、文化、社会、生态方面的全面发展，实现贫困群体解决问题能力的提升，使贫困群体摘掉“贫困”的帽子，获得高质量的、幸福美满的生活。

（四）参与贫困地区留守儿童的关爱保护

2016 年全国摸底排查数据显示留守儿童有 902 万余人，2018 年 9 月全国农村留守儿童和困境儿童信息管理系统统计显示，全国共有农村留守儿童 697 万余人，全国农村留守儿童总体数量下降 22.9%。贫困地区留守儿童的生存与发展问题依然是一个亟待解决的社会问题。贫困地区留守儿童因家庭主要成员外出引发家庭功能缺失，导致其难以得到应有的关爱与照料，从而可能产生教育问题、心理健康问题、安全问题等。对此，社会工作主要为贫困地区留守儿童开展监护随访、成长辅导、法制宣传和临界预防等服务。

面向贫困地区留守儿童，社会工作可以运用传统的三种工作方法——个案工作、小组工作和社区工作来开展服务。具体来说，从个案层面，可以通过走访观察挖掘有特殊困难的留守儿童，对其进行社会保护与关爱，可以联合家庭、学校、社区、邻里等多个主体，加强对留守儿童的监护与保护，帮助这些留守儿童链接教育资源、培养良好的学习习惯、提升心理健康与素质、矫正不合理的偏差行为，在激发潜能的前提下提高留守儿童的抗逆力。就小组工作而言，建立有相同需求或问题的留守儿童成长小组或者支持小组，通过组内的凝聚力，形成相互帮助的氛围，帮助他们共同解决成长中的困难，矫正不良的习惯与行为，也可以通过小组工作开展适当的亲子互动活动，帮助留守儿童加强与父母及其他亲人的互动，帮助他们建立良好的亲子关系，促进留守儿童的健康成长。在社区层面，可以建立社区儿童中心，定期开展安全教育和心理辅导，提高留守儿童的安全意识和心理健康，也可以在社区开展与教育相关的讲座，让家长意识到家庭教育的重要性，给家长培训相关的家庭教育知识与技能，发挥家庭在留守儿童成长过程中的作用，同时可以借助社区层面调动相关的资源，开展学业辅导、素质拓展等方面的服务，帮助留守儿童提升学习能力，提高他们的综合素养。

需要说明的是，上述三种方法的使用并不是相互割裂的，也不是一成不变的。在实际提供服务的过程中，这三种方法是相互整合、共同发挥功能的，它们是提供服务的一个整体系统，而且具体的工作方法和技巧可以依据贫困地区的特点和留守儿童的需要做出适当的调整与修正。

（五）参与其他特殊困难人群的关爱服务

其他特殊困难人群指的是贫困地区的老年人、妇女、青少年、社区矫正人员、残疾人等，针对这些人群开展的关爱服务包括精神慰藉、生活照顾、权益保障、社会支持。具体来说，社会工作者为特殊困难老年人提供生活照顾、精神慰藉、临终关怀、权益保障等服务；为特殊困难妇女提供心理支持、精神减压、亲职辅导、权益维护等服务；为贫困地区的不良青少年、社区服刑人员、刑满释放人员等特殊人员提供心理支持，帮助他们改善家庭和社区的关系。社会工作者通过为这些特殊人群开展关爱服务，满足他们的精神需求，帮助他们建立社会支持，提升他们的生活质量和适应环境的能力。

就老年人来说，当前我国大部分贫困地区尚不具备充足的机构养老资源，因此，社会工作更多的是引导社区发展邻里互助或结对式服务，培育当地的社区照顾组织，形成互帮互助、关爱老年人的氛围。同时，社会工作可以借助贫困地区的资源，组建志愿者队伍或者链接志愿者资源，增进对老年人的关爱。此外，社会工作也可以通过培育与老年人相关的协会组织，培养老年人的兴趣爱好，建立多种形式的老年活动中心，丰富老年人的生活。

以往的研究对开展与贫困地区妇女相关的社会工作服务也有所启发。如运用地区发展模式，组织留守妇女开展技能培训，激励相关协会组织妇女储金会等。[①] 社会工作者在为特殊困难妇女提供服务时，要关注妇女的优势，善于激发妇女的潜能，为妇女赋权，增强她们参与公共事务的意识，提高她们的素质能力，发挥她们在地区发展中的主体思维，增强她们自力更生的能力。在实践中，社会工作者可以通过相关的教育培训，唤起她们的主体意识、责任意识和自信心，组织相关的妇女合作组织和学习小组，培养她们的工作技能，锻炼她们独立自主的生存能力。

针对贫困地区的不良青少年、社区服刑人员、刑满释放人员等特殊人员，社会工作者要从优势视角出发，评估他们自身和周围的优势资源，利用这些优势资源帮助他们矫正不良习惯和行为，为他们建立社会支持网络，让他们树立自信、提升适应能力，从而开始新的生活；另外，针对贫困地区的残疾人，要构建一套相对完善的社会支持体系，衔接照顾他们生活和康复的可

① 民政部社会工作司：《农村社会工作研究》，中国社会出版社 2011 年版，第 159 页。

能资源，激发贫困社区的互助志愿精神，形成相互关爱、自助互助的友爱氛围。总之，针对不同的特殊困难群体，社会工作者要根据他们自身的优势和资源来开展相关服务工作。

第三节　社区为本的反贫困社会工作特点

以往的反贫困社会工作可以概括为三个视角：第一，社会救助角度下的贫困人群社会工作；第二，发展性社会工作①；第三，由资产建设理论延伸而来的金融社会工作。② 社会救助角度下的贫困人群社会工作服务以助贫为目标，帮助贫困家庭维持或改善生活处境；发展性社会工作与金融社会工作都以脱贫为目标，致力于帮助贫困家庭脱贫致富或者自力发展，不同的是，金融社会工作虽然由发展性社会工作延伸而来，但金融社会工作更注重金融资产的积累。不同于以往的反贫困社会工作的三个视角，本书将反贫困实践聚焦于社区。社区作为人类生活的载体，其本身具有与社会生活相关的各种社会功能，能够发挥经济生活、社会化、社会参与、社会控制和社会福利等多方面的作用，满足人类的相关需求。以社区为整体开展反贫困社会工作，不仅能够帮助贫困群体达成修复性治疗的目的，实现贫困人口的增权，还能够实践社会变革的目标，促进社区环境的整体改善③，实现贫困地区

---

① 国外的发展性社会工作更多的是从个案层面介入的，而国内的学者更倾向于社区层面的介入，致力于社区经济整体性改变。具体参见蒋国河：《社会工作与农村反贫困：本土化实践与理论反思》，中国社会出版社 2017 年版，第 58 页。

② 蒋国河：《社会工作与农村反贫困：本土化实践与理论反思》，中国社会出版社 2017 年版，第 56 页。

③ 社区环境的整体改善指的是贫困社区政治、经济、文化、社会及生态的全面综合发展。

的可持续发展。因此，本书提出社区为本的反贫困社会工作，它以社区及其发展为整体，将社区视为服务工作的落脚点，关注贫困社区的整体性、系统性和贫困群体的主体性、能动性，重视贫困群体的赋权增权，增强贫困群体的能力建设和贫困地区的可持续发展。社区为本的反贫困社会工作融合了发展性视角和资产为本视角下的反贫困社会工作的合理元素，更加注重整合的专业方法，强调以社区为核心，利用社区原有的资源（价值、方法、个人、组织等）来激发社区的内在力量，促进贫困地区及其贫困人口生活水平和整体效能的提升。

一、社区为本的反贫困社会工作含义

社区为本的社会工作可以追溯到 19 世纪的睦邻组织运动，该运动强调社会工作应该致力于社会正义并承担赋权的使命。它批判自由主义的福利政策排斥社区弱势群体，难以回应弱者的需求，认为应满足被主流福利体系排斥的社区及其民众的需求，帮助被市场排除在外的人们。[①] 为了更好地帮助这些被排斥或者被排除在外的弱势群体（贫民），睦邻组织中心的工作人员扎根社区，与需要帮助的贫民共同生活，尊重他们的生活习惯、文化及个体尊严，强调平等的伙伴关系[②]，真诚地、同理地去观察和理解这些贫民，帮助他们克服贫困的障碍。睦邻组织运动明确了社会工作的宏观使命：社会工作不仅关注个人的需求，同时关注结构限制和导致个人不幸的社会问题，

① 张和清、闫红红、尚静：《社区为本的农村社会工作实务模式探索——国内外农村社会工作研究文献的综述》，载《学海》2019 年第 2 期。

② Ehrenreich J H. *The Altruistic Imagination: A History of Social Work and Social Policy in the United States*. Ithaca，NY：Cornell University Press，1985.

即社会工作在关注微观个人的同时兼具推动社会进步的宏观使命。① 回顾社区为本的社会工作历史渊源,不仅给予了社会工作宏观使命的定位,也明确了社区作为服务载体的理念。

张和清认为中国社区社会工作的核心议题应该是以社区为本的社会工作实践模式,社会工作者应该扎根社区,与社区居民共同解决生计、生活与生态方面的问题,从而维护社会公正,将推动经济社会可持续发展作为自己的专业使命。② 在他看来,社区为本的社会工作是指:社会工作者以整个社区为基础,选择某一项"牵一发而动全身"的社区公共议题作为社区工作的突破口,综合运用宏观、中观和微观层面的各种专业及其本土化的助人自助与能力建设方法,与社区民众合力解决民生及生态等诸多令社区衰败的问题,重建社区感与可持续生活。③ 社区为本在社会工作的多个领域均有运用,如在农村社会工作领域,社区为本是农村社会工作的一个新模式。农村社会工作以整个社区为介入对象,社会工作者在其中扮演倡议者和推动者角色,农村社会工作与农村社区发展是一种共生关系。④ 万斯(Vance)认为农村社会工作实务的发展有赖于基层,必须以社区已有的价值和方法为基

① Meyer C H, *Clinical Social Work in the Eco-Systems Perspective*. New York: Columbia University Press, 1983. Rosenblatt and D. Waldfogel (eds). *Handbook of Clinical Social Work*. San Francisco: Jossey-Bass Publishers, 1983.

② 张和清、杨锡聪:《社区为本的整合社会工作实践:理论、实务与绿耕经验》,社会科学文献出版社 2016 年版,第 24 页。

③ 张和清:《中国社区社会工作的核心议题与实务模式探索——社区为本的整合社会工作实践》,载《东南学术》2016 年第 6 期。

④ Margaret A, "Forging a New Paradigm for Australian Rural Social Work Practice," *Rural Society*, 2015, Vol. 15, No. 3, pp. 277 - 284.

础，与社区内的个人和组织建立联系，要有社区联合的意识。① 国外农村社会工作的发展十分注重社区为本的农村社会工作。② 在灾害社会工作领域，社区为本的社会工作同样适用。以社区为本为视角的灾害社会工作服务模式，不仅突出"社区"的主体地位，而且将其本身置于服务模式的中心。具体地说，社区为本把社区本身作为具有多面性的关系主体而置于服务模式的中心，使社区成为重新连接"个体化社会"和"社会个体构成"双重关系的中观行动载体，它采取整合性的干预取向，以聚焦社区各层面关系的重建，而不仅以社会网络、社会资本的重建为服务目标，并且社区为本的灾害社会工作服务模式肩负着问题解决和社会改革的双重责任。③ 此外，在社会转型的过程中，社区为本的社会工作策略重点关注城乡社区的再造，从推动社区可持续生计入手，通过经济赋权实现社区政治参与、文化传承、社会互助、性别平等、生态保育等，逐渐恢复社区可持续生活方式，从而改变不可持续的发展模式。④ 简言之，社区为本的社会工作基本框架可以概括为：运用多元面向和多元系统的服务干预策略，以解放服务对象个人自主性、赋权增权为服务目标，以多元介入和能力建设为服务取向，来实现真正的可持续发展。⑤

从社区为本的社会工作概念和不同领域的实践应用，可以剥离出社区

---

① Vance C, "Toward a Radical Model of Social Work in Rural Communities," *Journal of Progressive Human Services*, 2017, Vol. 28, No. 1, pp. 2 - 5.

② 张和清、闫红红、尚静：《社区为本的农村社会工作实务模式探索——国内外农村社会工作研究文献的综述》，载《学海》2019 年第 2 期。

③ 吴越菲、文军：《从社区导向到社区为本：重构灾害社会工作服务模式》，载《华东师范大学学报（哲学社会科学版）》2016 年第 6 期。

④ 张和清：《社会转型与社区为本的社会工作》，载《思想战线》2011 年第 4 期。

⑤ 姚进忠：《社区为本：农民工城市融入的赋权路径建构》，载《西北农林科技大学学报（社会科学版）》2014 年第 1 期。

为本的关键因素，即社区为本十分重视社区本身的整体发展，一切以社区的实际状况为出发点，关注社区所拥有的资源并利用它解决问题，同时注重社区的整体性和系统性，强调社区的可持续发展。对社区为本的反贫困社会工作的理解，即反贫困是社会工作服务的领域，社区为本既是社会工作服务采取的方法视角，也是社会工作开展服务的实施路径。根据反贫困社会工作的内容和目标，结合社区为本社会工作的内涵和关键因素，本书提出社区为本的反贫困社会工作指的是社会工作以社区为核心，关注贫困社区的整体性、系统性问题和可持续性发展，采用多元整合的方法，依托社区的优势和资源，激发贫困群体的内生力量，帮助贫困群体提升自我脱贫、自我发展的能力，实现整个贫困地区的社会进步和可持续发展。

二、社区为本的反贫困社会工作特征

社区为本的反贫困社会工作以社区及其发展为整体，兼具提供个人服务和促进社会进步的双重目标，在扶贫的过程中，采用整合的方法来开展专业服务，重视贫困群体的内在动力与潜能，支持贫困群体提升自我发展的能力，同时也重视贫困地区政治、经济、社会、文化等多个层面的进步，从而实现整个地区的可持续发展。

（一）以社区为主体

社区为本的反贫困社会工作以社区为主体。社区既是开展反贫困社会工作的场域，也是社会工作评估和开发的对象，社区不仅指的是一个地理区域，而且也是一个富有人情味的共同体。以社区为主体强调的是以社区为本，将社区置于服务模式的中心，关注的是社区中的人、资源与社区的整体发展，注重贫困社区政治、经济、文化、社会和生态环境的全面综合发展。社区是贫困群体经常互动的场所，也是社会工作者开展服务的载体。通过社会工作者与社区居民的努力，社区有多种改变的可能性，如培养贫困群体的自我发展能力和自决能力，培育社区互助体系等，这些改变始终围绕促进社区整体进步的目标而展开。

以社区为主体具体表现在以下三个方面。一是关注社区的资源与优势。社区问题的解决和需求的满足，不仅需要外部资源的注入，更需要内部资源与优势的整合与运用，因而以社区为主体强调整合社区的内部和外部资源，激发社区原本的优势，通过社区的内生力量来化解社区的困难。二是关注社区的实际问题与需求。贫困地区和贫困群体要实现脱贫，社会工作者必须精准把握贫困的根源。社会工作者依据社区的实际状况，通过实地观察走访，与当地贫困群体沟通互动，逐步发现真实的问题并识别具体需求，从而开展一般的或是个别化的服务。三是关注社区中的人。社会工作为人提供服务，所以在开展反贫困工作服务时，社会工作者应以贫困群体的问题和需求为出发点，尊重贫困群体的意愿，运用接纳、非评判、个别化的社会工作价值原则来理解贫困人口的现实处境，不仅注重贫困人口的物质需求，更要关注他们的心理和精神需求，强调对个体能动性的调动，重视脱贫过程中贫困群体能力的提升。总而言之，以社区为主体，也就是一切以社区为核心，从社区及其整体发展出发，促进贫困地区的完全脱贫和可持续发展。

（二）以社区优势和社区增权为取向

优势视角改变了从传统病理学角度对服务对象缺陷和不足的关注，强调重视实践过程中服务对象所具有的资源和优势，从而挖掘和培养服务对象的潜能。“优势、赋权、成员资格、抗逆力、治疗和整合、对话与合作、悬置怀疑”构成了优势视角的重要概念，抗逆力是优势视角理论的核心理念。抗逆力是个人面对各方面不利因素时采取的抗争性、建设性方法的能力，是个人的一种资源和资产，能够引领身处恶劣环境下的个体懂得如何利用不利条件，产生正面的结果。① 社会工作者在反贫困实践中关注整个社区环境，通过形成良好的社会环境及提升贫困人口的个人能力来增强个体的抗逆力。增权理论注重对个人潜能的发掘，鼓励服务对象在面对不幸和痛苦时，超越环境束缚，激发自己的潜能。在社会工作实践中，增权理论一定程度上重塑了人们对“弱势群体”的认识，强调服务对象在实践过程中的主体性和能动性。②社会工作者运用优势视角与增权理论开展反贫困实践，形成了关注社区优势和社区增权的取向。一方面，社会工作者通过评估社区的资源，挖掘社会资本，构建社区互助网络体系；另一方面，社会工作者通过充权、增权的方式，激发贫困群体发挥优势，让贫困群体打破无权的状态，并借助宏观的政策倡导保障贫困群体平等地享有各种机会与权利，实现社区增权。

在实践中以社区优势和社区增权为取向，主要体现在对贫困群体的优势挖掘和个体增权。以优势视角看待贫困群体，能使社会工作者跳出问题视角的局限，关注贫困群体自身的可利用资源、自决能力、问题解决能力等内在优势。社会工作者在开展服务的过程中会更加重视贫困群体自身社会资源的拓展与运用，这有助于提升和肯定贫困群体的价值和尊严，激发他们的内生力量。增权视角则启迪社会工作者通过开展重视贫困群体能力建设

①② 文军：《西方社会工作理论》，高等教育出版社 2013 年版，第 206、280 页。

的相关服务，实现增权的目的。在实践的过程中，社会工作应该坚持：第一，与贫困群体建立合作的伙伴关系；第二，强调贫困群体的优势与能力；第三，关注个人及社会和物质环境的双重焦点；第四，承认贫困群体是积极的主体，具有相互关联的权利、责任、需求、要求；第五，利用自觉选择的方式，把专业能量给予被去权的贫困群体。①优势视角和增权理论为社会工作解决贫困问题提供了独特的视角，促使社会工作者从挖掘优势和提升能力入手，打破贫困群体无权的状态，帮助个体获得平等的机会。

（三）以社区可持续发展和能力建设为理念

以社区可持续发展和能力建设为理念指的是，社会工作者在开展脱贫工作的过程中强调贫困社区的可持续发展和注重贫困群体的能力建设，关注贫困人口自我能力的提升和整个社区的增权，避免贫困社区和贫困群体发生返贫现象。一方面，贫困社区的可持续发展关注社区社会发展与经济发展的统一，是政治、经济、文化、社会和生态的全面进步。社会工作者与其他主体合作，在评估和分析贫困地区优势和需求之后，根据当地的特色，衔接适当的产业项目，培育当地的合作组织。其一，以产业扶贫为基础，依托当地的资源发展特色产业，提高贫困地区的经济收入；其二，培育合作组织，调动贫困群体的参与，通过参与合作组织和项目产业，不断提高合作能力和自身技能，增进彼此的归属与认同。如此，不仅推动了贫困地区产业和经济的发展，也有助于社区居民的互动交流，从而有利于形成社区文化氛围和自助互助的精神，实现贫困社区全方位的发展。另一方面，个人能力的提升是一个持续的循环过程，社会工作者在脱贫服务中通过宣传、教育、对话、组织

① 陈树强：《增权：社会工作理论与实践的新视角》，载《社会学研究》2003 年第 5 期。

参与的形式，激发贫困群体的责任意识和脱贫动力，唤起他们的主体性，调动他们的能动性与创造性，组织他们参与脱贫建设，并在参与的过程中激发他们内在的能量，尊重他们的意愿，帮助他们树立希望与自信并培养自决的能力。通过这样的循环，贫困群体逐步增加自信、提升积极性、发展自我意识，个人的能力在参与中也逐渐提升。因此，个人能力建设实质上指的是对贫困群体在自我提升能力、能动能力、参与能力、自决能力四种具体能力方面的培养，这四种具体的能力能够帮助贫困群体逐步提升综合素质，促进其自我脱贫、自我发展的能力。

（四）兼具社区进步和个体发展的双重目标

以社区进步和个体发展作为社区为本反贫困社会工作的目标，既从社会工作的双重使命出发，打破了个人与社会、微观与宏观的割裂，有助于为贫困群体提供个别化的专业服务，又可以促进整个社区环境的改善，实现社区的公平正义。这一目标有两层含义：一是个别化需求与基本需求的满足，二是倡导社会制度的完善和社会进步。个别化需求与基本需求的满足是个体发展的基础，从微观的个体出发，强调的是对个体提供的专业化服务。社会工作参与反贫困工作，为贫困群体提供基本的救助服务，包括心理疏导、精神慰藉、资源衔接、心理支持、关系调适等。然而，不同贫困地区所面临的资源、环境、实际需求有所区别，而且贫困群体复杂多样，涵盖了易地搬迁的贫困群体、留守儿童、特殊困难老年人、特殊困难妇女、不良青少年、社区矫正人员等。因此，针对不同地区的不同群体，社会工作者要为不同地区的不同贫困群体提供个性化的服务，并采取不同的方法来解决个性化问题。倡导社会制度的完善和社会进步是基于宏观视角下对社会结构的一种反思。

社会工作要注重保障贫困群体都能够享受基本社会服务的权益和平等获得社会福利的权利。社会工作关注贫困群体的积极参与及他们在参与的过程中获得的意识觉醒和能力提升，反思政策制度在制定和实施的过程中可能需要改进的地方并及时向政府反馈。

值得注意的是，社会工作实现这两个目标的过程并不是对立的、割裂的，而是一个互为统一的过程。社会工作者与贫困群体直接接触，可以准确地把握他们的真实状况，也可以借助调查深入了解政策实施的状况，为政策完善提供反馈；而反过来，政策的完善可以给社会工作者和贫困群体更多的资源，如公共基础设施的完善有利于更有效地开展扶贫工作。所以说二者是一个相互促进的整体，其实质上也是微观个体与宏观社会的一个关系互动。

（五）采用多元整合的方法

社区为本反贫困社会工作整合多元化的服务方法，满足贫困群体多样化需求。首先，在干预层面，从个人、家庭、社区、社会等方面入手，开展反贫困工作。就贫困人口及其家庭来说，社会工作者主要为他们提供自我意识觉醒、自我能力提升、技能培训等专业服务，增强他们的抗逆力，最终实现助人自助。在贫困社区方面，社会工作者整合社区发展的多种模式，依托社区资源，开发相关经济产业，培育当地的合作组织或者社会组织，搭建社区的社会支持体系等。同时，社会工作者通过与当地贫困群体的实际接触，评估和反思政策的实施状况和效果，发挥社会工作倡导的功能，反馈政策的不足并挖掘进步的空间，从而推动整个地区的进步。其次，在实务模式上，强调多种实务模式的整合使用，如结合地区发展模式、社区照顾模式、社区组织、社区教育等。具体到反贫困领域，可以采取地区发展模式结合产业脱贫的形式，促进社区的经济社会发展，也可以将社区为本的理念与社区照顾模式融合，解决贫困地区特殊困难老年人的问题。最后，针对减贫的整体规划与要求，社会工作者整合个案工作方法、小组工作方法、社区工作方法、社会工作政策研究、社会工作行政等多种方法开展具体的脱贫工作。需要说明的是，社会工作者在开展脱贫实务的过程中，应根据当地的实际状况，灵活整合实务方法与模式并恰当运用。

综上所述，以社区为本的反贫困社会工作围绕着社区可持续发展和能力建设的理念，以社区及其整体发展为主，关注社区中的人和资源，从优势视角和增权理论出发，运用整合的社会工作方法和技巧，挖掘社区的潜在资源，激发社区的内在力量，从而促进贫困者的个人发展、实现整个社区的脱贫与发展。

第二章　社区为本的反贫困社会工作理论与方法

本章将重点介绍社区为本的反贫困社会工作的理论渊源和实践模式，从理论和实践中进一步把握其内涵。就理论而言，在梳理反贫困和社会工作相关理论的基础上，社区为本的反贫困社会工作的理论渊源可以从三个方面来理解：一是以社区为切入口，理解社区的相关概念；二是解释贫困成因的相关理论，如贫困处境论和贫困剥夺论，这两个理论分别从社会环境以及能力与权利的剥夺来解释贫困的形成；三是从解决贫困入手，归纳有助于开展反贫困实践的关键点，如增权理论、参与式发展理论和社会资本理论，通过分析这些理论剥离出优势、赋权、社会网络、参与等可能应对贫困问题的实践关键点。在实践方面，本章从传统的三种模式——社会计划模式、地区发展模式和社会行动模式来阐述反贫困中的社区社会工作模式，在此基础上归纳以社区为本的反贫困社会工作服务方案，包括基本理念、服务流程等。理论和实践方法的阐释将对反贫困实践的开展产生极大的积极影响。

第一节　理论渊源

社区的概念复杂且尚未统一。“社区共同体”的打造是社区为本反贫困社会工作的重要目标。贫困作为人类社会长期面对的难题，自 18 世纪第一次工业革命以来，西方就开始有关于贫困和反贫困的理论研究。[①] 18 世纪以后，贫困与反贫困理论研究从经济学拓展到社会科学领域，学者们从个体与结构、微观与宏观等视角对贫困理论进行了激烈的探讨。回顾以往与贫困相关的理论，社区为本的反贫困社会工作的理论渊源可以追溯到贫困处境理论、贫困剥夺理论、增权理论、参与式发展理论和社会资本理论这五种理论，这些理论为解释贫困的成因和如何应对贫困提供了可行的视角，对当前的反贫困社会工作具有重要的理论指导意义。

一、社区相关理解

一般来说，社区的概念源于德国社会学家滕尼斯(Tennis)。1887 年，滕尼斯的著作 *Gemeinschaft und Gesellschaft* 出版，该书英文名为 *Community and Society*，中文译为《社区与社会》或《共同体与社会》。滕尼斯用二分法总结出两种理想类型：“Gemeinschaft”和“Gesellschaft”，即共同体和社会，又称“礼俗社会”和“法理社会”。滕尼斯认为，“社区”是有着共同价值观、人口同质性较强的社会共同体，人与人之间形成了一种亲密无间、守望相助、

① 黄承伟、刘欣、周晶：《鉴往知来：十八世纪以来国际贫困与反贫困理论评述》，广西人民出版社 2017 年版，第 6 页。

服从权威的关系，他们具有共同的信仰和风俗习惯，比如传统的社区；与之不同的是，“社会”总是和劳动分工及理性契约联系在一起，人们表现出理智和工于心计，形成冷漠、疏离、缺乏感情交流的人际关系，例如具有明显人口异质性及价值取向多元化的城市社会群体。概言之，前者是由“本质（自然）意志”（表现为本能、习惯和记忆）推动的，以统一和团结为特征的社会联系和组织方式，它以血缘（家庭）、地缘（村庄）和精神共同体（友谊或信仰团体）为基本形式；后者则是由“选择（理性）意志”（表现为深思熟虑、决定和概念）所推动的，是有明确目的并以利益和契约为基础的社会联系和组织方式，如现代政府、政党、军队和企业等。[①] 到了20世纪20年代至30年代，以帕克（Park）为首的芝加哥学派的都市生态学，将“社区”由一种类型学的概念发展为一个实地研究的单位和一种研究方法，甚至逐渐成为一个新的社会学分支——社区研究，而社区的地域性特征也由此得以凸显。[②]

不同于“国家”“城市”“社会群体”等概念，随着经济的发展、社会的变迁、文明的进步，社区的内涵、外延、结构、功能及其形态不断更新，并日益丰富和复杂化。[③] 1971年，社会学家贝尔（Bell）和纽比（Newby）发现社区的定义有98个，并通过归纳分类与统计分析得出多数社会学家同意的社区的三个特征，即社区包括社会互动、地理区域和共同关系。[④] 1981年，美籍华裔教授、社会学家杨庆堃统计发现，有关社区的定义已经增加到140多种，这些

① 肖林：《“‘社区’研究”与“社区研究”——近年来我国城市社区研究述评》，载《社会学研究》2011年第4期。

② 黄锐、文军：《走出社区的迷思：当前中国社区建设的两难抉择》，载《社会科学》2013年第2期。

③ 徐永祥：《社区工作》，高等教育出版社2004年版，第8页。

④ 夏建中：《社区工作》，中国人民大学出版社2005年版，第5页。

界定社区的角度各不相同，如社会系统、社会功能、价值观、生活方式、归属感、认同感、社区参与及地理区划等各种角度。[①] 可见，不同的国家和文化背景下的社区并非一成不变，而是多元发展的。当前，对社区的研究大致可以分为两类：一类是本体论意义上的“社区”研究，将社区当作具有积极意义、客观存在的实体或实体性概念，其核心问题是“共同体”意义上的社区在现代城市社会是否有可能；另一类是方法论意义上的社区研究，将社区作为一种研究方法和研究范式，试图以“社区”来透视“社会”，观察国家与社会之间的复杂互动，实现见微知著的透视功能。[②] 本书涉及的社区主要指的是本体论意义上的社区，社区为本的反贫困社会工作最终目标是实现贫困地区“社区共同体”的打造。

二、贫困成因理论

（一）贫困处境理论

20 世纪 60 年代以后，社会学界在批判文化贫穷论的基础上提出了贫困处境理论，代表人物有查理斯·A. 瓦伦丁（Charles A. Valentine）、海曼·罗德曼（Hyman Rodman）和 L. 戴维森（L. Davidson）等。不同于贫困文化理论，贫困处境理论并不认为贫穷是由贫困人群自身所引发的，相反，他们认为贫穷是他们所处的环境导致的，环境促使贫困文化的产生，导致了贫困的状态。瓦伦丁将贫困文化的内容分为三个方面：一是贫困的状况，如失业、无技术、低教育等指标；二是贫困的行为模式，如自暴自弃；三是贫困的价值

---

① 徐永祥：《社区工作》，高等教育出版社 2004 年版，第 7 页。
② 肖林：《“‘社区’研究”与“社区研究”——近年来我国城市社区研究述评》，载《社会学研究》2011 年第 4 期。

观念，如反社会倾向。[①] 在他看来，第一个方面的贫困处境决定了后两个方面，而非相反。贫困处境论还认为贫困群体与富人或中产阶级并无差别，关键在于他们的处境不同。贫困群体并不是不愿意学习或者学不会富人或中产阶级的生活方式、行为模式、观念态度等，而是贫困群体所处的环境不允许他们表现出上述的行为与态度。贫穷文化是贫困群体对所处环境的直接反应，且这种文化是他们无从选择的结果，他们内在的价值观其实是多元的，如果环境改变，那么他们也会表达出不同的价值观念。因此，贫困处境理论主张将改善贫困群体的经济生活条件作为重点。贫困处境理论注重贫困群体所处的情境，把贫困的原因归于更为宏大的环境或者社会结构，而非简单地归结为个人或文化的责任，这对当前的反贫困社会工作的策略安排具有积极的影响。社区为本的反贫困社会工作应重视贫困群体背后的结构性因素，积极发挥社会工作的政策反馈和倡导功能。

（二）贫困剥夺理论

印度经济学家阿马蒂亚·森把权利与能力剥夺的概念引入贫困问题的分析之中。他认为贫困是可行能力被剥夺的状态，而权利的匮乏是加剧贫困与饥饿、导致大面积饥荒的主要原因。一个人之所以贫困，并不完全是因为缺乏商品，而是缺乏获得商品的能力与权利。即贫穷意味着贫困群体缺少获得和享有正常生活的能力，或者说贫困的真正含义是贫困群体创造收入能力和机会的贫困。[②] 贫困人群所表现出的低收入现象，根本原因在于贫

---

① 李迎生：《社会工作概论》，中国人民大学出版社 2004 年版，第 413 页。

② 黄承伟、刘欣、周晶：《鉴往知来：十八世纪以来国际贫困与反贫困理论评述》，广西人民出版社 2017 年版，第 148 页。

困群体获取收入的能力遭到剥夺及机会的丧失。进一步说，低收入只是导致贫困群体获取收入能力丧失的一个重要因素[①]，养老、医疗、住房、教育等方面的社会保障制度不完善，社会歧视与排斥、公共资源分配不公平等因素都可能造成贫困群体收入能力的丧失。

阿马蒂亚·森在《以自由看待发展》一书中，通过"实质自由"(substantive freedom)和"可行能力"(capability)的概念进一步拓展了能力的贫困观。个人的实质性自由可以被理解为一个人做自己认为有价值的事的"可行能力"，而一个人的"可行能力"指的是此人有可能实现的、各种可能的功能性活动组合。在森看来，可行能力是一种自由，是一个人选择自己生活方式的自由，包括免受困苦的基本可行能力及能够接受教育、享受政治参与等的自由。[②] 贫困可以理解为是基本可行能力的被剥夺。对此，他提出了提高"可行能力"的途径，即五种基本的工具性自由：政治自由、经济条件、社会机会、透明性保证、防护性保障。[③]具体来说：(1) 政治自由包括人们监督并批评当局、政治表达和出版言论的自由、选择不同政党的自由等可能性，是人们拥有的确定应该由什么人执政且按照什么原则来执政的机会；(2) 经济条件指的是个人分别享有的以生产、交换、消费为目的而运用经济资源的机会，个人所具有的经济权益将取决于可以运用的资源和交换条件；(3) 社会机会指的是在社会教育、医疗保健等方面的安排，这些安排将直接影响个人去选择更好的生活方式和实质自由的机会程度；(4) 透明性保证能保证人们在信息

① 黄承伟、刘欣、周晶：《鉴往知来：十八世纪以来国际贫困与反贫困理论评述》，广西人民出版社 2017 年版，第 149 页。

②③ [印] 阿马蒂亚·森：《以自由看待发展》，任赜、于真译，中国人民大学出版社 2002 年版，第 30、62—63、8—13 页。

公开和明确的条件下自由地交易，满足人们对信息公开性的需求，信誉为市场的正常运转提供了有效的支持，也为人们提供了一种约束公共权力运行、防止权力腐败的工具；(5) 防护性保障是指为人们提供一个社会安全网，以防止人们遭受不幸，承受沉重的痛苦甚至陷入绝境。[①] 这五个工具性自由互相补充，是直接提高人们可行能力的整体系统。

阿马蒂亚·森从实质自由、可行能力及权利的基础上提出了能力剥夺理论，不仅拓展了以往传统的贫困研究，将贫困的概念内涵由收入贫困扩展到能力贫困和权利贫困等层面[②]，而且对社会工作介入反贫困工作也提出了不同的要求和聚焦点，即关注贫困群体的可行能力，从能力和权利入手增强贫困群体享受社会成果的平等机会。

三、贫困介入理论

（一）增权理论

增权理论始于 20 世纪 60 年代，80 年代后盛行，该理论旨在提高弱势群体的权利和社会参与的机会。增权理论涉及无权、去权、增权等核心概念。增权是一个过程，可以促进个体提升正向的自我认知和自我概念，增加自信，从而获得更多的政治及社会资源。齐默尔曼（Zimmerman）、珀金斯（Perkins）等学者认为增权涵盖个人、组织和社区三个层次：第一，个人层面的增权涉及参与行为、施加控制的动机、效能和控制感；第二，组织层面的增权包括共同领导、发展技巧的机会、扩展有效的社区影响；第三，社区层面的

① ［印］阿马蒂亚·森：《以自由看待发展》，任赜、于真译，中国人民大学出版社 2002 年版，第 8—13 页。

② 东波：《农村人文贫困与社会工作的介入》，载《学术交流》2010 年第 3 期。

增权则包括受到增权的组织、公民参与社区决策的机会、容许在冲突期间公平地考虑多种观点等。[①] 具体到实践中，弱势群体的增权可以划分为个体、人际关系和社会参与三个层次：(1) 个体增权是指个体得以控制自身的生活能力及对所处环境的融合与影响能力，包括实际控制能力和心理控制能力两个方面；(2) 人际关系的增权通过人与人之间积极的相互影响，达到相互间的自我权利和能力的提升；(3) 社会参与的增权大多直接以群体的整体性活动出现，目标指向对社会决策的影响。[②] 增权有两方面手段，即教育增权和信息增权，通过保障信息的对称及借助教育批判性的增权，激发弱势群体的内在潜能，进而通过行动实现改变。

贫困剥夺理论揭示了“贫困的实质源于权利的贫困”，增权理论则为反贫困提供了新的思路，即通过相应的制度安排，赋权来保障贫困人群享有基本的政治与公民自由，获得基本的生活需要、教育、医疗卫生等权利。可见，增权理论的核心超越了经济层面，从权利层面为贫民“赋权”，其显著表现在：通过对获得资源和参与决策发展活动的权力再分配，为贫困群体提供最基本的参与和决策权力，从而使贫困群体真正获益。[③] 增权理论承接贫困剥夺理论，为反贫困社会工作的开展提供了实践途径，启示社会工作者关注并打破贫困群体的“无权”状态，通过赋予“权利”，从个体增权、组织增权和社区(制度)增权入手，激发他们内在的能量，鼓励他们参与资源分配和社区决

① 陈树强：《增权：社会工作理论与实践的新视角》，载《社会学研究》2003 年第 5 期。
② 黄承伟、刘欣、周晶：《鉴往知来：十八世纪以来国际贫困与反贫困理论评述》，广西人民出版社 2017 年版，第 136 页。
③ 李瑞华：《贫困与反贫困的经济学研究：以内蒙古为例》，中央编译出版社 2014 年版，第 23 页。

策，通过自助、互助来改变贫困的处境。

（二）参与式发展理论

参与式发展理论源于20世纪70年代快速收集农村信息资料的方法，是对传统发展观念和发展实践的一种反思，该理论质疑发展的主体及真正的发展是什么。该理论强调目标群体全面参与项目和发展活动的规划、实施、监测和评估的过程，主张将目标群体置于主体地位，关注当地人的经验与智慧，重视赋权和参与多方的信息共享与共同受益。[①] 参与是参与式发展理论的核心概念。世界银行曾将参与定义为：参与是项目利益相关群体能够通过它影响、共同控制涉及他们的发展介入、发展决策和相关资源的过程。[②] 这一定义强调了利益相关群体的主动性和自主性，将利益相关群体归于主体地位。奥克利（Oakley）和马斯登（Marsden）把参与归纳为四个方面：（1）参与是人们对国家发展中一些公众项目的自愿贡献，但不参加项目的总体设计、不批评项目本身；（2）对农村发展来说，参与包括人们在决策过程、项目实施、利益分享及项目评估中的介入；（3）那些被排除在对资源及管理部门控制之外的人们，在既定的社会环境和背景下，有计划、有组织地对资源及管理部门施加控制和影响；（4）社区参与是受益人为改善其生活条件而主动影响发展项目实施及方向的过程。[③] 因而，参与式发展可以有多种理解：它可以是当地居民配合参与国家已经决定了的公共项目的执行过程并做出贡献；可以是比较轻度地参与影响改善自己生活条件的发展项目的实施过程和实施方向；也可以指比较深度地参与影响资源和管理部门的控制和计

① 王思斌：《社会工作概论（第三版）》，高等教育出版社2014年版，第337页。

②③ 黄承伟、刘欣、周晶：《鉴往知来：十八世纪以来国际贫困与反贫困理论评述》，广西人民出版社2017年版，第134、135页。

划;还可以是深入地参与决策、控制发展的方向和分享发展的利益。① 各方主体参与程度的多少更多地取决于项目本身的目标和意义。参与式发展将外部干预与内部发展相结合,强调对贫困群体的赋权,充分挖掘贫困群体作为主体的潜能,激发他们在参与过程中的主动性和发言权。社区为本的反贫困社会工作从中汲取主要元素,在反思理论和实践的过程中逐步探索并挖掘贫困群体的自主性,充分赋权,强调通过在逐步深度的参与过程中激发意识,重塑自我概念,打破贫困的枷锁。

(三)社会资本理论

社会资本理论兴起于20世纪60年代至70年代,但至目前社会资本的概念尚未有统一的界定。布迪厄(Bourdieu)把社会资本看作相互熟悉的人所组成的关系网络,是实际或潜在所拥有的资源;科尔曼(Colleman)从社会结构的角度分析社会资本,在他看来,社会资本存在于人际关系和社会结构之中,由人际关系结构中的各要素组成且为结构内部的个人行动提供便利;帕特南(Putnam)提出社会资本是社会组织的特征,如信任、规范、网络,它们能够通过推动协调和行动来提高社会效率;林南从社会资源的视角出发,认为社会资本是在社会关系中进行有回报价值的投资,在社会结构中可以通过有目的的行动来获得资源。② 虽然不同学者对社会资本有着不同的理解,但仍有共同点:其一,他们认为社会资本是一种分析问题的新的概念工具,这个概念工具具有积极功效;其二,他们承认社会资本有多种表现形式,包

① 徐永祥:《社区工作》,高等教育出版社2004年版,第75页。
② 庄洁:《"社会资本"理论研究综述》,载《发展论坛》2003年第1期。

括关系网络、信任、规范及社会声望等。① 乌沙·乔治(Usha·George)指出世界银行的研究发现了不同观点之下的有关社会资本的共同命题：互助、信任、社会准则、共享、参与及关系网络。②

社区中的社会资本可以从微观、中观和宏观三个层次来做考量。微观层面上，社区社会资本指的是社区居民个体所拥有的社会关系网络及通过这种网络动员获取资源的能力，包括信任、亲情、信仰、参与、互惠等，也可以被称为个人社会资本。中观层面上，社区社会资本指社区社会网络形成中的作用，即社区组织的关系网和动员能力，包括规则、参与、信任及以组织名义发生的各种联系，也即组织社会资本。宏观层面上的社区社会资本是指社区整体所拥有的社会资本，也就是将社区视为一个整体，在嵌入社会系统时所依赖的法律、制度、规则及网络等，这一层次的社会资本具有相当明显的公共产品性质，也可以称之为群体社会资本。这三个层次相互交叉、相互影响、相互依赖。③

社会资本理论注重社会网络，重视发掘关系网络之下潜在的互惠、信任、参与、联系等资源，这些都给以社区为本的反贫困社会工作带来巨大的思考空间。社会工作强调互助的志愿精神，社会资本理论则与这一理念相契合，重视贫困群体之间的互助和关系，强调关系的信任、互惠。因而，在反贫困的过程中要时刻关注贫困群体之间的关系网络，促进建立友好互助的人际关系，借助合作社、小组活动等，通过相互之间的信任、帮助、参与来实

① 王思斌：《社会工作概论(第三版)》，高等教育出版社2014年版，第311—312页。
②③ 殷妙仲、高鉴国：《社区社会工作：中外视野中的交流》，中国社会科学出版社2006年版，第107、109页。

现真正意义上的脱贫。

理解社区概念对实现贫困地区"共同体"的打造具有重要意义,有助于培育社区互助、信任和友好的文化氛围和支持精神。贫困处境理论和贫困剥夺理论为解释贫困的成因提供了不同的视角,结构与环境的束缚,权利与能力的剥夺,这些关注点为反贫困社会工作的实践提供了理论前提,尤其对贫困人群致贫原因的分析与评估产生了极大的积极影响,强调关注贫困群体的个体和宏大的社会环境之间的关系,打破微观与宏观的割裂;增权理论、参与式发展理论和社会资本理论则更进一步为反贫困社会工作实践奠定了理论基础,赋权、社会资本、社会网络、参与、互助、信任等构成了实践的关键词,为激发贫困群体的自我脱贫能力、参与能力、合作互助能力提供了实践思路,有助于促进贫困地区人群的可持续发展,推动实现整个贫困地区的全面发展。

第二节　实 务 模 式

社区社会工作强调社会工作者运用专业的知识和技能,通过有计划的行动和集体参与的方式,与社区居民共同努力解决社区问题,满足社区居民的需求,培养社区居民的归属感、认同感和责任感,培养互助、自助和自决的精神,充分整合社区的资源,从而提高社区的福利水平和居民的幸福感,促进社区发展乃至整个社会的进步。反贫困社区社会工作试图以贫困社区为主体,整合当地的社区资源,运用多元化的专业方法,鼓励贫困群体积极投入脱贫的事业,激发贫困群体的潜能,促进贫困地区的可持续发展。

社区社会工作的模式众多，大致可以分为策略模式和过程模式两大范畴，前者是技巧的组合，后者是不同阶段的技术。社区社会工作策略模式有很多划分方法，代表性的策略模式有伯顿(Burton)的二分法、罗斯曼(Rosman)的三分法、泰勒(Taylor)和罗伯特(Robert)的五分法、威尔(Will)和甘布(Gamb)的八分法等。罗斯曼的三分法于1967年提出，于1987年和1995年进行了完善，根据对服务对象及其问题的界定[①]、行动目标、策略[②]和角色四个指标，他将社区社会工作的模式划分为社会计划模式、地区发展模式和社会行动模式。[③] 结合反贫困的特点以及模式划分的方法，本书将采用罗斯曼三分法的划分模式对反贫困中社区社会工作的模式进行阐释。

一、社会计划模式

贫困地区存在着复杂的社会问题，依靠当地群众和社区的力量往往难以应对，需要根据具体的问题和相关信息，制订科学、合理的行动计划才能解决。社会计划模式假定贫困地区的问题可以通过渐进的方式解决，虽然贫困问题复杂、居民力量有限，但贫困问题可以依靠专业人员的设计和实施并根据长远明确的计划得以解决。社会计划是针对具体问题、根据相关信息制订工作项目，并将社会目标转化为实务手段的过程。[④]在这一过程中，强调运用理性原则处理与贫困相关的问题，依靠专家的知识和意见采取决策和处理问题，包括对资源的投入计划、方案的设计、角色分工及任务的安排

① 包括社区当事人系统或拥护者的界定、社区结构和问题情况、社区不同部分利益。

② 包括对公共利益的概念、求变策略和技术、求变载体、权力机构的取向。

③④ 顾东辉：《社会工作概论》，复旦大学出版社2008年版，第157、161页。

等,整个过程属于由上而下的改变和介入。

(一) 基本假设及其特点

社会计划模式的基本假设可以从人、社会、动机、发展和变迁四个方面来理解。① 第一,关于人的假设。在社会计划模式下,一般认为人都是理性的,重视追求自我利益的最大化。社会计划模式认为在理性原则指导下的人际互动会带来社会活动效率的提高,促进了个人满足方式的增多,更有助于满足个人的需求。第二,关于社会的假设。社会计划模式下的社会假设是典型的系统功能主义的社会观,认为社会系统是建立在个人之上,却又相对客观、独立的一个系统整体。该系统有自己的边界、平衡机制和分化增长机制,其中的各个子系统通过能量交换来实现自己的功能。当有外部冲击致使社会系统失衡时,系统会通过调整渐渐恢复平衡。第三,关于动机的假设。个人动机的假设是基于其人性假设的延伸,认为人是理性的、有认识能力和能动实践能力的,人会在价值、利益等的诱导下理性地追求个人及社会利益的最大化增长。在社会计划模式之下,人必须进行管理和规训才能带来社会的秩序和合力,否则人的内在自我的动机会带来社会混乱和人际冲突乃至斗争。第四,关于发展和变迁的假设。社会计划模式下的发展和变迁的观点是一种理性进步的观点,主张通过对社会发展规律进行系统研究,认识并掌握社会发展的内在规律,然后统一计划、管理,促进社会的发展和变迁,或者说是一种有计划、有组织的控制和引导社会发展的社会工程论。

中国香港学者梁祖彬等把社会计划模式的特点归为三点:理性化、自上

① 徐永祥:《社区工作》,高等教育出版社 2004 年版,第 98—99 页。

而下的改变、控制及指导未来。[1] 具体来说，首先，社会计划模式强调运用理性原则处理问题，一方面重视过程的理性化，如设立清晰的工作目标和明确的价值取向，设计可行的计划方案、评估方案的优势与代价，比较和选择代价较低且效果和效率最佳的执行方案；另一方面注重技巧的科学化，尤其是强调运用科学的方法，如结合定量和定性的研究方法来收集、整理和分析资料，协助做出决策。其次，社会计划模式注重自上而下的改变。社会工作者在这个过程中扮演专家的角色，借助专家权威，采用专业知识和方法作出科学的决策，从而推动计划的实施、促进社会改变。最后，社会计划模式指向未来。通过对当前和过往的资料进行分析，预测未来可能发生的事情或者问题，同时设计相应的方案，以求尽量减少因未来变化而产生的不确定因素，从而降低风险。总的来说，社会计划模式注重理性的作用，强调自上而下的控制和指导[2]，同时依靠专业的知识和科学的决策，尽可能有效地解决社区问题。

（二）实施过程及策略

社会计划有四个方面：其一，分析条件、政策和现有的服务；其二，明确社会计划的目标与工作重点；其三，设计相应的服务项目及寻找合适的资源，并进行动员；其四，贯彻和执行服务项目并对项目的完成情况进行评估。[3] 为了更好地完成社会计划的内容，促进贫困地区的发展，一般来说，社会计划的程序包括：了解组织（社会工作机构、社会福利组织）的使命和目

① 甘炳光、梁祖彬、陈丽云等：《社区工作：理论与实践》，香港中文大学出版社 1998 年版，第 172—174 页。
② 江立华：《社区工作》，华中科技大学出版社 2009 年版，第 91 页。
③ 叶至诚：《社区工作与社区发展》，秀威资讯科技股份有限公司 2010 年版，第 153 页。

标、分析环境及形势、自我了解(自身机构的特点及能力等)、界定及分析问题、确定需求(工作对象或社区的需求)、建立目标并确定实现目标的标准、选择可行方案、测试方案、执行方案、检讨结果等。① 社会计划模式要求社会工作者循序渐进,根据问题和需要,逐步明确目标,制订并选择合适的设计方案,并及时地评估、总结和反思结果。

在社会计划模式中,社会工作者有一套基本的实施策略,这些实施策略包括五点。(1) 明确组织的使命和目标。社会组织或机构的服务信念和使命可以用来表示自身存在的价值和提供服务的意义。(2) 分析环境和形势。社会工作者要收集当地的环境发展资料,整合资源,了解当地居民的需求和期望。(3) 客观地认识自己的能力。分析自身的优势与不足,尽量避免自身对方案设计与执行产生负面影响,注重寻求督导和其他工作人员的帮助。(4) 界定和分析问题。明确贫困地区的现状、特点及成因,评估解决问题的方法及其利弊。(5) 确定评估方法。包括:参与性方法,即由服务对象参与确定需要;社会指标方法,即由社会或专业所认为的指标数字来推断需要;服务使用情况方法,即依据目前服务对象的资料反映需求的情况;社区调查方法,即通过问卷调查科学化地了解居民的需要。② 就社会计划模式具体实施策略而言,主要有两种:理性技术性措施和社会关系上的策略措施。理性技术性措施包括调查社区问题、收集相关资料、比较方案、选择方案等;社会关系上的策略措施,即根据具体的情景选择冲突或者共识性的策略,冲突性

① 甘炳光、梁祖彬、陈丽云等:《社区工作:理论与实践》,香港中文大学出版社 1998 年版,第 65 页。

② 王思斌:《社会工作导论(第二版)》,北京大学出版社 2011 年版,第 233 页。

策略包括游说、谈判等，共识性策略包括协商、沟通等。[①]

（三）社会工作者的角色

社会计划模式下的社区社会工作者的角色取决于其如何对待专业技术和居民组织两者关系的平衡。这两者中间是一个连续的系统，一端严重依赖技术理性，另一端主要依靠居民的组织动员。[②] 社区社会工作者在社会计划的制订和实施过程中，扮演的是一个高度技术性的专家，他要收集并分析资料，执行解决问题的方案，善于对社区进行分析，能对社区的问题有清晰的认识，并要熟悉社会调查和评估的技巧，还要有较好的协调和沟通能力，要能与社区组织和各种社会机构保持良好的关系，是“为社区居民而做”（work for the people），而不像其他模式中“与社区居民同做”（work with the people）。[③] 也即，这一模式强调社区社会工作者的主导地位，社区居民则扮演辅助者的角色。当然，社区社会工作者也是方案的实施者，在整个过程中，制订并执行方案。社区社会工作者还要督促相关机构或团体达成良好合作，因而社区社会工作者也扮演着项目规划者、监督实施者、组织协调者等角色。

社会计划模式的整个过程依靠专家的知识和技巧来推行，具有清晰的目标和明确的方向，并且指向未来，提前做好风险预估和应对措施能够保证效率和质量。在反贫困领域，国家主导的或有计划色彩的反贫困实践，能够

① 文军：《西方社会工作理论》，高等教育出版社 2013 年版，第 196 页。
② 徐永祥：《社区工作》，高等教育出版社 2004 年版，第 109 页。
③ 苏景辉：《社区工作：理论与实务（第三版）》，巨流图书股份有限公司 2009 年版，第 36 页。

有效地调动与整合资源,保障扶贫资源的有效来源,这些体现了社会计划模式的优势。然而,工作人员运用科学化和理性化的方法解决问题,往往可能导致过于强调专家意见而忽略居民参与的倾向,同时计划中的控制指导及降低策划过程的不稳定性等行动可能会抑制居民的自由发挥,束缚其灵活度,甚至在无形之间培养了居民的依赖性。这在反贫困领域具体表现为容易轻视地方性知识,忽视贫困人口的实际需求和可持续能力建设,也容易导致政府短期行为和对贫困人群经济生活的不当干预,甚至给他们带来新的困扰和负担。①

二、地区发展模式

地区发展模式是由多要素组成的系统,以传统和静态的地理社区为对象。该模式假定居民参与社区事务的责任不足,积极性不高,认为社区问题存在的成因是社区内部缺乏互动和沟通,民主解决问题的能力不足,但不同部分实际上存在共同利益或可调和利益。② 因此,在此模式下,通过发动居民参与社区事务,加强彼此间的沟通与讨论能够形成共识,实现社区的发展和稳定。反贫困中的地区发展模式是指借助当地的资源,通过解决与贫困相关的问题,满足贫困人群的需求,从而培养当地贫困群体之间的自助与互助精神,提升自我解决问题的能力,加强彼此之间的沟通,提高他们参与当地发展的积极性和责任感,实现提高贫困群体社区归属感、促进社区整合的目标。

① 蒋国河:《社会工作与农村反贫困:本土化实践与理论反思》,中国社会出版社 2017 年版,第 10 页。

② 顾东辉:《社会工作概论》,复旦大学出版社 2008 年版,第 160 页。

（一）基本假设及其目标

地区发展模式强调以当地居民为主体，通过他们的自助、互助、民主参与和团结合作，逐步提升自我解决问题的能力。地区发展模式有四个基本假设。[①] (1) 关于个人的假设。个人本应在社区里呈现团结互助的状态，但是现代工业化、城市化的推进及社会结构的科层化，导致个人逐步倾向于冷漠、孤立的状态，缺乏主动参与公共事务的热情，由此，个体化的倾向使得个人和社区的公共问题难以解决。(2) 关于社会构成的假设。社会在逐步丧失传统社区自然联系的同时，变成了一种现代正式的工具理性的制度化的组织关系和市场交换关系，由此会引发社会的分层和两极化，甚至形成对落后地区的严重剥削。(3) 关于动机的假设。个人是倾向于团结、合作而非竞争、对抗，而且个人是愿意沟通交往和参与民主讨论的，他们认为这样会比科层制中的集中决策更有效地解决社区问题。虽然个人行动在理性化中追求个人利益最大化，但是如果能够在集体行动中照顾个人的需求和动机且能够培养一种集体归属和认同感，那么个体在情感和价值层面上会有动机参与社区基层组织的活动并做出自己的贡献。(4) 关于发展和变迁的假设。地区发展模式关于发展和变迁的假设经历了一定的转变，从早期接受现代化理论关于发展的线性进步关系，到逐步反思批判变得多元化，如加入小群体主义、生态发展模式、种族发展模式等。

地区发展模式的目标可以分为任务目标和过程目标：任务目标是指一些实质性的工作，如解决社区的具体问题，促进社区生活的改善，主要表现在社区经济的开发、社区社会的发展、社区公共基础设施和社区文化的

---

① 徐永祥：《社区工作》，高等教育出版社 2004 年版，第 76—77 页。

发展四个方面[①];过程目标强调社区的根本性变化,如居民自我解决问题能力的提升、邻里之间关系的改善、社区归属感和认同感的增强等。托马斯(Thomas)更进一步地对介入社区的过程目标进行了划分,包括:各种社会网络的重新建立,居民互动及交往的增加;邻里关系的改善;居民及团体间重建紧密的关系;居民觉悟参与的重要性,并愿意承担责任;居民对社区更加认同及投入更多精力参与社区事务。[②] 虽然过程目标在地区发展模式中占有重要地位,但倘若任务目标的实质性问题没有得到改善,那么过程目标也难以取得良好的成效,因而,过程目标和任务目标相辅相成。

(二)特点与实施策略

地区发展模式较多关注社区共性问题,调动居民广泛参与社区事务,即通过社区社会工作者的鼓励与引导,发动居民关注所处社区存在的问题,提高居民的自我发展能力,共同参与社区问题的研究与分析,从而实现社区问题的解决。[③] 该模式呈现出关注社区共同性问题、注重培养社区自我整合及居民自我发展和重视居民参与的特点。社会工作者在实施地区发展模式时,整合内部和外部资源,以调动居民的参与和行动为主,以衔接外部资源、引进技术为辅,调动居民积极性,自下而上地决定社区公共事务。在具体的实施策略中,社会工作者采用对话、沟通和讨论的形式,推动社区内部成立不同居民小组,重视社区组织之间的合作与协商,同时运用社区教育宣传社

① 房列曙、陈恩虎、柴文杰:《社区工作》,合肥工业大学出版社 2005 年版,第 36 页。
② 李迎生:《社会工作概论》,中国人民大学出版社 2004 年版,第 192 页。
③ 夏建中:《社区工作》,中国人民大学出版社 2005 年版,第 36 页。

区资源、了解社区问题并培养社区领袖和骨干，争取社区精英的支持，一同维护居民的公共利益。

（三）社会工作者的角色

地区发展模式重视居民的参与、自决与成长，在这一模式中，社会工作者在开展扶贫工作时，一般处于从旁协助的地位，扮演着使能者、教育者和经纪人的角色。作为使能者，社会工作者协助居民合理表达对社区问题的不满和自身的需求，组织居民相互沟通、建立良好的人际交往关系，帮助他们满足需求，实现社区的共同目标；作为教育者，社会工作者通过社区教育开展相关培训，协助居民掌握解决问题的能力和组织技巧，培养自助互助和积极参与的精神；作为经纪人，社会工作者一方面帮助社区衔接资源，整合社区内外的资源，并投入社区发展的项目之中，另一方面协调社区组织及个体之间的关系，搭建社区与外界沟通的桥梁，增强社区和社区组织之间的沟通联络，促进团结、合作与支持。社会工作者通过扮演这些角色，协助居民逐步发展自我，促进社区整体的进步。

地区发展模式强调发展的过程，重视和尊重居民的参与和自决。通过居民之间的沟通互动，不仅能够促进彼此交流、增进感情，建立良好的人际关系，而且能够培养互助的精神，营造关怀、温暖的社区氛围。在整个过程中，社区居民解决具体问题的能力和技巧不断提升，对社区的认同感、归属感也逐渐加强。然而，地区发展模式也存在缺点。首先，现实的社区问题往往复杂多变，此时只鼓励居民参与很难从根源上有效解决问题。其次，面对因整体资源分配不均或制度不合理产生的问题时，不同的利益群体可能会因过多关注内部或自身的利益而忽视整个社区利益，此时的矛盾并非简单的合作就可以化解。最后，地区发展模式关注社区居民广泛的民主参与，使解决社区实际问题要花费较长的时间，这容易产生高成本、低效率的后果。这种模式应用于反贫困领域，一方面强调优势与赋权，重视地方性知识和贫困群体的自身能力建设，注重个别化、差异化服务与个案管理，有助于实现贫困地区和贫困家庭的内源式、可持续发展；另一方面在我国现行的社会环境下，社会组织和社区掌握的资源不足，调动和整合资源及保障内源式发展的动力依然是一个巨大的挑战。①

三、社会行动模式

罗斯曼认为社会行动模式假定有一群处于不利环境中的群体，他们需要被组织起来，联合其他人向社会争取资源和取得符合民主及正义的对待，社会行动的目的是使权力、资源及决策权得到再分配，促进制度和基本政策的改变。② 我国香港学者莫庆联、甘炳光则认为：社会行动是组织社会上受到忽视、压迫或受不合理政策对待的低下层群体，通过集体行动，采用非正规的途径及较多运用冲突对峙的策略，争取第三者支持，以伸张居民权益，向当权者争取群体本身的利益，以期获得应得的资源，使社会权利、地位及资源得到合理的再分配，并在过程中提升参与者的社会意识，改变他们的无

① 蒋国河：《社会工作与农村反贫困：本土化实践与理论反思》，中国社会出版社 2017 年版，第 10 页。

② Rothman J, *Three Models of Community Organization Practice, Their Mixing and Phasing, In Strategies of Community Organization*//徐永祥：《社区工作》，高等教育出版社 2004 年版，第 121 页

能及无助感，达成更公平、更公正的社会。[①] 也即社会行动是社会的具体作为，其本质是在认同社会制度的前提下，对社会进行积极的参与，为弱势群体争取更多的资源，改善他们的生活状况及在社会中所处的不利地位，使社会更加公平、公正。[②] 总之，社会行动模式通过动员社区的力量，寻求权利与资源的再分配，甚至改变基本政策，促进社会制度的改革与进步，在反贫困领域中，社会行动模式帮助贫困群体争取应有的权利和资源，试图促进政策的完善及社会的公平进步。

（一）基本假设

首先，社会行动模式认为社会问题产生于冲突，因而要用局部冲突来解决社区问题，而且这些冲突源于三种可能性：一是可能由于处于当权地位的群体对资源贫乏的群体缺少了解和关注；二是可能当权者和弱势群体间缺乏正常的沟通渠道，无法反映各自的需要；三是可能由于资源和决策权分配不均。[③] 然后，该模式认为利益被忽视和被剥夺的弱势群体有权获得公平的资源并且享受相关的机会待遇。最后，社会行动模式认为，通过协商和正规的途径来解决因制度和政策不公正所引发的冲突与分歧效果甚微，因而要通过争取和对峙的方法来解决冲突。

（二）工作策略与方法步骤

社会行动模式以改变不公平的政策，促进社会进步为总目标，具体地

---

① 莫庆联、甘炳光：《社会行动》//甘炳光、梁祖彬、陈丽云等：《社区工作：理论与实践》，香港中文大学出版社 1998 年版，第 32 页。
② 叶至诚：《社区工作与社区发展》，秀威资讯科技股份有限公司 2010 年版，第 145 页。
③ 徐永祥：《社区工作》，高等教育出版社 2004 年版，第 121 页。

说，促进社区权力与资源的合理分配，改善弱势群体个人的生活状况是其任务目标，而过程目标是增强弱势群体的参与意识，提高他们解决问题和维护自身权益的能力，进而促进社区制度和社会政策层面的改变。具体到反贫困领域，社会行动的目标是为贫困地区争取更多的资源和权利，使贫困人群能够享有应有的资源与机会，促进社会政策的完善，推动贫困地区的发展。

不同的学者对社会行动的具体策略进行了不同的划分，拜因（R. Bryant）把社会行动分为交易策略（如约见政府人员、请愿、宣传运动等）和对峙策略（如示威、罢工、游行及静坐示威等）。[①] 沃伦（R. L Warren）则在讨论介入社区、促进社会转变时，提出合作式、运动式和竞争式三种策略。[②] 我国香港学者莫庆联和甘炳光在总结美国的实务经验的基础上，根据社会行动手段的激烈程度划分了四种策略：对话性行动、抗议性行动、对抗性行动和暴力性行动。[③] 在这四种策略中，对话性行动是最温和的社会行动策略，群众依然承认当权者的合法地位，双方之间仍有信任，并希望在正式的社会制度下解决问题，主要形式有游说、请愿、宣传等；抗议性行动是用特别的、非正式的方式将问题进行表达与处理，通过吸引媒体注意和暴露政府政策的不完善来争取其他民众的同情与支持，以此向政府施加压力，迫使其因尴尬、不安而做出退让，其形式有签名运动、记者招待会、请愿和游行、静坐和

① Bryant R. *Community Action*, in *Readings in Community Work*. Edited by Henderson P and Thomas D N. London: George Allen and Unwin, 1981.

② Warren R L. *Types of Purposive Social Change at the Community Level*, in *Readings in Community Organization Practice*, Edited by Kramer R M and Specht H. New Jersry: Prentice-Hall, 1975.

③ 莫庆联、甘炳光：《社会行动》//甘炳光、梁祖彬、陈丽云等：《社区工作：理论与实践》，香港中文大学出版社 1998 年版，第 69 页。

群众集会等；对抗性行动是在不完全依赖媒体和社会人士支持的情形下，通过组织群众用行动直接影响对方的利益或令对方的生产和生活秩序不能够正常运作，迫使对方因害怕损失而愿意与群众谈判，主要形式有罢工、拖欠或拒交有关费用、公开违反不公平的政策或法律等；暴力性行动是在无计可施或者情急之下的反抗行为，这种活动大多缺乏严密的组织，主要形式有向有关部门人员抛掷物品、泼水、挥动武器或发生肢体冲突等（这类行动一般在华人社区较少发生）。同时，两位学者还认为社会行动策略的运用要遵循以下原则：渐进原则；争取让步而非破坏；行动的连串性；争取舆论支持、避免使用暴力；认真考虑群众的资源及其投入程度、社会气氛、事件本质等有关因素。

在社会行动模式中，社会行动介入的具体方法主要有四种。第一，集体行动。社会工作者使居民团结起来，以集体的力量让当权者感受问题的严重性。第二，由居民的切身问题和具体事件介入。从单一、具体、容易理解及居民亟待解决的问题入手，将居民组织起来表达对事件的不满，寻找共识目标和能够解决问题的可行办法，逐步将问题演化为社会需要关注的事件。第三，运用非制度化的途径。居民先采用制度化的方式提出要求，如约见政府部门、写信投诉、要求会议讨论等，当制度化的方式难以合理回应需求时，可以采取居民大会、记者招待会等形式的活动表达不满。第四，争取第三者的支持。应尽可能争取社会大众、传媒和有影响的人对行动的同情与支持。此外，从整个实施过程来说，社会行动的具体实施阶段可以划分为四个阶段。[①] 首

① 甘炳光、梁祖彬、陈丽云：《社区工作：理论与实践》，香港中文大学出版社 1998 年版，第 153 页。

先，酝酿期。找出共同关注的问题，收集相关资料，并对存在的问题和居民的意愿进行初步评估。其次，宣传组织期。对社区问题做广泛宣传，并将居民组织起来，召开居民大会，提高居民的团结力量。再次，行动期。展开合作式（交易式、协商式、对话式）或者对抗式（对峙式、竞争式）行动。最后，总结期。居民通过一系列行动使问题得到改善并对行动的经验教训做出总结。社会行动的实施过程是一个循序渐进的过程，整个过程中的策略会依据实际状况而不断变化。

（三）社会工作者的角色

社会工作者在社会行动模式中不再局限于使能者的角色，更多的是扮演较具主导性的角色。如社区社会工作者在过程中扮演倡导者，鼓励居民团结起来，争取自身的合理权益，提升他们的社会意识，审视某些制度可能存在的不合理或不公平；社会工作者扮演合作者，与社区精英、居民领袖一起组织和协调相关的行动，与居民一起面对并解决社区的问题；社会工作者扮演引导者，鼓励和教育居民共同努力，训练居民的行动和分析行动的技巧，并寻找机会与当权者谈判，力求以最小的代价获取最多的利益。

社会行动模式关注居民最迫切需要解决的问题，容易广泛吸纳群众，让群众表达真实的需求，有利于确定争取目标和解决问题的方法；同时，该模式有助于团结和领导有共同信念与利益的群体，从当权者那里争取合理的权益，也易于培养社区领袖或社区骨干。然而，社会行动模式是一个向当权者施压以获取资源和权利的过程，可能会引起当权者的不满，也可能会引起一些利益集团的注意并利用甚至操纵群众，而且若居民对对抗性方式使用不当，则容易激化矛盾，带来更为复杂的社会问题。整体说来，社会行动模式是一种比较激进的社会工作方式，它关注对抗和斗争而不是协调、教育和谈判。

罗斯曼在提出三种社区理论模式的基础上，又提出“融而和之”(mixing)和“分期用之”(phasing)两个概念：“融而和之”就是指各种实践模式在同一时期或同一情况下可以交替、混合使用；“分期用之”是指在不同的时期运用不同的理论模式去推动工作。[①] 具体到反贫困社区社会工作模式中，采用哪种模式开展工作，更多地取决于当地的实际情况和问题解决所处的阶段，社会工作者有时需要交叉或者混合使用三种模式来满足服务对象的需求。三种模式的区别如表2－1所示。[②]

表2－1　反贫困中的三种社区社会工作模式比较

	社会计划模式	地区发展模式	社会行动模式
基本假设	社区问题可以通过渐进的方式来解决，依靠专业人员的设计和执行，才能保证社区问题的解决	贫困地区的居民愿意参加社区事务；社区内问题的成因是欠缺沟通，可以通过发动居民参与解决问题等	贫困地区的贫困群体需要被组织起来，与他人联合，并根据社会正义或民主的理念，对整个社区提出适当的要求，以推动社区的发展
特点	依靠专家的知识和意见来处理社区问题，注重由上而下的改变	较多关注社区的共性问题，即贫困问题，提高贫困群体的自我发展能力等	行动主体是贫困地区的贫困群体，采取的措施较为激进等
目标	任务目标：解决实质的社区问题	过程目标：社区能力的整合与发挥	有时为过程目标，有时为任务目标

① 夏建中：《社区工作》，中国人民大学出版社2005年版，第39页。

② 苏景辉：《社区工作：理论与实务(第三版)》，巨流图书股份有限公司2009年版，第39页。周湘彬、田绪永：《中国社会工作》//文军：《西方社会工作理论》，高等教育出版社2013年版，第198—199页。本书结合反贫困的现实，对内容略作调整。

续 表

	社会计划模式	地区发展模式	社会行动模式
实施策略	理性技术措施和社会关系措施	基本策略：内部资源动员、外部资源协助、培养贫困群体自助互助的能力 具体策略：扩大贫困地区居民的公共利益、建设和加强社区组织合作、赢取社区居民和重要人士的支持	对话性行动、抗议性行动、对抗性行动和暴力性行动
社会工作者角色	高度技术性的专家、实施者、组织者	使能者、教育者和经纪人	倡导者、合作者
评价	优点：科学化、理性化，保证效率 缺点：限制居民自决，存在无法保持“中立”的情况	优点：重视贫困地区居民的自决，增强居民的归属感和社区认同感，提升居民自我解决问题的能力 缺点：无法解决因整体资源分配不均及制度不合理所产生的社区问题，达成目标所需的时间较长	优点：容易广泛吸纳群众，易于培养社区领袖 缺点：手段较为激进，容易激化矛盾

第三节 服务方案

社区为本的反贫困社会工作以社区为主体，从社区的优势资源出发，注重脱贫过程中社区整体能力和社区居民个体能力的提升，以实现贫困地区的永久脱贫和可持续发展。社会工作者在提供服务的过程中，试图在实现脱贫目标的同时，注重在贫困地区打造“社区共同体”，使贫困群体在提升脱贫能力之时，也能够形成互帮互助的社区氛围，增进社区居民之间的归属感，培育贫困社区的凝聚力。

一、基本理念

社区为本的反贫困社会工作以社区为基础，打破原有“问题视角”的理念，关注贫困地区的资源，重视贫困群体的优势挖掘和能力提升，强调通过贫困群体主体的参与，实现贫困地区的自我脱贫和可持续发展。其基本理念围绕“社区优势、社区能力建设、社区参与、社区可持续发展”展开。

（一）社区优势

不同于以往的“问题视角”，优势视角是对传统社会工作的反思，它使社会工作的视野从“修补问题”转向“能力与资源的发挥”。社区优势关注社区的社会资本和社会网络。在实践中，优势理念强调个人与环境中潜在的资源与优势，相信个人及其所处环境中蕴含着未被发现的优势与资源，充分尊重并强调服务对象的自决性。① 因此，社会工作者将生活的主动权交还给服务对象，使服务对象在希望和梦想的指引下，发掘自身的优势，并且通过周围其他人和社会工作者的支持，正视和克服生活中的逆境和困难。② 在优势视角之下，服务对象是自身发生改变的内在力量，服务对象本身掌握了改变的机会。在社区为本的反贫困社会工作中，贫困群体既是开展脱贫工作的服务对象，也是反贫困的主体。社会工作者通过有效激发贫困群体的内生潜能和优势资源，肯定贫困群体的个人价值，尊重他们的个体尊严，帮助贫困群体树立自信与希望，增强他们克服困难、解决问题的能力。“优势”理念

① 孟洁：《社会工作优势视角理论内涵探究》，载《华东理工大学学报(社会科学版)》2019 年第 1 期。

② D Saleebey, *The Strengths Perspective in Social Work Practice*. Boston: Allyn and Bacon, 2006: 22.

在社区为本的反贫困社会工作中的运用，不仅能够降低贫困群体的负面标签效应，使他们获得应有的尊严，而且能够帮助他们有效发挥自身的主体性，避免被“客体化”。[①]

（二）社区能力建设

应对贫困的有效途径是培养和提升抗击致贫风险的能力[②]，因此，为了更有效地开展扶贫工作，社区为本的反贫困社会工作重视反贫困服务中贫困群体的能力建设。社区能力建设强调社区赋权和基层参与的重要性，主张利用政府、组织和社区的合作伙伴关系，通过网络建构和人力资本投资来加强社区组织和群体的能力，创造平等的参与机会，促进地区发展和个人福祉。[③] 由此可见，参与机会的平等是能力建设的一个维度。事实上，贫困人口的能力建设实质是赋权、增权的过程，它一方面指的是给予贫困人口获得享受某种权利的机会，另一方面也指的是贫困群体应对风险能力的提升。社会工作者在扶贫实践中开展贫困群体的能力建设时，既关注发展能力在时间、群体和内容维度上的扩展[④]，使贫困群体有机会真正提升能力，同时又重视贫困群体脱贫致富的主观能力，转变贫困群体“等、要、靠”的思想观念，通过意识提升、教育培训、就业技能指导等激发贫困群体的潜能，增强贫困个体的能力，从而实现贫困个体的自我发展和整个贫困地区的可持续发展。

---

① 高梅书、季甜甜：《优势视角下农村精准扶贫模式创新路径探索》，载《理论导刊》2018年第3期。

② 方黎明、张秀兰：《中国农村扶贫的政策效应分析——基于能力贫困理论的考察》，载《财经研究》2007年第12期。

③ 徐延辉、黄云凌：《社区能力建设与反贫困实践——以英国“社区复兴运动”为例》，载《社会科学战线》2013年第4期。

④ 方珂、蒋卓余：《生计风险、可行能力与贫困群体的能力建设——基于农业扶贫的三个案例》，载《社会保障研究》2019年第1期。

（三）社区参与

社区参与是"共同体"意识的表现。[①] 社区参与强调贫困群体的能动和自决，鼓励和支持贫困群体自己提出解决问题的方案。参与不仅体现了对贫困群体主体性的尊重，同时也是培养贫困群体发挥主人翁精神的有效方式。在社区为本的反贫困实践中，社会工作者尊重地方性知识和贫困群体的意见，引导贫困群体从自身的需求出发，分析和找出亟待解决的问题，根据当地的资源和条件，协助贫困群体整合多方资源，在参与的过程中逐步发展他们自我解决问题的能力。社会工作介入的整个过程是参与式方法的一种典型运用，它将外部干预与内源发展充分结合，有效地激发了贫困群体作为发展主体的潜力，同时也增强了贫困人口抵御贫困风险的能力。总之，社区参与既是扶贫策略的手段也是目的，一方面，它满足了人们的各种基本要求，另一方面，作为最终的目标，参与使处于结构弱势的贫困群体在发展的过程中提高了其社会和经济地位。[②]

（四）社区可持续发展

贫困是社会政策不合理导致的资源分配不均衡的结果，或者说贫困是资源匮乏在不同社会阶层之间的分布，具体到政治、经济、文化层面，贫困既是少数人没有共享社会发展成果，与政治体制不和谐的表现；又是个体在市场竞争中失败或者处于不利地位的结果；还是一种生活方式，即处于贫困中的人经过长时间的社会化之后会内化为一种偏离主流文化并不断被继承的

---

① 肖林：《"'社区'研究"与"社区研究"——近年来我国城市社区研究述评》，载《社会学研究》2011 年第 4 期。

② 沈红：《穷人主体建构与社区性制度创新》，载《社会学研究》2002 年第 1 期。

“贫困亚文化”。[①]可见，贫困的原因和结果是多维且复杂的。因此，为了更有效地从根本上解决贫困问题、防止返贫现象的发生，贫困地区的脱贫效果必须是可持续的、长久的，因而，可持续发展也是社区为本的反贫困社会工作的基本理念之一。在社区为本反贫困社会工作中，可持续发展也是反贫困社会工作的一种策略。社会工作者可以协助贫困群体挖掘当地的优势资源，发展当地的特色产业，也可以发挥资源整合与资源衔接的优势，联结贫困地区的社会资本，促进贫困地区经济发展和社会发展相协调。值得注意的是，可持续发展蕴涵着发展观，体现着发展性社会工作的元素，社区为本的反贫困社会工作可以借鉴发展性社区社会工作的实务模式，在注重社区贫困群体能力提升和社区参与的同时，培育社区组织和发展社区的互助体系，建立社会支持网络，促进个人、经济与社区层面的发展及相互之间的良性互动，共同促进贫困地区的发展。[②]

“社区优势、社区能力建设、社区参与、社区可持续发展”是社区为本的反贫困社会工作的基本理念，反贫困社会工作围绕这四个理念展开。社会工作者通过挖掘贫困地区的资源和激发贫困群体的优势，鼓励和支持贫困群体参与反贫困的相关工作中。在整个参与的过程中，贫困群体的潜能不断被挖掘，能力逐步得到提升，参与的积极性也日益增加，由此社区内部容易形成合作互助的良好氛围。这有助于贫困地区的可持续发展，也有利于增强贫困群体对社区的归属感，为建立“社区共同体”奠定了良好的基础。

① 潘泽泉、许新：《贫困的社会建构、再生产及应对：中国农村发展 30 年》，载《学术研究》2009 年第 11 期。

② 吴骏：《发展性社区社会工作实务模式探析》，载《社会工作与管理》2016 年第 1 期。

社区为本的反贫困社会工作的四个基本理念形成一个整体(如图 2－1 所示)。贫困群体的积极参与、社区优势发挥与能力建设彼此关联：贫困社区及其贫困群体优势的发挥有助于社区整体能力的提升,能力的提升可以促进优势和资源的进一步挖掘;优势的发挥也可以进一步激发社区参与的积极性,反之,积极的参与也能够激发整个社区优势的发挥;当然,积极的参与也会进一步增强能力建设,能力的提升也更有助于贫困群体参与并投入反贫困的工作中,这三者相互促进,从而推动整个社区的可持续发展。

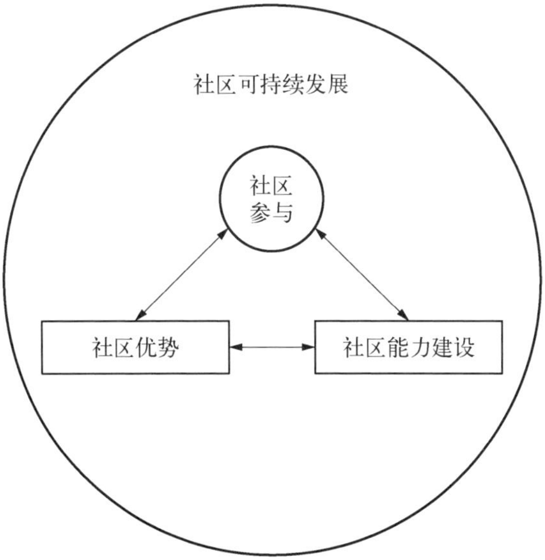

图 2－1　社区为本的反贫困社会工作基本理念之间的关系

二、服务流程

社会工作在开展反贫困实践时,需要提前做好行动计划。在方案的设计上,社会工作要考虑贫困社区及贫困群体的资源,根据贫困社区的实际需求，制订可行、具体、有弹性的方案，同时还要充分地运用专业知识、经验和技巧来推动方案的有效实施。反贫困社会工作的方案制订强调以“社区为本”来开展服务，依托贫困社区，重新整合社区内外部资源，为贫困地区提供整合性的服务。社会工作者在开展反贫困实践时有一定的时间限制，服务开展的不同阶段各有侧重，同时反贫困实践也有情境限制，不同地区的反贫困实践也会呈现不一样的特点。此外，反贫困社会工作实务模式并非某种单一的模式，而是根据实际状况进行调整并融合了多种模式。社区为本的反贫困社会工作实务过程主要有三个阶段（如图 2－2 所示），且这三个阶段之间是层层递进的。

第一个阶段是社区介入，以建立专业关系、评估需求和识别问题为主，为方案制订奠定基础。首先，社会工作者通过实地的走访、观察、访谈，在收集资料的基础上，整体把握贫困社区的状况，尤其关注当地的优势资源，分析和识别该社区及其贫困群体的贫困问题，评估该社区及贫困群体的需求。其次，社会工作者根据获得的资料与信息，认真分析贫困社区和贫困群体的致贫原因，明确服务的总目标和具体目标，从而制订合理、有效、灵活的实施方案。社会工作者在收集社区资料、评估需求的同时，也与当地居民建立关系，增进彼此的熟悉度，以获取当地居民的信任。

在前期准备工作开展良好的基础上，第二个阶段是社区增权。社会工作主要从制度、组织和个体三个方面入手，促进当地贫困群体的参与，实现在参与中提升个人能力的目标，从而达致社区整体增权。具体而言，制度增权一方面主要体现在为当地居民宣传反贫困的相关政策，通过实际调查、反馈政策的制订和执行，促进政策的不断完善，发挥社会工作的倡导功能；另

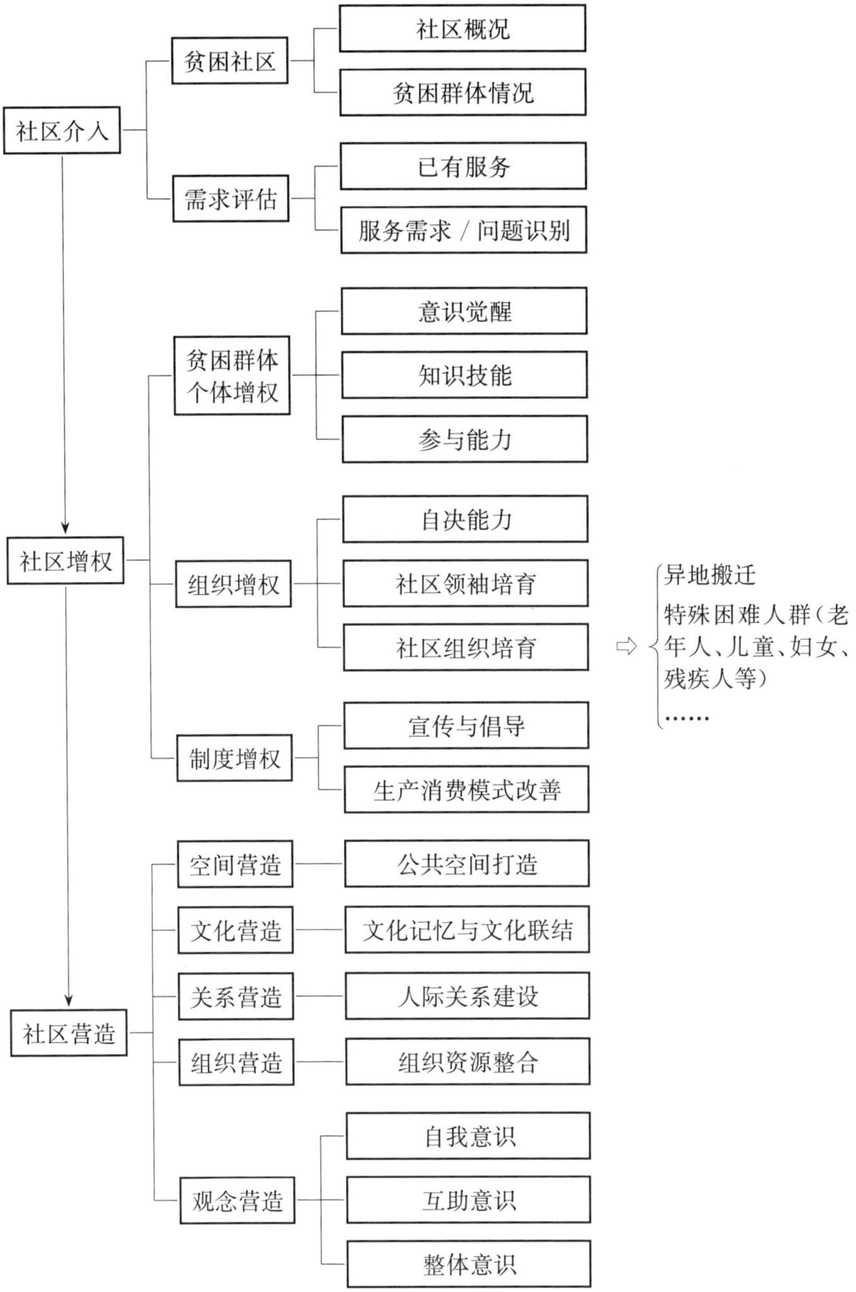

图 2-2　社区为本的反贫困社会工作服务流程

一方面评估当地的生产消费模式，通过适当的引导和完善，促使其形成良性的、可持续的发展模式。组织增权通过整合外部资源和内部资源帮助当地培育相关的社区组织，如互助合作组织等，并通过社区教育和参与挖掘当地的社区精英和社区骨干，培养社区领袖，借助组织的建立来搭建社会支持网络，促使社区形成互助、合作的氛围。个体增权主要通过引导、宣传的形式，激发贫困群体的自我意识，调动他们的积极性和主动性，鼓励他们参与相关的工作与活动，开展职业培训、技术训练等帮助他们增加个人技能，同时引导他们树立希望和自信，肯定他们的价值，提高他们自我决定的能力。增权建设贯穿于社会工作实务的始终，其最终目标是希望打破社会环境的限制和个人束缚，在提高个人能力的同时实现整个地区的增权。

第三个阶段是社区营造。社区营造承接社区增权，与社区增权相互渗透、相辅相成。这一阶段以空间营造、文化营造、关系营造、组织营造和观念营造为出发点，通过空间打造、文化联结、关系建立、资源整合和意识提升来实现社区的整体进步与发展。社区营造的五个层面具体表现在：空间营造主要是通过对空间的再利用和再分配，为社区居民打造公共活动空间，使社区内的每一位居民都能平等地享有公共空间的权利；文化营造关注当地文化的特点，传承和弘扬传统文化，塑造当地文化特色，通过共有的文化记忆与联结，增进居民对社区的认同；关系营造的重点在于对人际关系的建设，通过对社区各个层面的营造和居民参与，促进群体内部及群体与外部主体之间的互动与联结，形成团结、友好、互助、合作的良好氛围；组织营造是对社区内的组织进行再整合，如规划组织架构、人才队伍建设等，也包括对社区精英以及能人的挖掘和社区领袖的培养，其目的是更好地回应社区居民的需求；观念营造渗透于社区营造的其他层面，主要强调对社区居民自我意识、互助意识和整体意识的塑造，希望社区中的个体在自我意识提升的同时，能够培养整体意识，关注自身发展，也关注社区中的他人与整个社区的发展。社区营造是社会性的一种体现，它将社区改变的机会交还给了社区居民，希望通过居民的参与推动网络关系的建立，构建社区支持体系，实现建构"社区共同体"的目标。

社区为本的反贫困社会工作服务流程的三个阶段层层递进。社区介入是推动社区增权和实现社区营造的基础，社区增权是整个服务的过程目标，社区营造则聚焦社区的社会性，以促进社区贫困人口的全面发展为目标。经过这三个阶段，最终的目标是打造"社区共同体"，营造自助、互助的良好氛围，从而实现整个社区的永久脱贫和可持续发展。在具体的实践操作中，这三者并非完全分割、界限分明，而是在一定程度上相互渗透，如社区增权也是实现社区营造的一种手段，贯穿于社区营造的过程之中。

总的来说，社区为本的反贫困社会工作以社区为落脚点，通过挖掘优势和增强权能激发贫困社区居民的主体性，支持贫困群体参与社区问题的解决，培养贫困社区居民的参与意识和能力，帮助贫困群体在参与的过程中提升自我脱贫、自我发展的能力，并整合社区内外的资源，促进社区的可持续发展。在服务内容上，社区为本的反贫困社会工作在贫困地区主要开展贫困群体救助帮扶、贫困群体脱贫能力建设、易地搬迁贫困群体融合适应、贫困地区留守儿童的关爱保护和其他特殊困难人群的关爱服务；在服务方法上，社区为本的反贫困社会工作打破了单一使用个案工作、小组工作和社区工作的方法，综合运用三大方法，一方面为贫困群体提供个性化的个案工作或小组工作的治疗性服务，另一方面结合社区工作的方法，以社区及其居民为主体，通过调动贫困群体的积极性，鼓励贫困群体参与解决社区的贫困问题，从而促进社区整体能力的提升和可持续发展；在服务目标上，反贫困社会工作的整个服务方案以实现贫困地区的脱贫为基本目标，以构建“社区共同体”为总目标，其意义在于通过社会工作的服务使贫困地区的居民积极参与社区生活，在参与中培养和锻炼个人能力，掌握互助与合作的技巧，构建社区内部的支持网络，实现自我脱贫和整个贫困社区的增权，最终形成以自助互助和情感归属为基础的“社区共同体”，推动整个地区的可持续发展。

第三章　反贫困社会工作中的社区介入

社区工作是与个案工作、小组工作并列的三大社会工作方法之一，主要以整个社区及其整体成员为服务对象。社会工作者在专业价值观的指导下，运用相关理论、专业知识和技能，与社区居民群策群力，通过有计划地行动和集体参与的方式，解决社区问题，满足社区需要，提倡居民自主、互助和自决的精神，培养居民的社区认同感和归属感，充分调动和利用社区资源，发现并培养社区里的领导人才，提升社区福利水平，推动和落实脱贫攻坚的社区行动方案，促进社区的发展和社会进步。

扎根社区是精准识别贫困问题的基础，也是社会工作在开展扶贫过程中进行精准识别的工作方法。[①] 反贫困社会工作的社区介入是将贫困议题放在整个社区及社会生态系统里进行思考。社区扶贫模式立足于微观个案工作、中观社区工作和宏观社会政策倡导的系统化社区赋权的扶贫模式。[②]

① 张和清：《扎根社区推动脱贫攻坚》，载《人民论坛》2018 年第 29 期。

② 张和清：《从个案救助到社区能力建设——从两个案例看社会工作参与脱贫攻坚》，载《中国社会工作》2017 年第 25 期。

目前，我国的扶贫工作从粗放式扶贫转向精准扶贫，针对贫困户和贫困村，采用精准识别、精准帮扶、精准管理和精准考核的工作机制。① 反贫困社会工作的社区介入过程与精准扶贫的工作机制是一致的，有专业的标准和科学的程序。本章对社会工作者介入贫困社区的过程进行详细介绍，主要包括专业关系的建立、贫困社区的需求评估及社区介入的服务方案。② 社会工作者采用专业的工作方法，激励居民参与社区活动，增强居民的社区凝聚力，落实脱贫攻坚的社区发展方案。

第一节 社区介入的专业关系建立

建立关系是开展社区工作的第一步，包括与本地居民、社会组织、社会团体和政府部门建立关系。对社会工作者来说，建立关系是开展工作的重要基础，也是进行预估和介入的必要前提。社会工作者与社区进行有效的沟通，达成解决问题的初步共识，是这一过程的关键。建立关系阶段最主要

① 国务院扶贫开发领导小组办公室等中央七部委联合制定《建立精准扶贫工作机制实施方案》国开发办〔2014〕30 号。

② 关于社区工作的过程，学者们有不同的划分方法，比如顾东辉将社区工作的过程分为探索和准备、计划执行、撤离反思及评估三个阶段；王思斌将社区工作的过程分为建立关系、收集资料、制订计划、社区行动四个阶段；李迎生、张乐天等将社区工作的过程分为建立专业关系、收集社区资料、制订行动计划、开展社区行动、评估工作成效五个阶段。而在实际工作中，社区工作不可能被划分为明确的、截然不同的各个阶段，每个阶段的工作内容会有交叉和混合。本章所讲的社区介入是指“开始的介入”，与第四章的“社区增权”和第五章的“社区营造”构成一个完整的过程。具体参见顾东辉：《社会工作概论》，复旦大学出版社 2008 年版，第 164—170 页；王思斌：《社会工作概论（第三版）》，高等教育出版社 2014 年版，第 141—143 页；李迎生：《社会工作概论》，中国人民大学出版社 2004 年版，第 201—203 页；张乐天：《社会工作概论》，华东理工大学出版社 2005 年版，第 163—167 页。

的工作是让社区居民认识和了解社会工作者，为接下来的工作开展打下基础。正如戴维·哈德凯瑟（David Hardcase）所说："为了把案主成功整合进社区，案主和社会工作者需要进行社区评估，以查找并且利用社区技巧与初级、次级、第三级的资源建立社会支持网络，社会工作者需要成为社区社会个案工作者。"①社会工作者在介入贫困社区建立专业关系的过程中，应当明确自身的角色定位和加强自身的能力建设，选择合适的介入路径，掌握必要的介入技巧，与贫困群体建立信任关系，与社区领袖、村委会主任等关键人物建立合作关系，与政府、企业、社会团体建立互助关系。

一、社区工作者的角色

对社会工作者来说，介入贫困社区或者为贫困群体提供服务的工作任务主要有三个：一是与社区居民建立相互信任的、彼此协作的人际关系，同时保证这种人际关系的专业性；二是精准分析贫困社区和居民致贫的原因；三是帮助贫困社区和居民尽快脱贫。这些工作任务决定社会工作者在整个社区介入过程中扮演着多重角色，不仅是领导者，更是以积极的姿态投入贫困社区建设的参与者，在增加居民自身能力、链接社区资源、社区需求评估和扶贫成效评估等方面发挥着重要作用。具体来说，包括以下三个方面。

第一，社会工作者是社区居民能力建设的组织者。通过深入挖掘社区优势，将社区现有资源作为扶贫工作的突破口，在扶贫工作中逐步使社区居

① ［美］戴维·A.哈德凯瑟、［美］帕翠霞·R.鲍沃斯、［美］斯坦利·温内科：《社区工作理论与实务》，夏建中等译，中国人民大学出版社2008年版，第608页。

民迈向自助与互助相结合的能力建设阶段。“扶贫先扶志，扶贫必扶智”，社会工作者始终坚信居民是发展的主体，社会工作服务是助力贫困群体树立摆脱困境的勇气和决心，鼓舞斗志、提高认识、更新观念，提高贫困群体脱贫致富的能力，增强贫困群体的“自我造血能力”及脱贫意识，将外部“输血式扶贫”与内部“造血式扶贫”相结合，重建贫困者和贫困社区的文化自信的重要手段之一。当社区的资源，尤其是居民自力更生的精神被激活后，他们才会采取主动的态度来面对生活中的问题，脱贫的目标才会逐渐实现。①

第二，社会工作者是社区资源的链接者。贫困社区自身内部的资源非常有限，社会工作者可以通过各种方式将政府的相关政策信息、资源和福利，以及外部市场的资源和福利相互链接；通过直接或间接的方式与贫困社区或居民进行对接，将社区既有资源与外部市场进行联结，保障信息的有效传递和社会资源的合理利用，最大化满足贫困社区的差异化需求。

第三，社会工作者是扶贫过程中的评估者。评估伴随着社会工作者介入贫困社区的整个服务过程，但最主要体现在居民需求评估和扶贫成效评估两个方面。通过需求评估，社会工作者可以发现社区最需要解决的问题，进而采取更有针对性的服务方案；扶贫成效的评估可以考量整个介入过程的有效性和取得的成果，有助于下一步工作的开展。作为第三方力量，社会工作者或者社会工作机构在进行评估时要注重程序的规范性和方法的科学性，以保证评估效果的客观性。

① 张和清：《中国社区社会工作的核心议题与实务模式探索——以社区为本的整合社会工作实践》，载《东南学术》2016 年第 6 期。

农村贫困社区和城市贫困社区有着截然不同的环境和问题。在农村社区，人与人之间的关系更多的是私人化、持久性的，社会交往呈现出个体化或私人化的特征，个体之间或者个体与系统之间正是依靠这种非正式的关系进行社会交往，因此能不能准确评估这些非正式社会关系很大程度上关乎农村社会工作的介入是否有效。① 对社会工作者来说，介入农村贫困社区时，需要提升自身能力并进行一些前期准备工作，具体包括以下两个方面。

一方面，社会工作者在介入农村社区时，需要掌握农村社区基本的经济、政治、文化和社会情况。初步建立专业关系时，社会工作者尤其要重视贫困社区的文化传统，尊重居民在长期的社会经济生活中形成的生活方式、行为习惯、宗教信仰、语言、风俗等，了解农村贫困群体的迫切需要，关注他们与周围环境的关系。只有这样，社会工作者才能更好地与贫困社区的个体或者家庭建专业关系，从而逐渐融入贫困社区，理解他们的需要，运用当地的资源，帮助他们脱贫。

另一方面，社会工作者要学习农村社会工作的理论知识及与扶贫开发相关的专业知识，掌握相关政策的变化，系统了解和尊重已有的扶贫开发实践和成功经验进行扶贫服务专业实习，在实践中提高认识并增强自身服务能力；掌握一些解决农村问题的方法，提高与农村居民"打交道、同工作"的能力，在出现紧急问题时，能够迅速灵活地处理。同时参与扶贫工作的社会工作者要善于同现有的扶贫系统合作，重视社会工作方法的本土化与在地化，增强参与农村反贫困的适应性。

① 张和清、闫红红、尚静：《社区为本的农村社会工作实务模式探索——国内外农村社会工作研究文献的综述》，载《学海》2019 年第 2 期。

二、社区介入的路径

社区介入有多种多样的方法，包括从社区问题介入社区、从服务提供介入社区、从社区教育介入社区、从互助合作介入社区、从社会行动介入社区、从联合各社会团体介入社区、从策划倡导介入社区、从社区调查介入社区、从社区突发事件介入社区、从社区宣传介入社区、从社区发展计划与规划介入社区等。① 这是从一般意义上归纳的社会工作者介入社区的方法，而针对贫困社区的介入，有学者认为社会工作可以从三个层面入手。

在实践层面进行贫困问题的干预和解决；在专业层面提供知识、价值和技能支持；在制度、政策层面推动贫困治理进程。② 也有学者将社会工作者介入社区参与扶贫工作的路径概括为两种模式：一种是政府主导的岗位社工模式，在社区设立社工岗位站，这种模式主要出现在社会工作发展比较好的地区，优点是政府的认同程度比较高，可以进行持续的服务，在介入社区与居民建立专业关系时也相对容易，但对于大部分贫困地区而言，社会工作专业人才较为缺乏而使服务难以达到预期的效果；另一种是社会组织嵌入的模式，即政府通过购买服务或者社会工作机构主动与当地政府、企业进行合作的项目制模式，借助政府和社会组织的力量与当地社区建立关系，并根据贫困社区的特点开展专业服务。③ 还有学者将社会工作介入精准扶贫概

① 王思斌：《社会工作概论(第三版)》，高等教育出版社 2014 年版，第 140—141 页。

② 高飞、向德平：《专业社会工作参与精准扶贫的可能性及可及性》，载《社会工作》2016 年第 3 期。

③ 穆莉萍、唐佳：《社会工作介入贫困乡村社会治理的路径分析——以重庆市城口县反贫困社会工作项目为例》，载《中国社会工作》2018 年第 6 期。

括为三种模式：一是"委托—代理"型扶贫，即政府向社会工作机构购买服务；二是"协作—互助"型扶贫，由社会工作机构和基层政府或其他社会组织共同合作；三是"外展—介入"型扶贫，社会工作者将接触的贫困群体扩展为服务对象，建立专业帮扶关系。[①]

由此可见，社会工作者的介入贫困社区是一个循序渐进的过程。一般来说，会首先采用政府购买服务或者与当地政府、企业开展合作的"项目制模式"，在与社区居民建立良好的专业关系及开展一定的服务后按需设立社工岗位。对于不同社区有着不同的介入方法，即使是同一社区，社会工作者也会在不同时期采取不同的介入方法。社会工作者最终以何种方式或者途径介入贫困社区，应当依据当地的具体情况，采用适合当地社区的方式介入并开展相应的服务。

社区社会工作有时候甚至比个案社会工作或小组社会工作更注重关系的建立。[②] 通常来说，初步关系的建立主要通过社区的关键人物和社区机构。因为在一个社区中，关键人物有着重大的影响力，社区机构也有较强的号召力，可以动员社区的居民和资源。社会工作者可以通过关键人物和社区机构较快地获得社区信息，在短时间内融入社区并开展相应的工作。

社会工作者只有扎根社区，通过入户走访，帮助居民解决急需的困难等方式获得贫困家庭或者个人的信任，"与居民打成一片"，了解居民面临的困难和问题，在与居民接触的过程中建立相互信任和彼此理解的关系。而这种与贫困社区及贫困群体建立的平等合作、相互信任的关系，是开展社会工

① 李迎生、徐向文：《社会工作助力精准扶贫：功能定位与实践探索》，载《学海》2016 年第 4 期。

② 叶至诚：《社区工作与社区发展》，秀威资讯科技股份有限公司 2010 年版，第 57 页。

作专业精准扶贫的基础和关键所在，也是介入贫困社区和帮助贫困群体的最佳方式之一。社会工作者在介入社区时，要以社区已有的价值和方法为基础，与社区中的个人和组织建立联系。

三、与多元主体专业关系的建立

专业关系是指社会工作者在提供服务的过程中与服务对象建立的职业关系。在反贫困社会工作的社区介入中，专业关系建立的对象更加广泛、多元，包括贫困群体、贫困社区的组织、政府部门、企业、社会团体等。当然最主要的关系是社会工作者与贫困群体之间的关系，与其他群体建立的专业关系在一定程度上都是为了与贫困群体建立关系，并更好地为其提供服务。

（一）与贫困群体建立信任关系

社会工作者如果想与贫困群体建立良好的专业关系，需要始终秉持尊重、接纳、真诚的专业价值理念。在这样的价值理念下，社会工作者才能平等地看待、尊重每一位贫困群体，真诚地表达自己的关心，感受贫困群体的处境；贫困群体才能真正接纳社会工作者，愿意向社会工作者表达自己真实的想法，与社会工作者探讨自身的处境，共同解决自身面临的问题，专业关系才得以深入下去。一般来说，社会工作者与贫困群体建立良好的信任关系有两种常用方式。

第一种是开展社区活动。社会工作者通过开展一些社区活动，鼓励贫困群体积极参与，在与贫困群体的互动过程中，让贫困群体放下内心的“戒备”，逐渐了解作为“外来群体”的社会工作者，从而获得贫困群体的认可。通过开展社区活动虽然能较快且更多地认识社区居民，但往往这种互动仅限于表面，很多贫困群体来参与活动只是被活动的物质奖励吸引，并不是真正想参加活动。为了避免这种现象的发生，社区工作者要从发掘贫困群体的兴趣和关注点出发，举办一些有意义且对贫困群体有吸引力的活动。同时在举办活动的时候要避开他们做农活的时间，尽量不要用电话通知的方式，可以通过挨家挨户走访的形式鼓励农村居民参与活动。① 这样才能更好地达到与贫困群体建立信任关系的目的。

第二种是走村入户的家访。社会工作者通过与贫困群体面对面的正式或非正式的交流，既可以直接了解贫困群体面临的困难和问题，也可以让贫困群体认识和了解社会工作者，从交流互动中感受社会工作者的来意和目的。走村入户，不仅是社会工作者开展调研和进行服务的需要，也有利于社会工作者更好地融入贫困社区，被贫困群体接纳，从而建立起专业的关系。②

社会工作者介入社区开展工作，既是让贫困群体知道“我是谁”的过程，也是社区社会工作者发现群众问题和需求，从而提供社会服务的过程。在与贫困群体建立关系的过程中，社会工作者可按照介入前、介入中和介入后三个阶段，采用一些方法和技巧，具体来说有以下三步。③

首先，与贫困群体建立关系前的准备工作。主要包括：明确此次与贫困群体联系的目标，比如说要让贫困群体了解社会工作者的身份和日常工作；

① 根据基层社区社会工作者组织社区活动的经验可以发现，很多村民基本不识字，手机使用的频率也不高，他们即使有手机也不常带在身上，用手机打电话通知贫困群体参与活动的方式基本行不通。而通过入户走访当面通知的方式，贫困群体可能会碍于人情以及看到街坊邻居都参加了也会跟着一起参加。

② 李长洪、陈方圆：《扶贫社会工作服务指南》，中国社会出版社 2017 年版，第 51 页。

③ 周沛、易艳阳：《社区社会工作（第二版）》，社会科学文献出版社 2019 年版，第 168—170 页。

以贫困群体的时间方便为原则，提前约定入户走访的时间；准备好一些话题，并预想可能发生的问题及应对策略；为更好地树立形象和尽快赢得贫困群体的信任，社会工作者应该注意自己的穿着打扮，既不可太随意也不可太正式。在建立关系的初期，通常由社区领袖或者熟悉贫困社区事务的工作人员带领探访贫困群体。

其次，正式与贫困群体建立关系。在做好充分准备后，社会工作者开始与贫困群体正式接触，在初次接触贫困群体时，社会工作者应进行恰当的自我介绍，让贫困群体知道自己的身份和来意。① 在与贫困群体进行交流的时候，应遵循由浅入深、从简单到复杂的原则，从平常、简单的问题入手，避免谈论敏感的话题。通过初步的沟通对话，降低居民的疑虑并使双方都放松后，社区社会工作者需要尽快根据事先确定的探访目标来进一步维持并深入对话。对于贫困群体的提问方式也可由封闭式提问转向开放式提问，由一般的事实陈述转向与贫困群体交流个人的经历、想法和感受等。在整个交流的过程中，社会工作者应该注意“积极聆听”“同理反应”等访谈技巧的使用。初次与贫困群体建立联系时谈话不宜太久，可在合适时机稍做总结并结束对话。同时向贫困群体的积极配合表达感谢，并表明后续还会进一步加强联系为其提供服务。

最后，与贫困群体建立关系之后。社会工作者应该及时记录和整理访

① 社区社会工作者自我介绍的技巧包括：(1) 指出自己是由贫困群体熟悉的人介绍来的，如社区书记、社区知名人士等；(2) 将自己与贫困群体熟悉的事件或者活动联系起来；(3) 对个别疑心较重的贫困群体，可出示自己的工作证件；(4) 可以向贫困群体发放一些宣传单和介绍性资料等；(5) 清晰地介绍自己入户家访的目的；(6) 在整个交流的过程中注意使用通俗易懂的群众语言，避免使用专业术语，同时采用谦和的态度，始终保持笑容。

谈时获得的信息，包括居民的个人情况及其家庭成员情况、目前面临的问题和需求、居民的热情程度和对社会工作者的初步印象，以及社会工作者对贫困群体的印象等，为进一步的联系和后续工作打下基础。此外，社会工作者应及时对初次建立的关系进行总结与评估：预期目标是否达成，发现了哪些问题，自身表现如何，有哪些需要改善和提升的地方等。通过以上步骤逐步与贫困群体建立专业关系。

（二）与社区领袖、村民委员会主任建立合作关系

社会工作者作为“外来力量”参与扶贫工作，得到贫困地区社区领袖及村民委员会主任或村党支部书记的认同和支持非常重要。社区领袖、村民委员会主任、村党支部书记等关键人物不仅在社会工作者与贫困群体初步建立关系时起着引导作用，在社会工作者正式开展工作时也发挥着重要的协调作用。社会工作者在与社区领袖、村民委员会主任或村党支部书记建立关系时主要有两种方式。①

一是建立正式的工作机制。社会工作者如果能够参加村民委员会或者贫困社区居民委员会的工作例会，或者与村民委员会协商定期召开会议，向村党支部书记、居民委员会工作人员等贫困社区负责人员汇报工作进展，寻求他们的意见和帮助，是一种很好的工作机制，表明贫困社区的居民委员会非常认同社会工作者的工作，并积极支持社会工作者扶贫救助工作的开展。

二是通过非正式的沟通联络。社会工作者在可能的条件下，邀请社区领袖、村党支部书记、村民委员会主任参与具体服务的开展，了解扶贫工作

① 李长洪、陈方圆：《扶贫社会工作服务指南》，中国社会出版社 2017 年版，第 52—53 页。

如何开展，同时将村民委员会或者社区居民委员会与社会工作扶贫有机结合，通过建立合作关系，实现为贫困群体提供服务、协助村民委员会开展工作的双赢目标。

（三）与政府、企业、社会团体建立互动关系

对贫困社区来说，一方面，由于内部资源有限，贫困群体的文化水平和知识技能匮乏，本身的信息获取能力较差；另一方面，由于社会救助组织体系和资源的不合理配置，导致现有政策的实效性和资源匹配性较差。如何承接来自政府、市场和社会的扶贫资源实现贫困社区内源性发展，社会工作者在其中发挥了重要作用。社会工作者作为第三方介入社区，可以更好地与社区内的各类社会机构和组织进行联系，将对口帮扶的资源，包括市场资源、政府资源、社会资源等转化为社区内部的动力。将政府、社会、市场等多方资源进行整合，形成社会救助的合力，更好地达到帮扶的效果。①

作为专业性的工作人员，动员、组织、整合社会资源既是社会工作者的强项，也是社会工作者的责任。社会工作者可以通过广泛动员社会力量，面向广大社会吸取资源，共同采取行动，帮助贫困社区和个人脱贫。虽然，各级县、乡政府有着较强的资源调动能力，但在一定程度上受地域与权限范围的限制，所能动员的资源无论在规模上还是类型上都是非常有限的。而很多社会工作机构分布于全国乃至世界各地，与其他社会组织、社会主体之间存在着密切的网络与互动关系，可以为贫困社区引入外部资源。对贫困社区来说，急需的不仅仅是物资、救济款、基础设施等硬件资源，更需要人才、服务、信息、技术

① 李红波：《当前社会工作介入我国反贫困的必要性分析》，载《贵州社会科学》2011 年第 12 期。

等软件资源。而社会工作者作为资源的链接者，可以有效地与其他机构、政府合作，有针对性地引入多方面的资源，以满足贫困群体的需求，与政府、企业、组织、个人等多元主体形成合力，共同推动社区、家庭和个人顺利脱贫。①

值得注意的是，社会工作者在介入社区时，应该与党政部门、居民自身及其他相关主体相互依赖、建立网络、发挥优势、加强对话、多向合作，积极实现贫困群体的公共利益最大化。在整个系统性的介入方案中，社会工作者除了提供正式的和制度化的支持外，还要重视参与非正式的社会支持系统的建设。社会工作者应该根据居民的潜能及现有的资源，整合社区内外的各种资源和社会关系，动员正式及非正式的资源来扶持社区和居民发展。

第二节　贫困社区的需求评估

社会工作者介入贫困社区最主要的目标是帮助社区脱贫和增强社区居民的能力建设。而能够达到这一目标的关键是社会工作者通过多渠道、全面的社区调查，掌握社区总体情况和贫困群体的需求，对致贫原因进行分析，这是制订扶贫方案、进一步开展精准扶贫工作、有效实现扶贫目标的重要前提。

一、贫困社区的总体情况

在与贫困社区和群众建立了专业关系之后，为了更好地了解贫困群体

① 李迎生、徐向文：《社会工作助力精准扶贫：功能定位与实践探索》，载《学海》2016 年第 4 期。

的需求和致贫原因，首先需要了解贫困社区的自然、人文、经济发展、社会面貌等总体情况。在这里我们主要介绍需要收集的社区详细资料及在资料收集过程中用到的方法。

（一）需要收集的社区详细资料

社会工作者要确定社区的贫困人口和贫困家庭，把贫困程度、致贫原因、居民需求调研清楚。首先要充分了解社区的整体环境，主要包括：基本资料、社区资源和社区人口三类。

一是基本资料，涉及社区的历史传统、地理环境、位置规模、经济状况、政治情况、人口结构、文化特征、价值观念、资源分布等信息。通过绘制社区地图，了解贫困家庭的分布情况及其住房、生产、生活等基本信息，确认其是否为贫困户。

二是社区资源，包括有形资源和无形资源，前者包括社区内公共设施、教育机构、医疗机构、社区组织、商业场所等单位和组织的数量、位置、运作情况；后者包括社区居民的参与感、荣誉感，社区工作人员的责任感等。此外，社会工作者不能忽视社区中已有的资源，要挖掘社区中被边缘化的个体或家庭所具有的独特优势。比如，一个失业者曾经可能是一个有经验的、为社会经济发展贡献力量的人才，一个独居老人可能是一位人生阅历丰富的长者，空置的房屋也可能成为社区中可利用的公共资源。

三是社区人口，包括一般人口和特殊人口，前者指人口总数、质量、结构、分布、自然变动、迁移变动等，后者指贫困群体（包括弱势群体和贫困人口等）、社区单位、服务机构、权力分布等。① 除了甄别出贫困群体，还要分析

① 顾东辉：《社会工作概论》，复旦大学出版社 2008 年版，第 164 页。

社区党组织人员和社区居民自治成员、社区专职工作者、社会组织工作人员、社区志愿者、社区居民骨干等社区各类服务人员的状况。此外，要弄清贫困人口自身对脱贫的看法以及他们已经获得的支持，还要了解村庄或者社区的权力分布情况，同时在交流中发现贫困群体的优点和长处。

在具体的资料收集过程中，需要社会工作者深入社区，对影响贫困群体生活、制约贫困社区发展的因素做全面而系统的分析和研究。比如，如何划定贫困线，低于贫困线的人口数量有多少，贫困群体致贫的主要和次要原因分别是什么；贫困社区中60岁以上的人口数量是多少，他们的养老方式和需求是什么，经济来源是什么；社区里的贫困学生有多少，他们现在的就读情况如何，需要什么帮助等。这些都需要社会工作者做细致的调查分析。同样，对社区资源和居民需要的资料收集也要非常具体和详细。比如，贫困社区有多少可以利用的人力资源及其学历、技能等信息，以及不同群体现阶段最主要的需求是什么等。只有尽可能多地掌握社区的详细信息，才能发现贫困社区的问题和居民的当下需求及长期需求，为服务方案的制订及工作的开展提供便利。

（二）社区资料收集的方法和途径

社会工作者在贫困社区收集资料的方法和途径多种多样，最重要的是结合实际情况选择合适的方法尽可能全面地了解社区情况，发现贫困社区存在的问题和贫困群体的需求。根据理论知识和调研经验，我们将收集社区资料的方法分为两大类。[①]

一类是文献调查。文献调查不仅意味着社会工作者要查阅已有的文献统

① 周沛、易艳阳：《社区社会工作（第二版）》，社会科学文献出版社2019年版，第155页。

计资料，还要对已有的资料进行整理和分析，以期获得对现阶段贫困社区及居民情况的基本掌握，也防止在开展新工作时脱离实际。社会工作者不仅要到有关部门查阅文献资料，还要结合调查情况，修正补充现有的文献资料。

另一类是实证调查。实证调查是指社会工作者通过深入社区展开调查，掌握更多的社区信息和资料，了解社区所需和居民所想，此方法是了解社区整体情况最好的方式之一。实证调查包括三种具体的方法：一是问卷调查法。社会工作者可以根据想要了解的信息有针对性地设计问卷，在调查问卷信度和效度的基础上进行数据分析，同时，在设计客观题时，还可以设计一些开放性较强的主观题，让社区居民发表自己的意见和看法。二是访谈法。社会工作者和贫困群体进行面对面的互动交流，可以更真实地了解贫困群体对贫困的认知、情感、态度和行为等，既给予贫困群体更充分表达想法的空间，也为社会工作者的介入和干预提供事实依据。但是这对社会工作者提出了更高的要求，社会工作者对贫困问题的认知、对贫困群体的了解、对访谈技巧的掌握很大程度上决定了访谈的质量及资料获取的情况。三是观察法。其分为参与式观察和非参与式观察，社会工作者在介入社区的初期属于非参与式观察，在不影响贫困群体原有生活、工作和价值观的基础上进行走访观察。而在与贫困群体建立关系并逐步熟悉后，可以进行参与式观察，补充原有的资料，验证或否认原有的某些认识，特别是发现一些以前没有掌握的资料，从中获得新的启发从而形成解决问题的新思路。值得注意的是，观察的主要目的并不是了解贫困群体的行为背后持有的观点、态度或者理念，而是着重关注贫困群体在已有的观点、理念、态度支配下所呈现的状态和表现。

二、贫困社区群众的需求评估

有学者指出，当前我国扶贫服务与贫困群体现实需求契合度问题的焦点在于精准扶贫政策如何契合农村贫困人口的需求。[①] 人类的需求是复杂的，可以分为普通需求[②]和特殊需求，由于个体差异的存在，普通需求在某些个体身上表现为特殊需求。社会工作者不仅关注贫困群体物质层面的需求，如收入、社会保障、住房、安全等，还关注贫困群体精神文化和社会心理层面的需求，如心理健康、情绪变化、情感归属等；不仅关注个体的需求，还关注其家庭结构、家庭与社会的关系和社会融合等。[③] 随着扶贫政策从救济式扶贫到普惠式扶贫再到开发式扶贫，从扶贫地区到贫困村再到贫困户，扶贫对象的范围越来越精准，这就意味着扶贫对象的需求越来越多样化和个别化，社会工作者只有通过深入调查才能精准识别贫困群体的需求。

恩格斯(Engels)曾经把人的需要分为三个层次：一是生存需要，即人为了活下去对衣食住行等的追求，这是人的基本需要；二是享受需要，即对较

---

① 陈成文、李春根：《论精准扶贫政策与农村贫困人口需求的契合度》，载《山东社会科学》2017年第3期。

② 关于普通需求的理论有马斯洛的“层次说”、佩尔曼的“整体说”、托尔的“阶段说”、埃里克森的“任务和危机说”等多种解释。具体来说，马斯洛的需求层次理论认为，人类有生理、安全、归属和爱、尊重及自我实现等五种需求，只有满足了低层次的需求才能追求高层次的需要。佩尔曼的整体需求理论从生理、心理和社会三个层面来理解人类需求，人们会根据过去体验、现实情况和未来预期，从社会环境中寻求满足。托尔的阶段理论认为，不同年龄阶段有不同的需求，婴儿、儿童、青少年、成年、老年阶段有不同的需求。埃里克森的任务和危机理论认为，人生任务包括融入社会、获得身份认同、发展亲密关系等，如果某些任务没有完成，人生就会面临危机。具体参见顾东辉：《社会工作概论》，复旦大学出版社2008年版，第2—5页。

③ 李迎生、郭燕：《推动社会工作精准介入反贫困实践》，载《中国人民大学学报》2018年第5期。

丰富的物质生活资料与精神财富的追求，这是在生存需要得以满足的基础上更进一步的需要；三是发展需要，即充分表现脑力与体力，促进自身全面发展的需要。恩格斯认为，人的生存、享受、发展三大方面的需要是一个从低级向高级发展的过程，也就是说，“人们首先必须满足吃、喝、住、穿等生存需要，然后才能从事政治、科学、艺术、宗教等精神层面的需要拓展”。① 我们认为，评估贫困群体的需求也应按照需要的层次逐渐为其提供救助。比如，对全国 13 个省 72 个贫困村 1 702 位农民的研究发现，有近五成的农民认为贫困是温饱问题（包括收入低、吃不饱穿不暖、生活不体面等）得不到解决，这是基本的物质需求得不到满足；但也有五成农民在摆脱贫困需求的困扰后，开始寻求更高层次的满足；与种田相比，过半农民认为打工更有前途，更倾向于就近打工；近半农民期盼获得与生活需求相关的项目支持。② 有些贫困群体除了农忙干活、外出务工外，空闲时间主要用于打牌和看电视，几乎没有其他活动，但是他们是非常渴望有其他业余活动的，尤其是社区妇女对广场舞的渴望，这都是社会工作者可以展开服务的切入点。

虽然在社会工作的社区介入过程中，我们强调找出个体的差异化需求并为其提供服务，但在贫困地区有很多具有相似性的问题，同一群体中存在共同需求。比如，留守儿童的家庭教育和学校教育问题，留守妇女的再就业和婚姻关系问题，留守老人的家庭照料和疾病治疗问题等。面对此类群体的问题或需求，我们要精准识别贫困群体并对他们的共性需求进行评估，将资源整合，为他们提供更好的服务。就贫困社区的儿童而言，无论父母在不

---

① 周沛、易艳阳：《社区社会工作（第二版）》，社会科学文献出版社 2019 年版，第 98 页。

② 徐勇：《反贫困在行动：中国农村扶贫调查与实践》，中国社会科学出版社 2015 年版，第 11—15 页。

在身边，大部分父母的文化水平、时间和精力都是有限的，既不能很好地辅导孩子做作业，也不能抽出更多的时间陪伴孩子，这时候社会工作者就可以向当地社区申请活动室开展四点半课堂及假期作业辅导兴趣班等活动，将社区内有此需要的儿童聚集起来，既可以为他们辅导作业，又可以为他们提供一些娱乐活动。而且在这个过程中，社会工作者通过对儿童进行心理辅导，激发他们内心对教育的渴望，帮助他们在困境中树立完成学业的信心。就留守老人而言，如果没有条件设置日间照料中心或养老机构，社会工作者可以通过培育社区老年协会，建立和发展形式多样的老年活动中心，丰富老年人的精神生活，给予老年人足够的关心和爱护。①

通常来说，社会工作者不会直接表达自己想要了解贫困群体需求的目的，而是通过观察贫困群体的日常生活状况，在与贫困群体的交流中区分主观感受性贫困与客观感受性贫困、绝对贫困与相对贫困。社会工作者需要特别注意的是，有些贫困群体为了获得更多的帮助或与他人进行攀比而夸大现有的贫困程度；还有些贫困群体担心贴上“贫困”的标签而不敢如实反映自己的需要和问题。不管是哪种情况，社会工作者都要通过仔细调研甄别出贫困群体的真实需求。

判断居民的需要是否得到满足，就要通过一定的方式进行测量和评估。布拉德肖（Bradshaw）区分了四种需要测量的方式。一是规范性需要（normative needs），由专家学者、专业技术人员或者政府工作人员根据掌握的专业知识和现有的规则，制订在具体环境中人类需要的标准。比如，要根

① 蒋国河：《社会工作与农村反贫困：本土化实践与理论反思》，中国社会出版社 2017 年版，第 63 页。

据贫困地区的发展及当地居民的生活习惯提出最低生活保障线。二是感受性需要(felt needs),在个人被问到是否需要特殊服务时,根据其反应进行判断,这种需要并不是贫困群体真正缺乏的,而是他们由于与他人的相互攀比而产生的感受性需要。三是表达性需要(expressed needs),个体或者团体直接通过行动表现出来。四是比较性需要(comparative needs),该需要是贫困群体对照某种特征后发现的需求不足,这种需要通常在为贫困群体提供服务时出现。通过需求分析,在一定程度上可以克服潜在需求者不知如何获得福利、申请服务的困难,了解贫困群体需求的轻重缓急,从而能够最大限度地做到因户施策、因人施策,反映服务对象真正的需求。①

值得注意的是,社区住户的情况及贫困家庭的状况不是一成不变的,而是在进行着动态的调整和更新。因此,在进行专业的社会工作扶贫时,社会工作者要及时跟进了解社区、家庭和个人的情况变化。同时,社会工作者介入社区扶贫是一个长期且循序渐进的过程,通过深入了解贫困地区的情况和居民的生活,收集第一手资料,明确贫困社区存在的问题和贫困群体的需求,提出相应的扶贫方案,从而助力政府精准扶贫政策的落实。

三、分析致贫原因

贫困是一种复杂的社会现象,涉及政治、经济、文化、社会、生理、心理等多方面的问题。② 由于市场经济的制度性排斥和人们面对风险的脆弱性,农村贫困问题呈现出复杂性和多样性。2015 年 12 月 15 日国务院扶贫开发领

① 顾东辉:《社会工作概论》,复旦大学出版社 2008 年版,第 164—165 页。
② 李迎生:《社会工作概论》,中国人民大学出版社 2004 年版,第 403 页。

导小组公布的数据显示，全国7 000多万贫困农民中，因病致贫的有42%，因灾致贫的有20%，因学致贫的有10%，因劳动能力弱致贫的有8%，其他原因致贫的有20%。绝大多数贫困社区或者贫困群体致贫的原因不是单一的，而是多重因素相互作用的结果，只有找出问题的根本原因才能"对症下药"。为了更好地制订帮扶计划，我们根据贫困的相关理论解释，将致贫的原因分类分析。

（一）个体贫困与社会贫困

个人主义贫困论认为贫困的原因在个人而不在于社会，有学者[代表人物是凯慈（Katz）]将其称为社会达尔文主义，用进化论中的"适者生存"（survival of the fittest）的原理来解释贫困现象，认为贫困多由个人自身的懒惰造成，如果一个人陷入贫困，应该受到责备的是他自己，他要对此结果负责。如今，我们通常将个体贫困的原因分为三种：(1) 个人或者家庭的基本物质生活水平达不到社会接受的最低标准，这类贫困既与贫困线的划定标准有关，又与残疾和低保等救助政策落实不到位有关；(2) 贫困人口的内驱动力不足，人生态度消极，缺乏明确的规划和目标，且持有"等待救助"的消极思想；(3) 由于权利和能力不足引起的贫困，比如说与教育、住房、医疗、养老等相关的权利和能力的缺失。

社会结构论认为，贫困是由于社会发展出现的短缺和困难造成的，学者们从福利制度和社会制度两个方面进行了解释。福利制度从微观视角探讨了贫困的原因，由于过多的福利开支，限制了财富的增长和就业机会的增加，阻止了穷人贫困状况的基本改善；社会制度从宏观角度探讨了贫困的原因，认为占主导地位的社会制度是造成贫困的根本原因。有学者认为社会性贫困是由物质、文化生活资料的分配不均造成的，也可以被称作分配性贫困，如权利、政策、就业、观念、贫困背景、人口学特征和个人行为特征等，都是社会性贫困的成因。[①]

此外，还有一种理论解释是人环两因论，该理论认为贫困是个人和社会两个方面因素共同造成的：个人原因在于个体的不能、不为、无准备和不守规矩，社会原因是经济、社会、政治、文化等多种因素的共同作用。[②] 问题产生的原因不仅在于个人本身，而且与社区周边的环境、社会制度及整个社会有着密切的关系。比如，一个家庭的贫困除了有个人的身体残障、习惯性懒惰等个体性原因外，还有低保政策落实不到位等社会方面的原因。

（二）物质贫困与文化贫困

贫困首先表现为物质生活的匮乏，是指一个人或一个家庭的基本物质生活达不到社会可接受的最低标准，也就是我们常说的绝对贫困。近年来，贫困由最初单纯表现为物质的匮乏（基本表现为收入水平低），转变为多维度地表现在个体生活上不能达到社会一般水平、发展能力不足，丧失接受教育的机会，逐步被社会边缘化，长期生活在特定的生活方式、思维模式、行为规范和价值观念体系中，失去参与政治、经济、文化生活的能力和机会的一种生活状态。

从发生机制来说，贫困不仅是经济问题，更是文化问题和心理问题。精神贫困表现为有强烈的相对剥夺感、脱贫的主动性和积极性不高，持有“坐等救济”“扶贫就是给钱”等消极的思想和错误的认知，有些贫困者或者家庭

---

① 原华荣：《生产性贫困与社会性贫困》，载《社会学研究》1990 年第 6 期。

② 顾东辉：《社会工作概论》，复旦大学出版社 2008 年版，第 14 页。

会主动通过失业或者消极就业以获得政府的贫困救助。贫困文化论反映的是物质贫困的精神实质，是指生活在贫困中的人调试人与环境关系的工具和手段，形成了贫困阶层特殊的价值观念、心理机制和独特的生活方式，包括听天由命的人生观，安于现状的幸福观，重农轻商的生产观，保守落后的劳动观，安土重迁的乡土观，多子多福的生育观，“等、靠、要”的度日观，不经济的时间观等。

在我国农村，贫困表现为低人均收入、低生产率、低物质供给等外在形式，而背后隐藏着文化贫困、知识贫困、权利贫困等，这会使陷入贫困的居民更加趋于保守。出于对贫困的无力对抗，贫困群体逐渐适应了墨守成规、消极被动、安于现状、不思进取的生活方式，日积月累形成了特定的生活方式、思维模式、行为规范和价值观念。对这种生活方式的适应更进一步加剧了居民的贫困，使其陷入贫困的恶性循环之中，难以自拔，必须借助外力的干预，才有可能摆脱贫困改善生活状态，避免形成“福利依赖型”脱贫，以及世代相传的“代际传递型”贫困文化。

（三）长期贫困与短期贫困

根据处于贫困状态时间长短的不同，可以将贫困分为长期贫困和短期贫困。无论是哪种模式的扶贫，都倾向于更多地关注长期贫困者或者贫困家庭，而在一定程度上忽视短期贫困者。例如，有些居民由于生病等突发性事件而陷入贫困，但由于缺乏制度化或者临时性的认定程序，本应该快速得到救助的个体或者家庭由此陷入长期贫困。对社会工作者来说，要尽快识别和找出这些个体或者家庭，根据他们的需求为其提供救助，避免因拖延而造成他们长期陷入贫困的处境。

贫困生涯转折点理论表明，在人生的特定阶段进行干预，既可以预防贫困的发生，也可以让陷入贫困的人尽快走出贫困。如果是地区性贫困，那么主要原因不在个人，而可能在于外在政策、环境等因素，此时就应该仔细分析究竟是自然环境恶劣导致贫困还是公共管理或社会服务不足引发了贫困，或者是兼而有之。如果具体到个人或家庭，那么个体性因素致贫的可能性较大，那么就应该分析是残疾、生病等客观因素导致贫困还是自身动力不足等内在因素导致贫困，应该找出致贫的根本原因，进而采取对应的扶贫措施。

（四）显性贫困与隐形贫困

根据贫困的显现形式（或真实情况）可以分为显性原因和隐形原因两类。显性原因只是表面现象，并不是致贫的真正原因，而隐藏在表象之下的深层原因才是致贫的根本原因。例如，我们往往认为老年人由于丧失劳动力导致贫困，但老年人丧失劳动能力而陷入困境，可能只是一种表面现象，深层原因可能是由于老年人与子女分离，得不到子女的经济资助而陷入物质贫困，缺乏子女的陪伴而产生精神贫困；比较糟糕的情况是老年人与子女发生矛盾，家庭关系不和谐，子女没有及时给老人购买医疗保险和养老保险而导致老年人的生活缺乏必要的保障。①

我们可从多种维度对贫困的理论进行解释，依据不同的标准有不同的分类。对致贫原因的分类，大多数情况是一种理想的状态，正如上述分析所提到的，致贫的原因是多维的组合而不是单一的呈现，社会工作者在介

① 陈辉：《社会工作参与精准扶贫的路径选择》，载《中共福建省委党校学报》2017 年第 3 期。

入过程中应找到最主要和根本的原因，采取相应的措施，集中力量解决主要问题，同时兼顾其他致贫原因。比如，因病致贫的关联因素包括：一是因家庭成员患病或残疾可能使家庭失去了支柱性的劳动力和收入来源，不仅是患病者或残疾者个人，整个家庭生态平衡都由此被打破；二是患病者或者残疾者的治疗和康复，特别是大病治疗，会给家庭带来沉重的经济负担；三是大病救助的动态性、及时性非常重要[①]，如果一个家庭中主要劳动力患病或者多人患病，在家庭缺乏经济来源的同时，会引发孩子的教育中断、老年人的赡养失去保障等连锁反应。因此，在制订帮扶计划时，要综合考虑各种致贫原因及多种因素的组合差异，以整个家庭作为服务对象制订切实可行的方案。

一般情况下，我们采用收入水平、恩格尔系数等客观标准去衡量贫困，但贫困者自身对贫困的感受和认知对扶贫工作也有着重要影响。世界银行首席经济学家、贫困问题研究专家马丁・拉瓦雷(Martin Lavale)在 2012 年的一份世界银行报告中指出，对贫困问题的测量应该纳入个体对贫困程度的感受，可以据此划分出“社会主观贫困线”。与此同时，还要注意外界对贫困的标签化对贫困群体造成的影响，其实每个人都不希望陷入贫困，一旦被贴上贫困的标签，会让他们的自尊心受到伤害，同时会进一步助长他们“等、靠、要”的思想。[②]

为了准确把握贫困群体的致贫原因，社会工作者必须对贫困社区或者

① 蒋国河：《社会工作与农村反贫困：本土化实践与理论反思》，中国社会出版社 2017 年版，第 38 页。

② 李长洪、陈方圆：《扶贫社会工作服务指南》，中国社会出版社 2017 年版，第 11—12 页。

家庭进行专业性评估，将贫困问题置于整个家庭或者社区乃至更大的生活环境中进行分析，从贫困群体的视角来审视贫困问题的复杂性。同时遵循个别化、差异化的工作原则，能够因服务对象需求和致贫原因的多样性及原因之间各种可能的联系，寻找核心原因并判断其可变性。如果该因素可以改变就采取行动积极改变，如果该因素不可改变则寻找可以改变的方向，尽最大努力为贫困者提供具有针对性、多元化的服务，这与精准扶贫中"六个精准"（扶持对象精准、项目安排精准、资金使用精准、措施到户精准、因村派人精准、脱贫成效精准）的工作理念一致。在科学且系统地分析致贫原因机制的基础上，提出相对可行的介入方案。① 在整个社区介入的过程中，社会工作者应该严格遵守保密原则，尽可能避免给社区居民贴上贫困的标签。

第三节　社区介入的服务方案

社会工作者通常以服务方案作为服务的手段，提供规划与设计，并适时对方案做评估、处遇、评监与结案，以使服务发挥最大的成效。② 社会工作者介入社区扶贫的过程中，要结合贫困社区的需求及贫困群体的致贫原因，制订具有较强针对性的服务方案并认真实施，以提升帮扶效果。③ 在具体的方案设计上，需要有明确的服务目标并掌握一定的策略，充分利用专业知识、

①③　顾东辉：《精准扶贫内涵与实务：社会工作视角的初步解读》，载《社会工作》2016 年第 5 期。

②　文军、吴越菲：《社区为本：灾害社会工作服务及其本土实践——以云南鲁甸地震灾区社会工作服务为例》，载《河北学刊》2016 年第 5 期。

服务经验和技巧来推进服务方案的实施。

一、服务方案目标

社会工作者介入贫困社区制订服务方案时，首先要有明确的目标，目标的设定既与服务方案的制订息息相关，又会影响后期扶贫工作的服务内容及成效评估。服务方案目标是在调研的基础上反映贫困群体的实际需求，并且要具有可行性、可操作性、可接受性、可度量性。笔者依照不同的维度划分如下服务目标。[①]

（一）总体目标和具体目标

围绕具体的社区事件或问题，社会工作者应该明确服务计划的总体目标，即确立服务计划的总体方向与预期效果。社会工作介入社区扶贫的总体目标有两个。一是激发贫困群体的内生动力。2015 年 11 月 27 日，习近平总书记在中央扶贫开发工作会议上强调，精准扶贫要激发内生动力，调动贫困地区和贫困人口的积极性，要重视解决贫困人口心理层面的问题。在中共中央政治局第三十九次集体学习时，习近平总书记进一步指出，贫困群

① 学者们依据不同的标准对社区工作的目标进行了划分，比较有代表性的有两种，一是美国社区工作专家罗斯曼(J. Rothman)将社区工作的目标分为“任务目标”和“过程目标”两大类：任务目标是指社区工作要解决的一些特定的社会问题；过程目标是指提高社区人士的一般能力，包括增进社区居民对社区事务的了解程度，促进社区居民之间的相互合作、互帮互助，发掘和培养社区领袖，提高社区居民解决社区问题的能力、技巧和信心等。二是英国学者托马斯(D N. Thomas)将社区工作的目标分为分配资源和发动居民：分配资源是指社区工作者为居民争取合理而平均的资源调配，保障居民的基本权益；发动居民是指通过一些活动、举措来调动居民的积极性，培养他们的社区凝聚力和责任感，借以影响党和政府，监督党和政府的运作。具体参见王思斌：《社会工作概论(第三版)》，高等教育出版社 2014 年版，第 136 页。

体既是脱贫攻坚的对象，更是脱贫致富的主体。要注重扶贫同扶志、扶智相结合，把贫困群体的积极性和主动性充分调动起来，引导贫困群体树立主体意识，发扬自力更生精神，激发他们改变贫困面貌的干劲和决心，靠自己的努力改变命运。[①] 社会工作者参与扶贫济困服务：从救助理念来看，达到助人自助的目标；从优势视角来看，去除贫困者身上的问题化标签；从增权理论来看，唤起贫困群体自身意识的觉醒和内生动力的增强[②]；鼓励贫困社区居民积极参与，激发贫困群体的自主发展能力，提升贫困群体自我脱贫的能力，改善贫困社区居民的生活，促进整个贫困社区的发展；改变其落后的思想观念、价值观念、行为习惯和生活方式，实现精准扶贫最终的目标指向和价值追求。二是改善贫困社区的整体环境。反贫困社会工作的社区介入在提升贫困群体脱贫能力的同时可以激发贫困群体的进取精神，还能整合贫困社区的社会资源。[③]社会工作者通过初步挖掘社区资源，改善社区的居住环境，建立社区社会支持网络，与医疗、教育等机构建立联系，为居民的卫生、教育等事业提供便利。需要注意的是，在改变个人和家庭的内部环境的过程中，也要关注整个外在环境的变化，最终达到内部环境和外部环境双向改变的目的。努力将外部资源转变为自身动力，培育社区社会组织，激发社区内部力量。

围绕总体目标，社会工作者应当将目标进一步分解与细化，形成可以操

① 程玲、向德平：《能力视角下贫困人口内生动力的激发——基于农村反贫困社会工作的实践》，载《中国社会工作研究》2018 年第 2 期；《习近平：脱贫攻坚战冲锋号已经吹响，全党全国咬定目标苦干实干》和《习近平主持中共中央政治局第三十九次集体学习》。

②③ 陈成文、姚晓、廖欢：《社会工作：实施精准扶贫的推进器》，载《社会工作》2016 年第 3 期。

作的具体目标。具体目标是指在解决问题的同时帮助扶贫对象进行内在的提升，如贫困群体脱贫意识的觉醒、获得助人自助的能力，以及党政部门和社会组织责任意识的提高等。社会工作者既要注重总体目标，也不能忽视具体目标，关注整个方案实施过程中的关键点及扶贫对象能力的增强和现状的改变，使扶贫效果更具有持久性。社会工作者在制订服务方案时，应将总体目标与具体目标进行结合。

（二）以时间划分的服务目标

对贫困社区来说，社会工作的介入大多数采用政府购买服务的形式开展，这就意味着社会工作参与扶贫具有一定的时限性，社会工作者必须把握服务方案实施的进度，完成不同阶段扶贫工作的任务。具体来说，近期目标为积极为社区居民整合社会资源，改善目前的生活状况，与社区居民建立信任关系，为进一步开展扶贫工作打下基础；中期目标为对社区居民进行心理疏导和社会资源链接，使其获得谋生的手段；远期目标为帮助社区居民从物质和精神上摆脱贫困，树立起对生活的信心和勇气。对驻村社会工作者或者在服务站工作的社会工作者来说，他们的远期目标是将贫困社区的居民组织起来，实现社区自治、互助和共助，为社区增权及赋权。

（三）以内容划分的服务目标

以内容划分的服务目标基本可以分为经济增值的目标、能力增强的目标和文化增权的目标三种。

1. 经济增值的目标

社会工作开展经济扶贫的目标是消除生存性贫困，这也是社会工作扶贫最基本的目标。改革开放以来，经济扶贫经历了从一开始的救济式扶贫到普惠式扶贫，再到开发式扶贫的转变。通过经济扶贫，政府已经建立了一个强有力的社会保障网，但是一些贫困群体仍然缺乏自主求助的意识，并且不了解相关政策。社会工作者首先要做的就是充分发挥资源协调者和链接者的作用，帮助贫困群体了解政策，并获得相关帮助，这样，贫困群体才可以享受政府的福利支持，参与其中的活动，最终实现脱贫的目标。同时，社会工作者应增强农民参与市场的能力，让其拥有平等的发展机会和条件。社会工作者也可以通过发展当地特色产业带动经济发展的方式引导贫困群体脱贫，通过村干部或者“能人”改变社区的管理，也可以通过易地搬迁改变村民所处的居住环境等，最终实现经济增值，消除生存性贫困。

2. 能力增强的目标

能力增强的目标主要通过对个人加强教育和岗位培训，提升贫困群体的能力及脱贫意识来实现。如果贫困群体拥有发展的能力，便可以改善自身的现状。社会工作者应该从贫困群体自身的优势和能力出发，帮助贫困群体通过学习、培训等多种途径掌握改善自身状况的能力，同时帮助贫困群体整合自身发展需要的资源、机会。

3. 文化增权的目标

文化增权的目标非常广泛，有人将其称为教育扶贫、智力扶贫、精神扶贫、意识扶贫等。贫困群体的文化需求是非常普遍且迫切的，不同于能力扶贫，贫困群体正常状态下很难意识到或准确表达出自身在能力提升方面的明确需求，但在文化需求上却常常能主动提出并且愿意利用自己的时间、精力参与其中，积极性较高，这常常是社会工作者开展扶贫工作的突破口。文化扶贫能够更多地契合贫困地区人口的想法和需要，且社会工作者在文化扶贫上有很多可以自由发挥、创造的空间。但需要注意的是，文化扶贫有时候仅丰富了当地居民业余文化生活，而无法增强居民积极脱贫的意愿。文化扶贫与能力扶贫一样，也需要贫困群体在参与、体验服务的过程中获得成长，这种成长可能是无形的，但却有内在激发性意义。

从政策角度来说，社会工作者服务方案的制订要与政策相结合。比如，产业扶贫政策要以降低市场风险为目标，易地搬迁政策要以增强社会适应性为目标，劳务输出政策要以提升职业技能为目标，教育扶贫政策要以优化资助体系为目标，社会保障政策要以满足基本生存性需求为目标。①

不管在制订服务方案时如何对目标进行分类，社会工作服务的最终目标都是希望提升贫困群体的内生动力，将社区居民组织起来，提高居民的社区参与意识，使居民依靠自身的资源和能力从根本上解决贫困问题。②

总的来说，反贫困社会工作的服务目标包括以下四个方面。一是在服务导向上，通过社会工作的介入，使贫困群体尽快摆脱贫困，促进居民参与解决自己的问题，提高社区居民的社会意识；寻求社区需要与社会资源的有效配合，以满足社区需要，促进社区进步，最终促进以社区认同感和归属感为基础的社会生活共同体和社区自治机制的形成。二是在服务内容上，从不同层面（包括物质、心理等）针对贫困群体展开介入活动。三是在服务策略上，采取整合服务的行动策略，通过"社区为本"的服务，改变自上而下的

① 陈成文、李春根：《论精准扶贫政策与农村贫困人口需求的契合度》，载《山东社会科学》2017 年第 3 期。

② 张和清：《扎根社区推动脱贫攻坚》，载《人民论坛》2018 年第 29 期。

决策方式,实现“个体—家庭—社区”的共同发展。四是在服务主体上,实现贫困群体、社区领袖、其他社区居民和政府工作人员及社会工作者等多方力量共同努力的目标,促进各种社会力量参与反贫困工作。需要注意的是,服务目标要切合实际,具有一定的适用性、可行性、整体性与可接受性。社会工作者在制订服务目标时,既要考虑人力物力财力的情况,也要考虑贫困群体的实际能力,反应居民的真实需求,真正达到服务效果。

二、服务方案策略

社会工作者在确定了服务方案的目标后,便要制订达成这些目标的具体策略,即通过哪些方式、方法、手段和步骤可以达成目标。具体来说,社会工作者应该考虑的问题包括:想要达到救助的目标,与达成目标相关的行动有哪些?在展开具体行动时,需要付出怎样的努力?需要投入多长时间及多少资源?社区居民如何组织动员?在服务方案实施时会遇到哪些困难或者障碍?应对或克服障碍的策略有哪些?

在确定了服务方案的目标后,就要制订具体的服务方案,在制订服务方案时要遵循以下四个原则。第一,详尽、具体。详尽、具体的服务方案能够给社会工作者和贫困群体提供具体的行动步骤和依据,使服务计划的实施具有计划性和目标性。第二,服务方案要充分考虑社区能够提供的条件及当地的整体发展水平。服务方案的实施要有社区在物质和精神上的支持,也要有整个社会的外部条件作保证,如果制订的服务方案过于超越或滞后于社会的整体水平,那么该服务方案的可行性和可靠性就值得怀疑。第三,服务方案要反映居民的需求,在征求贫困群体意见的基础上开展。第四,服务方案的目标要与贫困社区的总体目标保持一致，服务方案的实施要能够经受得住评估的考验。由于服务目标的多样化、服务主体的多元化及社区环境的多样性，服务方案的制订也非单一的，而是根据实际需求进行多维度设计。

值得注意的是，服务方案的制订要强化精准管理。精准管理是对扶贫对象进行全方位、全过程的监测，通过全国扶贫信息网络系统，实时反映帮扶情况，实现扶贫对象有进有出，动态管理，为扶贫开发工作提供决策支持。社会工作者可以通过社会工作行政等专业手段，实现扶贫人力、物力、财力等资源的合理配置。在制度层面，确立政策执行者和服务机构在沟通协调方面的权责明细与分工合作规则；在管理层面，提高扶贫机构与合作机构的服务效率；在技术层面，建立具体的工作标准以确保扶贫工作的有序推进。[①]社会工作者在开展专业服务时要做好全程记录，这是进行评估的重要依据之一。社会工作者从进入社区和接触服务对象开始就要记录整个服务过程。其记录的内容主要包括：社区的基本情况，服务对象、社会工作人员对问题的反映和介绍，社会工作者采取的处理方式和经过等；记录的形式也是多种多样的，既可以采取流水账的方式，也可以采取对话式或者分段的方式，关键是把信息记录全面，不要有遗漏。社会工作者要对整个介入过程进行全方位的记录和监测，形成较为全面的档案材料，这有利于扶贫工作者全方位地了解贫困社区和居民的情况及变化，全景式地呈现扶贫的进程和成效，从而为实现扶贫对象的有进有出和动态管理提供第一手的、可靠的、可信的资料。

---

① 李迎生、郭燕：《推动社会工作精准介入反贫困实践》，载《中国人民大学学报》2018 年第 5 期。

三、服务方案内容

服务方案通常包括明确的社会工作团队成员、确定的工作开展期限、明确的服务内容、具体的及最终的服务目标、方案进度与规划、经费预算等内容，目的是从一个完整的社会工作扶贫执行的角度进行总体规划。社会工作者可以以专业的态度和工作方法来客观真实地审查申请者的条件，包括家庭收入、抚养子女和赡养老人的负担等，以确定其是否具备被界定为扶贫对象的资格，并评估其需求，根据每个贫困家庭的不同情况确定救助计划。具体来说，包括：(1) 明确界定社区社会工作服务项目的目标和任务，包括目标居民、主要问题、服务内容、服务方式、预期成效等；(2) 掌握服务对象的特点、能力、兴趣、生活方式、社会关系状况等；(3) 评估服务机构或社区社会工作者的能力，设计切实可行的服务计划；(4) 制订工作进度表，明确各阶段的工作任务及时间期限，合理安排各个阶段的服务内容；(5) 依据服务目标和任务，安排服务场地、人员、资金等。

为了更好地说明服务方案的制订过程，笔者摘录了两个服务方案的设计稿，以供读者和扶贫一线的工作者参考。

服务方案一："二代"脱贫的服务方案设计①

一、服务计划的目标

为了鼓励贫困家庭子女有完成学业、就业的动机，社会工作者通过工读和定期储蓄的方式，激励贫困家庭子女快速地积累资产和进行自我投资，桃园县在2012推出本方案，相关预期目标如下：

(1) 通过个案管理模式为25户贫困家庭及他们的子女提供服务，协助其建立脱贫的能力；

(2) 教授贫困家庭维护储蓄账户、发展储蓄账户的能力，鼓励他们每月定期储蓄；

(3) 举办培训生涯课程，协助贫困家庭的孩子获得生涯探索、生涯规划、就业竞争力等能力的培养，预计举办8场次32小时的技能培训课程；

(4) 开设生涯发展账户，安排职场见习、大学巡礼及社会服务学习等，协助贫困家庭的孩子将自身经验转化为更有效的脱贫能力，预计安排1场次8小时的活动。

二、服务计划的内容

(一) 个案管理

社会工作者与参与本方案的案主进行面谈、需求评估、家庭访问，每月

① 蒋国河：《社会工作与农村反贫困：本土化实践与理论反思》，中国社会出版社2017年版，第67—69页。

定期推进并注意总结服务记录,以了解并掌握服务对象状况。另外,针对贫困家庭的需求进行资源链接,减轻家庭现有的生活压力。

(二)生涯账户

1. 储蓄账户及管理

(1) 依本方案规定:25户家庭在银行开设独立储蓄账户,每月按照约定进行储蓄,储蓄金额为1 000—3 000元。

(2) 每月按照规定储蓄,如果当月因故无法储蓄,可以延长1个月补交储蓄金额,每年以2次为限。

(3) 为达成账户使用计划,服务对象参与专案6个月后,经审查小组核定,可依照规定提领“生涯发展账户”半年储蓄上下限自存金额的50%,用于计划使用的范围内事项(如教育或就业准备等)。

(4) 服务对象参与期间如果家庭遭遇重大或意外变故,可专案提出需求计划,经审查小组通过后,参与者可以提用账户账款。

2. 培力账户及管理

本方案将设计培力及发展手册,贫困家庭将学习如何维护个人培力及发展账户。对此,参与此计划的贫困家庭的孩子必须从年度所规划的课程中选择参与3次培力课程(12小时),并提交心得体会报告。课程主题包含电脑技能、语文基础技能、生涯发展、理财规划等。

3. 发展账户及管理

为鼓励参与本方案的贫困家庭的孩子考取相关证件、加强外语学习能力,本方案计划通过教育投资增加人力资本,提供每人每年8 000元的培育金,此基金每年限申请一次。对于计划考取证件的贫困家庭的孩子,除参与应试技巧辅导外，若全程参与本方案且考试成绩合格，主办方将给予每人5 000元作为奖励。此外，对稳定就业全职工作半年以上的贫困家庭的孩子，也给予每人5 000元的奖励。

服务方案二：社区老年人服务方案[①]

一、服务目标

（1）使社区老年人养成健康的生活习惯，了解养生知识，提高自我照顾的能力。

（2）营造社区敬老、爱老的氛围，提升社区公众对社区老年人的关怀意识，协助老年人建立社区支持网络。

（3）丰富社区老年人的业余生活方式，充分利用老年人专长，使其广泛参与社会生活。

（4）使老年人较好地适应社会角色转换，正确应对自己的负面情绪，提升自我认知能力。

二、介入策略

1. 进行社区教育

一是针对社区普通居民，开展以“敬老、爱老”为主题的课堂，课堂内容可设置为老年人的身心特点、与老年人沟通的技巧、老年人疾病预防、老年人饮食健康等；二是针对老年居民，开展以“提高老年人生活品质”为主题的课堂，倡导老年人老有所乐、老有所学，让老年人调整自己的生活心态，转变与子女沟通的方式，养成良好的生活习惯。

① 邓蓉：《社区社会工作实践案例集》，武汉大学出版社 2018 年版，第 47 页。

2. 提供个性化服务

针对80岁及以上的老年人，可以通过定期上门探访来开展服务；针对残障老年人，可以和当地残疾人联合会对接，获取相关资源，更好地服务残疾老年人；针对有疾病的老年人，可以与社区及医院对接，为老年人提供及时的治疗。

3. 组建志愿者队伍

通过各种方式，在社区大力宣传和倡导志愿服务精神，从热心居民和中小学生中招募和培育社区志愿者，对他们进行服务意识、服务能力等方面的培训，为老年人日常生活照顾、精神生活的满足提供强有力的支持。

4. 开展特色活动

一是通过在社区宣传展板张贴宣传海报或开展社区老年活动等一系列行之有效的方式，宣传爱老、敬老的理念，营造良好的社区敬老、爱老氛围。二是通过社区老年人活动中心，定期举办活动，比如棋牌比赛、播放老电影等文艺活动，积极动员，让更多的社区居民融入其中，展现老年人的精神面貌，丰富老年人的精神生活。三是结合社区实际情况，加强社区老年人医疗服务建设。

此外，针对社区老年人因生理年龄增长带来的失落感，因子女在外无人陪伴带来的孤独感等一系列情绪问题，可以开设不同的成长小组，及时解决社区老年人的情绪问题，协助社区老年人快速融入社区生活、安享晚年。针对个别有重大生活及情绪问题的老年人，社会工作者可以通过深度的个案访谈，通过持续的介入工作，帮助他们脱离困境，融入社区。

第四章　反贫困社会工作中的社区增权

纯粹的“给予”似乎是件更为容易的事情。社会工作者先驱玛丽·埃伦·里士满(Mary E. Richmond)就曾指出,很多慈善志愿者往往以善意为出发点,试图对其所访问的家庭进行救济,然而却发现其所救济的家庭的生活状况并未发生根本性的改善,于是参与救济的慈善志愿者会带着对穷人错误、扭曲的看法离开被救济的家庭,由此可能导致穷人对慈善事业的信任也日趋弱化。① 从里士满对当时传统慈善事业的反思可以看出,不恰当、简单化的救济方式对救济对象和慈善事业是有害的。历史上传统的救济方式在今天依然存在,突出表现为“输血式”的反贫困社会工作或贫困治理模式。一味沿用“输血式”的反贫困措施不仅无益于贫困问题的解决,而且会徒增其他问题。因此,与聚焦贫困群体的问题、注重对贫困地区的物质救济不同,新时代反贫困社会工作应将焦点放置于贫困群体的脱贫意愿和综合能

① [美]玛丽·埃伦·里士满:《贫民中的友善探访:慈善工作者手册》,康姣译,华东理工大学出版社 2018 年版,第 138 页。

力的提升上，采用优势视角和资产为本的视野，发掘贫困群体的潜能和优势，陪伴、协助贫困群体实现脱贫的目标——带来物质与精神上的双重脱贫，这也正是脱贫行动从“输血式”到“造血式”转变的应有之义。

从总体上看，社区增权建立在发展性社会工作的理论取向基础上：将反贫困社会工作重点从单纯的经济增长转移到综合性的发展上；此外，社会工作对增权理论的重视和推崇与社会工作从问题为本到优势视角的转换密不可分；阿玛蒂亚·森在论述权利视角下的贫困时强调的可行能力视角也为反贫困社会工作的社区增权提供了较为充实的理论论证。

从理论上讲，增权有三个相互关联的维度：其一，涉及更为积极、有效的自我感的培养；其二，对与个人环境所关联的社会和政治事实进行批判性理解的知识和能力的建构；其三，与实现个体或集体的目标而需要的资源、策略或竞争力的培育有关。① 从上述三个相互关联的增权维度可见，增权理论指导下的社会工作实践注重三个层面，即个体增权、群体增权和社区组织增权。② 增权的方法和实践准则包含在一对一（个案）、小组或社区的关系体系中；其依赖于包含相互性、互惠性、共享权力及共享人类抗争；增权的过程也是与种种权力障碍做对抗的过程，包括来自个体的、人际的和政治层面等直接或间接的权力障碍；集体行动反映出反压迫的意识。③ 运用增权或赋权视角进行社会工作实践时，需要注意以下几点：第一，与案主及其周边环境建立合作性的伙伴关系；第二，突出对案主及案主群体能力的强调；第三，以个体和环境为双重工作焦点展开干预；第四，承认案主和案主群体是内在关联

①③ Judith A B Lee, *The Empowerment Approach to Social Work Practice: Building the Beloved Community*. New York: Columbia University Press, 2001: 34, 55.

② Adams R, *Social Work and Empowerment*. New York: Palgrave Macmillan, 2003.

的网络，其间有着相互关联的权利、利益、需求和行动的可能；第五，运用自觉选择的方式，将专业能量指向历史上被“去权”的群体或成员。① 从近些年来的社会工作实践及其总结也可看出，增权、赋权的理念已经逐渐取代单一的问题视角，或者已成为与问题视角并行的一种广受欢迎的社会工作干预理念，渗透在日常化、生活化的社会工作干预实践中，成为专业能量的重要价值来源。

实际上，归根结底，增权理论的要义正在和社会工作者与服务对象协同，本着服务对象自身即内含发展潜能和优势资源的信念，协助服务对象逐步建立对自我及其环境的控制感进而改变其无权或能力欠缺的客观处境和主观心态。通常在社会工作实践中，我们将增权理论的应用分成三个主要层次：个体增权、人际增权与制度增权，每一层次都有相应强调的介入要点，只有做到三个层次的联动、耦合，才能协助服务对象实现真正意义上的增权，促成其生活际遇和心态处遇的改变。

本章将重点叙述反贫困社会工作中的社区增权实践，主要从个体层面、人际层面、制度层面全面论述反贫困社会工作中社区增权的实践策略，最后对反贫困社会工作中的社区增权可能遇到的挑战进行反思。

第一节　个体增权：社区增权中行动者的主体性

在任何制度框架下，贫困个体都是反贫困行动中的主体，对自身能否摆

① 陈树强：《增权：社会工作理论与实践的新视角》，载《社会学研究》2003 年第 5 期。

脱贫困有着直接的责任，是反贫困工作取得成效的直接保证。因此，社会工作者在参与反贫困工作时应尤其关注并充分发挥贫困者个体在其摆脱贫困处境中的行动主体性。当然，由于种种因素，深陷贫困处境中的个体可能自身并没有意识到他们在反贫困社会工作中的行动主体性，这便需要社会工作者创造条件和机遇，与贫困群体建立伙伴关系，引导其意识到自身在反贫困工作中的责任，明确其在自身脱贫中必须参与的事项。激发贫困者个体对自身行动主体性的认识是反贫困社会工作的第一步，在此基础上，社会工作者运用增权的理论和方法，尝试拓展和提升个体在各个方面的思维和行动能力。这些能力主要涉及生理方面、心理方面、经济方面、社会方面和政治方面。

一、生理方面：健康预防意识和行为

在传统的需求层次理论体系中，生理能力在个体各项能力谱系中始终占据首位。相较于尊重、归属和自我实现等非生理能力或社会能力，生理能力具有自身的基础性，人是物理性的、生理性的人。随着物质生活水平的提升，人们对健康保健的意识日渐增强，然而对贫困群体而言，这一至关重要的生理能力——健康预防能力，通常却处于被忽视的境地。

健康预防能力，从积极的角度来讲，指的是个体对自己及其家人身体健康状况的重视、对健康促进方面信息的关注、对健康促进方面资源的获取、对健康生活方式的习得等；换个角度来看，还指个体对疾病成因相关知识的有意识地学习、使自己具备一定的疾病预防意识、开展并参与疾病预防行为等。简而言之，个体的健康预防能力指向个体对健康、疾病的认知和行为能力。

在针对贫困地区，尤其是农村贫困地区的反贫困社会工作实践中，实务者发现当地村民接收的医疗设施十分有限，疾病预防和健康教育普及性低，村民们没有健康意识，认为只要不存在躯体化的症状、具备劳动能力就是健康的身体状态，将一些身体症状简单归因于劳动疲惫所致；村民们对疾病致因、预防方法并不关心，体检意识较弱，妇女的卫生保健意识普遍偏低。[①] 从我国当前家庭健康大数据来看，大部分地区家庭中的女性通常充当维护家庭成员健康的守门人角色，相较之下贫困地区女性在监督和管理家人健康方面的意识和行动还有待进一步提升。

有研究者曾通过对我国贫困地区几个县人口的死亡率、婴儿死亡率、平均预期寿命、残疾人口发生率、死因构成模式等指标进行调查分析，发现尽管贫困地区人口健康水平有所提高，但依然存在农户健康存量普遍不高的状况。该学者由此指出健康即为潜在的财富，健康存量的增加和财富的增长是相关的，现代社会中人们通常将增加健康存量看成是卫生保健投资的回报或结果。[②] 对包括贫困群体在内的每个个体来说，健康预防能力和水平都是物质财富增加、精神福祉改善的必要保障。

针对贫困群体健康预防能力较弱的现状，社会工作者在进入贫困社区时，可以首先通过走访村民、当地村民委员会干部的方式实施该社区家庭健康情况的总体调研，对该社区民众的健康状况予以整体性了解，比如该社区

---

① 岳天明、俞博文：《社会工作介入贫困农村社区建设研究——以“D村社区发展与健康教育”项目为例》，载《社会建设》2018年第4期。

② 陆杰华：《贫困地区人口健康存量与减缓贫困的实证研究》，载《西北人口》1999年第4期。

常见疾病、威胁人们健康的环境性风险因素、民众关于健康和疾病预防的基本观念与困惑等信息，绘制社区“健康地图”；成立健康促进小组，招募社区中自愿参与的人员，以访谈、座谈和小组会议等形式对其进行健康知识培训，使其成为社区健康促进骨干；在社区干部和社会工作者的协助下，健康骨干利用闲暇时间开展健康观念和知识传递活动，工作人员及时跟进并协助解决项目实施过程中可能遇到的各种困难。[①] 此外，社会工作者还可以链接医疗资源赴社区开展健康知识讲座；制作便于民众理解的健康主题宣传海报并张贴于社区醒目的地方；经过走访，了解重点健康关注对象并进行有针对性的个案辅导等。

二、心理方面：自我发展意愿和行动

个体的自我效能感指的是个体对自己完成某项工作或任务的能力的评价。在反贫困实践中，贫困群体自我效能感的很重要的一个方面，表现为其对自身能否战胜贫困生活状况的信心。也就是说，尽管国家实施脱贫攻坚的相关政策，社会工作者等专业人士也积极参与，但最终能否摆脱贫困在很大程度上依然取决于贫困群体的自我发展意愿。在反贫困行动中，贫困群体自我发展意愿强，有利于该群体积极与外界专业人士和政策对接，在积极参与社区事务中逐渐摆脱贫困的处境；贫困群体自我发展意愿弱，则直接导致该群体在反贫困行动中缺乏积极主动性，对政策内容的不理解和拒绝学习，对专业人士的“围观”或依赖，这种缺乏自我发展意愿所形塑的精神贫困

① 岳天明、俞博文：《社会工作介入贫困农村社区建设研究——以“D村社区发展与健康教育”项目为例》，载《社会建设》2018年第4期。

实际上促成了社区贫困文化的生产和再生产，极不利于反贫困社会工作行动的展开和实践效果的取得。

在与贫困群体的实际接触和需求评估中，社会工作者发现很多时候贫困群体难以对自身拥有的优势和资源有较为清晰的认识，参与本社区发展与管理的意识较为缺乏，较少地参与社区工作。① 缺乏参与意识、对自身资源认识模糊等情形直接导致了贫困群体的自我发展意愿较低。在反贫困社会工作实践中，社会工作者有必要针对贫困群体的精神建设加以干预，从而提升贫困群体的自我效能感，激发其参与社区反贫困工作及其他公共事务的动机，提升其自我改变的意识和能力。

社会工作者在实践行动中可考虑同时从个体和群体两个角度着手，强化贫困群体的自我发展意愿，增进其在反贫困行动上的自我效能感。从个体角度而言，社会工作者经过与贫困群体进行前期需求评估和建立关系之后，根据贫困个人主动脱贫情况和社区其他相关人员的推荐，确定一批反贫困社会工作中潜在的典型个体或家庭。首先，社会工作者对这些个体或家庭进行身体和心灵状态的观察，并有针对性地解答和回应这些个体或家庭在反贫困行动中的困惑和需要。其次，社会工作者以适合这些个体或家庭理解的方式讲述反贫困实践中他们的权利和义务，鼓励他们做出勇敢的创造性的尝试。再次，社会工作者在他们进行尝试的过程中密切跟进，在以他们为主体的基础上适时协助其攻坚克难进而取得初步的实践成效。最后，由这些个体或家庭“现身说法”，为其他贫困群体分享自己的创造性尝试的

① 杨发祥、徐选国：《农村社区灾后生计发展项目的社会工作介入——一个整合性脱贫行动的分析框架》，载《西北师大学报(社会科学版)》2014 年第 1 期。

经验、教训和心得体会，社会工作者团队在此时着手进一步拓展新的典型个体或家庭的范围。

在从个体或家庭层面对贫困群体进行实践性的自我发展意愿提升行动的同时，社会工作者也要在整个社区层面展开面向全体贫困群体的自我效能提升行动，这也正体现了社区为本的反贫困社会工作实践取向。通过村民大会、海报宣传、入户走访等渠道，将本社区资源中的优势和劣势等信息与村民共享，通过小组讨论、座谈会等形式与村民展开进一步的讨论。社会工作者与村民们一起本着公开、公正、自愿的原则，选取反贫困工作中的"先锋"人物。社会工作者在与"先锋"人物共同开展工作的过程中，将反贫困的理念传达给全体村民，更关键的是在广大贫困群体中形成一种积极摆脱贫困处境的反贫困文化，增进贫困社区的整体脱贫意识，为可持续性反贫困社会工作提供主体性的保障。

三、经济方面：劳动技能、资源获取与鉴别能力和金融知能

劳动技能、资源获取与鉴别能力和金融知能是当今影响贫困群体经济财富获取的几项重要能力。其中，劳动技能决定了贫困群体能否凭借自身的技术和才能换取必需的物质生活材料；资源获取与鉴别能力决定着贫困群体能否在较大程度上把握环境中的诸多机遇，同时规避相应的或明显的或隐性的风险因素；金融知能则是当下金融社会中对每个个体、社会各个阶层的共同要求。

在当前反贫困工作中，经济指标往往被各方参与主体视为最重要的脱贫指标，这一指标在反贫困社会工作实践中也占据重要位置。个体身处贫困境况的最直接表现或衡量指标即为经济财富的指标，获取经济财富的最

直接手段便是通过劳动换取生活所需，从而保证生产与再生产的延续。受到教育公平制度、地方文化观念等因素的影响，贫困群体在对接受教育这一问题上的重视程度显然存在差距，这种对受教育问题的态度偏差致使该群体整体受教育程度较低，导致整体的学习能力和知识积累与其他群体存在较大的差距。这一现象也直接导致该群体中的成年人难以较好地承担劳动者角色，更遑论凭借自身的劳动技能获取生产和生活所需的物质积累。因而，社会工作者在对贫困群体的干预中必须将个体劳动技能的提升作为重要议题。为了提升贫困群体的劳动技能，使其逐渐摆脱在市场经济中的弱势和被动地位，社会工作者通常会链接相关部门、社会组织，组织相关专业人士开展公益性劳动技能培训，协助贫困群体及其家庭树立科学种植、养殖等理念，习得科学的种植、养殖技术，继而发展成群体性、产业化的特色产品融入产业链，并在其中占有一席之地。然而，需要注意的是，劳动技能培训不应当演化为单方面的技术灌输或政府、社会工作绩效的“面子工程”，而应该充分考虑当地民众最迫切需要的劳动技能类型、最适合培养的劳动技能等，调动民众提升劳动技能的积极性，使其更充分地参与反贫困社会工作的劳动增权实践。

贫困群体还往往忽视或者难以发掘周遭环境中潜在资源的价值，无法充分利用来自自然、社会环境中的优势资源，同时也难以做到规避环境中的风险性因素，这种对周围环境中存在资源与风险识别能力较弱的现象，导致贫困群体与诸多获取经济财富的机会失之交臂。这种在旁人看来带有遗憾的情形，却并不为贫困群体所意识到，该群体的认知中依然烙刻着环境是贫瘠的，甚至是没有资源的这种刻板印象。因此，提升贫困个体的资源获取与鉴别能力也是反贫困社会工作实践中的应有之义。对环境中资源优势与风险的识别诚然需要一定的文化知识作为保障，但更需要贫困群体克服一些贫困文化惯性，如对大众的盲从、对他人的轻信、对自己能力和资源认识的不足等，这种资源甄别能力的改善通常是在社会工作者与服务对象彼此日常互动建立起来的关系中生成的。

在对身边资源进行识别的过程中，对金融资源和风险的甄别已经成为如今贫困群体需要具备的能力之一。今天，金融行为已经渗透人们的日常生活，研究社会中下层，尤其是研究金融能力低下者，特别是贫困群体主动或被迫的投资行为，尽量减少这些投资行为对贫困群体生活的消极影响显得十分必要，这也成为当今社会工作面临的一个新课题：金融社会需要对贫困群体进行金融增权。[①] 2015 年国务院发布的《推进普惠金融发展规划(2016—2020 年)》中指出：普惠金融是指立足机会平等要求和商业可持续原则，以可负担的成本为有金融服务需求的社会各阶层和群体提供适当、有效的金融服务。小微企业、农民、城镇低收入人群、贫困人群和残疾人、老年人等特殊群体是当前我国普惠金融重点服务对象。[②] 针对贫困群体金融方面的问题及其影响开展的社会工作被视为金融社会工作实践的一部分。金融社会工作中，着眼于贫困群体金融知能的提升是核心要素之一。金融知能包含金融知识与金融能力两个层面，前者侧重于强调个体能够知晓有关金融概念以便其能够做出良好的金融决策，后者为以金融知识为基础的理财、金融规划、金融决策、金融资讯获取等能力。在提升服务对象的金融知

① 王思斌：《金融增权：社会工作的服务领域和能力建设》，载《社会建设》2019 年第 2 期。

② 《中国社会工作》编辑部：《金融社会工作与精准扶贫》，载《中国社会工作》2018 年第 33 期。

能过程中，社会工作者扮演的通常是教育者、教练、使能者、赋权者、经纪人、顾问等角色。①

社会工作介入贫困群体金融能力提升，总体上来说可以从以下方面发挥功能：第一，提高贫困对象的金融能力；第二，促进服务对象获取更多金融福祉；第三，对遭遇金融活动失败的服务对象给予相应的心理抚慰与支持；第四，协助贫困群体分析金融市场风险；第五，促进金融机构社会责任的履行；第六，促进优先吸收贫困群体投资的优惠政策。② 与一般社会工作实践的取向类似，反贫困社会工作中对服务对象金融知能的提升也涉及社区、家庭与个体等层面。具体而言：在社区层面，社会工作者可推动贫困群体社区的金融包容性，发展村级互助资金组织与互助协会，推动面向贫困家庭的小额信贷、微金融或微保险等金融扶贫措施，还可以联合建立村级扶贫服务工作站，在综合社区服务体系中整合金融要素，提升服务对象对可靠金融产品的可及性；在个体与家庭层面，开展有针对性的金融知识、能力方面的培训，比如协助理解不同的贷款方式、储蓄和理财计划及债务风险应对，引导家庭将财务规划和教育、医疗、就业等事务结合。③

四、社会方面：权利意识

生活在一定环境中的个体应该具备适当的权利意识，这关乎人之所以

① 林典：《金融社会工作：缘起、内涵与实务》，载《社会工作与管理》2019 年第 2 期。
② 王思斌：《金融增权：社会工作的服务领域和能力建设》，载《社会建设》2019 年第 2 期。
③ 邓锁：《社会发展、金融能力与社会工作参与反贫困》，载《中国社会工作》2018 年第 28 期。

存在的本体论层面的议题。“我是谁?”“我有哪些权利(和义务)?”“我应该如何实现我的权利、履行我的义务?”这些问题对于个体的生存和发展都是至关重要的基本问题。是否具有权利意识无关物质财富的多寡,这是每一个个体生命最根本的思考。贫困群体拥有权利意识,并能够与相应的义务意识进行匹配,有助于贫困群体主动争取自身应有的权利,促成贫困群体积极主动地改变当前亟须改变的生活境况,而不是随遇而安,不关心自己的权利,浑浑噩噩地度过日常生活。贫困群体拥有权利意识还能促使其与正式制度实现联结,进而产生围绕权利和义务为主要内容的实质性互动,在实现合法、合理权利的过程中,逐渐改变个人和家庭的认知,形成全新的、积极的、主动的、进取的反贫困文化。

贫困群体在权利意识方面主要存在以下四个问题。第一,权利意识的根本缺失。这表现在部分贫困群体从来不曾意识到自己持有的权利,对既定的外界环境只是一味地接受,比如不曾思考自己在市场交换、社会交往、政治参与中有哪些权利,这种权利意识的缺失使得贫困群体始终处于盲目承受的思想状态,从而在生活上也很难产生任何实质性改变。第二,权利意识淡薄。如果说权利意识缺失是一种被动的或者无意识的情形,那么权利意识淡薄则是明知自己拥有一些权利但是拒绝采取行动去争取,或者对相关权利的实现不抱希望而自暴自弃,这是一种消极的权利态度,这种消极的权利态度不仅难以促成生活中的实质改变,也为生活本身蒙上了一层消极、抵触的迷雾。第三,权利意识模糊。有些贫困群体内心有一定的权利意识,但是具体拥有哪些权利却不甚清晰,于是是否应该争取一些权利及如何争取,成为这些贫困群体的困惑。第四,权利意识出现偏差。还有一些贫困群体对权利与义务的关系并未认识清楚，混淆不同类型的权利、权利实现的程度、权利与义务的匹配等，过分强调自身的权利而忽视自身的义务，这种情况容易导致贫困群体养成一味索取的习惯，将外界的帮扶看成理所当然而乐此不疲地接受，不从自身角度寻找摆脱贫困的动力和方案，这更不利于反贫困社会工作行动效果的取得，甚至导致福利依赖的后果。总之，贫困群体存在事实上主体性权利的虚化，对自身角色及主体性认知不足，精准扶贫场域下农民主体性呈现出“赋权不足与身份缺损”的格局。①

之所以产生上述权利意识缺失、模糊、淡薄和偏差，一方面要从贫困群体自身角度寻找原因，比如部分贫困群体持有较为陈旧的观念，由于受教育程度较低等因素使得其自身的视野较为狭隘；另一方面外界环境也形塑了贫困群体权利意识的种种症候，如相对封闭的地域文化对社区民众的浸染，社区中各个家庭的生存、发展观念及方式代际传递的局限性，相关体制机制的不完善等。

由此可见，贫困群体权利意识方面的诸多问题也是反贫困社会工作者需要正视和改变的问题，通过上述对相关症结的分析，我们可以得出社区为本的反贫困社会工作者需要同时从贫困群体自身和环境两个方面加以干预。第一，针对贫困群体自身，社会工作者可通过前期和日常工作中的入户访谈深入了解不同贫困群体所持有的权利意识，并从总体上把握当前社区民众权利意识的大致情况，识别出权利意识方面存在的问题，采取措施来改变现状。第二，社会工作者有必要与当地的工作人员进行对接，讨论了解民

① 刘建：《主体性视角下后脱贫时代的贫困治理》，载《华南农业大学学报（社会科学版）》2019 年第 5 期。

众权利意识分布情况和问题，协同寻找应对方案，方案中也要强调体制机制在对民众进行权利教育中扮演的角色，如对社区贫困群体进行权利意识宣讲，启发民众思考自身拥有的权利或制度赋予的权利内容，并鼓励民众主动寻求权利的实现。

五、政治方面：政治参与意识

对贫困群体而言，政治参与彰显了该群体在与政府相关部门互动过程中的权力关系中具有的主体性，而人的主体性是反贫困社会工作取得成功的先决条件，是贫困群体指向内生发展道路的首要因素。积极的政治参与还有利于贫困群体在资源获取上更加便利和准确，将自身的诉求与制度设置直接对接，让双方减少误解、增进理解。一个政治参与状况良好的社区，其内在的公共性是该社区每一位居民的重要财富，为社区居民营造出较为强烈的社区归属感，进而伴随积极政治参与而来的社区凝聚力和向心力将有力促进反贫困事业的胜利，进而促进社区的可持续发展。

无论是否存在物质条件上的贫困，同样作为公民的贫困群体理应具备政治参与的权利，然而当前贫困群体在政治参与方面显然存在较大不足：政治参与意识不强、匮乏甚至于“政治冷漠”，政治参与行动滞后或形式化，贫困社区和基层治理机构并未充分激发贫困群体的政治参与意识和行为。

导致贫困群体政治参与意识薄弱的情形除了由于该群体自身过往经历中政治参与经验缺乏、受教育程度较低导致的文化资本不高等自身因素外，来自制度、市场和文化的社会排斥对此也应负有一定的责任。一段时间里以户籍制度为基础的城乡二元管理体制制造了市民与农民两大群体在劳动就业、义务教育、社会保障等权利方面所存在的差异；由供求机制、价格机制和竞争机制进行资源配置的市场机制，与制度机制交互作用，进一步排斥了在市场竞争中居于弱势地位的农民等群体；通过贫弱文化认同、观念歧视、文化霸权等形式施加影响的文化机制，将社会排斥进一步形塑成一种贫困文化。[1] 可见，来自政治、经济和社会文化的多方体制机制在一定程度上限制了贫困群体的政治参与。

为了突破当下贫困群体在政治参与方面的局限和困境，社会工作者进入贫困社区后，可以尝试从以下方面着手进行改变：其一，与社区干部等进行集体座谈，重点了解该社区整体政治参与情况及贫困群体的政治参与情况，从总体上把握民众的政治参与意识现状；其二，通过入户访谈的方式进一步了解贫困群体及其家庭对政治参与的态度、认识、需求、困难及妨碍他们政治参与的风险性因素等；其三，结合实地调研掌握的事实情况，与社区协同制订提升民众政治参与意识和行动的可行方案，创造贫困群体的政治参与机会并将政治参与与贫困群体命运息息相关这一观念传递到民众心中，进一步联结民众与政府等机构之间的关系；其四，与当地社区协同营造公平、公正、透明的参与环境，鼓励包括贫困群体在内的所有民众勇敢发声。

不难发现，反贫困社会工作中个体增权的维度主要涉及个体的认知层面，即涉及生理、心理、经济、社会、政治等维度的诸多意识，对上述意识的强调实际上是考虑意识或认知对个体行为的支配性，只有树立适当的、正确的认知，才能为行动方向提供保障。此外，尽管本书主题为社区为本视角下的反贫困社会工作，但个体和家庭作为当前社区基本构成单元，将社区看成一

① 卓彩琴：《贫弱群体的生产机制和消解策略——基于社会排斥视角分析》，载《理论月刊》2014 年第 2 期。

个关系整体的同时也不能忽视个体和家庭在其中的主体位置,家庭的理性规划能力、积累能力、发展能力与意识为核心的家庭再生产模式是社区贫困重要的结构性发生机制①,因此,个体(与家庭)增权依然占据整体增权框架的基础位置。反贫困社会工作实践中,在着力于个体增权的基础上,社会工作者需要将视线转移到关系层面,即贫困群体的人际增权。

第二节　人际增权:社区增权中的关系本位

尽管贫困群体自身的个体能动性是反贫困的核心动力,但是个体终究无法脱离社会资源网络而单独存在,能够参与并融入社会支持网络从而获得相应的社会资源,是个体权能得以发挥的支持性可行能力。人际层面的增权主要是指完善贫困群体的社会支持网络,通过人际接触获取援助性、支持性的情感以及物质资源、能量。② 贫困群体内部及其与外部主体互动产生的人际增权,构成了社区为本的反贫困社会工作实践的关系本位。

一、非正式互助网络

非正式互助网络通常指的是与个体互动较为频繁、关系较为密切的家人、亲属、朋友、邻里等,也就是查尔斯·霍顿·库利(Charles Horton Cooley)所说

① 张曦:《家庭再生产、贫困发生与精准扶贫政策实践》,载《华南农业大学学报(社会科学版)》2019 年第 4 期。

② 李文祥、田野:《社会工作介入贫困群体的可行能力建设研究》,载《社会科学》2018 年第 12 期。

的“初级群体”。

贫困群体生活在一定的地域社区环境中，他们身边的非正式互助网络构成其在当地的主要社会支持系统，无论是沟通交流的便捷性、频繁性还是资源共享的可及性，非正式互助网络从地域层面上看都具有显著的积极意义，更何况贫困群体生活的社区往往强调邻里互助、亲属往来等传统文化价值，以差序格局为表征的熟人社会的痕迹难以抹去。就跨地域层面来看，尽管当前各个地区的人们在结构性社会背景变动下处于不断流动的状态，但是流动着的和未流动的群体之间的情感联结在很多时候依旧保持，促进社区中贫困群体与他们那些流动着的非正式社会网络进行沟通，一方面加强了双方之间的情感联结，另一方面通过流动着的群体分享亲身体验和见闻，有助于拓展并更新扎根社区的贫困群体对社会的想象。任何个体都是嵌入于一定的社会网络中的，每个个体社会网络的强度、质量、范围等在较大程度上影响着个体的发展，一个重要的机制是社会网络为不同个体提供了差异化的社会资本。另外，对社会工作者而言，重视人际增权中非正式社会互助网络这一关系维度，将成为协助贫困群体脱贫实践中的重要撬动点，正是在各种各样的非正式互助网络中包含着大量的影响贫困群体发展状况的风险性因素和保护性因素。

理论上讲，非正式互助网络在贫困群体的日常生活中扮演着重要的角色，然而通过媒体报道、日常观察等，我们不得不承认的是，当前贫困群体在非正式互助网络这一关系维度也存在种种问题。第一，非正式互助网络维护有所缺失。以家庭为例，由于教育观念的陈旧、物质问题的困扰、沟通模式的不畅等因素，本应相濡以沫的贫困家庭内部却出现家庭暴力等冲突性事实。第二，快速发展的市场经济、个体化等新兴价值观的冲击使得贫困群体内部增加了相互孤立、割裂的情形，呈现出互相攀比甚至不良竞争的现象，原本守望相助的邻里传统逐渐零落，甚至出现“恨人有、笑人无”的嫉妒性社会心态。第三，对非正式互助网络处置不当。将朋友的帮助视为理所当然，一边索取一边抱怨，失去了友谊的真诚性，造成朋友之间互相利用的工具性，在非正式互助网络中对边界问题有所忽视，对“有所为有所不为”没有较为清晰的认识。

在对非正式互助网络的培育方面，社会工作三大核心工作方法中的小组工作发挥了重要作用。社会工作者在需求评估和建立专业关系的基础上，开展以培育非正式互助网络为主题的小组活动，利用小组动力促进贫困群体之间的非正式互动。针对人际关系重建，可开展以相互支持为目的的同质性小组和以相互理解为目的的异质性小组，前者招募在经济资本、社会资本、文化资本等领域带有较强同质性的成员开展小组活动，后者招募在上述方面有所差异，甚至在社区中彼此存在主观意见分歧的人员开展小组活动。此外，还可以由社会工作者或链接相关心理咨询人员为贫困群体举办讲座等形式的沟通训练，致力于贫困社区整体的关系重构。

二、正式互助网络

正式互助网络由政府、学校、社区、社会组织、企业等构成。从制度层面来说，正式互助网络涉及劳动就业制度、工资制度、社会保障制度、单位职工福利制度等。①

① 曲大维：《流动人口贫困测度研究——基于主观贫困线方法》，上海交通大学出版社2014年版，第17页。

身处一定的制度环境中，各个群体应该共享制度性资源。为贫困群体搭建较为完善的正式互助网络，这有助于贫困群体更快、更明确地获取所需的相关制度性资源，与国家的普惠性或兜底性社会政策实现对接，从而使得这些政策落到实处。另外，贫困群体在与正式互助网络互动的过程中，逐渐习得社区公共事务参与的意识、技能和习惯，进而促进其对社区公共领域的认同。最终，贫困群体与正式互助网络之间的良性互动形成了一个整合性更强的制度，从而增进社会整合，降低因制度排斥导致的社会排斥。

作为制度性排斥的一种表现，贫困群体在正式互助网络上呈现出缺失的情况。有些社区中的贫困群体与正式互助网络之间存在“断裂”情形，也就是贫困群体根本不曾意识到正式互助网络的存在及其功能发挥的空间，更不要提贫困群体主动去与正式互助网络中的主体进行互动而获取资源和支持；还有些社区的贫困群体对正式互助网络提供的资源和支持感到困惑、茫然，他们虽然认识到正式互助网络对反贫困和改变生活现状的意义和价值，但是对参与正式互助网络的渠道、方式和方法并不清楚。导致贫困群体正式社会支持不足的原因除了个体自身资源的弱势，如教育资本、岗位技能、信息渠道的缺乏以外，还与社会保障覆盖面窄、正式支持的信息不畅及市场化服务不规范等有关。①

反贫困社会工作者作为资源链接者、引导者、协同者，需要将贫困群体与其所处的正式互助网络连接起来。第一，运用传统的工作方法，如进行政策宣讲，将与民众息息相关的政策在公开场合加以宣讲；第二，绘制正式互

① 卢汉龙、徐安琪：《风险社会的家庭压力和社会支持》，上海社会科学院出版社 2007 年版，第 135 页。

助资源网络地图，将社区中既有的正式互助网络资源进行归类并介绍给民众，引导民众获悉在教育、医疗、卫生、住房等领域获得支持的正式资源渠道；第三，与社区干部共同重新检视当前社区公共参与的渠道和方式的合理性，根据民众的实际情况进行修订，消除民众在公共参与过程、方式等环节中存在的困难；第四，社会工作服务机构本身作为正式互助网络的组成部分，要在增进民众公共事务参与、增进贫困群体生活福祉方面发挥引领和资源链接的作用；第五，营造公平、公正、公开的公共参与环境，为社区民众主动与正式互助网络互动提供制度性和结构性保障。

第三节 制度增权：社区增权中的可持续取向

无论是个体增权还是人际增权，都是社区增权的关键构成要素，也为反贫困社会工作实践提供了主体性保证。但是，这两个层面又都着眼于微观的个体、家庭和人际互动层面，对宏观的、结构性的制度层面触及甚少。反贫困社会工作实践的成功，不仅取决于个体与人际关系的改良，更关乎结构性制度层面的改变。换言之，衡量一个反贫困社会工作行动是否以社区为本，是否达成了反贫困的整体目标，在很大程度上与制度增权是分不开的。根据增权理论规定的不同层次，制度增权属于更为宏观、更具结构性的层次，也是绝对不可忽视的一个层次。对贫困群体进行制度增权，尽管有较大的操作难度，但这既是社区可持续发展的要求，也是构建相对公平、友善的权利体系的要求。

制度增权突出对贫困群体所处结构性环境进行干预，主要包含对生产模式、消费模式、生态模式、政策模式、专业力量参与及文化建设的介入，致力于保证反贫困社会工作实践的可持续性。

一、生产、消费和生态模式：走出环境的脆弱性

生产和消费是地区经济发展的关键环节，生态则是经济发展的环境保障。中国农民贫困问题的社会政治根源是不可持续的发展模式，既包括不可持续的生产和生活模式，也包括不可持续的资源开发模式，这些不可持续的模式导致部分地区民众面临生计危机、文化丧落、社会关系疏离、干群关系对立、生态环境恶化等问题。①

对民众来说，一个社区的生产模式在很大程度上决定着该社区民众的生计来源，决定着民众物质财富获取的渠道和方式。对民众给予充分尊重的生产模式将大大提升民众摆脱贫困境遇的主动性，使其积极参与反贫困实践行动。科学合理的产业结构是当地民众生产生活的保障，是社区健康、可持续发展的重要基础。然而，当前一些地区过分追求农业市场化，不顾地区发展历史和实际，凭借部分人员的意志盲目实施产业结构调整，导致位于产业链最底端的农户陷入日益贫困的处境，这是典型的、不可持续的生产模式。②可见，此种不可持续的生产模式很大程度上是由科层制中的“长官意志”促成的，“长官意志”强加于地区生产发展模式的制订过程，直接导致民众在生产模式决策中的“失语”，进一步消解了民众在参与生产

①② 张和清：《全球化背景下中国农村问题与农村社会工作》，载《社会科学战线》2012年第8期。

模式创建过程中的实质主体性，剩下的只有形式化的参与或盲目从众式的响应。

就消费而言，民众的消费结构往往与其价值观密切相关，即我们购买的物品一般都是我们比较重视的，如果消费结构不合理则折射出购买者在价值观层面有需要调整之处。消费的金额、种类是否符合收入和财产积累的实际，则可看出消费者的决策是否理性。理性化的消费应该是量力而行并有一定的积累意识的，尤其是贫困群体所在的地区在自然、人文方面带有较大程度的脆弱性，为生计进行适当积累是必要的行为。消费者还应当区分何为表面的“需要”，何为实质的“需求”，应该对自身的消费行为拥有一定的控制感。随着全球化和中国现代化发展整体模式的加快和加深，消费主义意识形态风靡我国各个地区，覆盖各个阶层，经济相对处于弱势的贫困群体也不例外。主张及时行乐的消费主义意识形态与扩大内需拉动城乡消费的国家政策相配套，同样加剧了本就不富裕的消费链底端的民众日趋贫困，即不可持续的生活方式致贫。① 消费模式的不可持续一方面与贫困群体自身受消费主义意识形态浸染而影响消费行为从而导致非理性消费行为有关，另一方面也与国家和市场两大主体分不开。国家推出的消费导向政策尽管有其促进经济发展的初衷，但其对一些脆弱性较高的贫困地区的外部性也是不可忽视的。此外，市场中企业出于利润和利益考量而不断进行市场扩张，也较大程度上加剧了“消费至上”等意识形态在贫困群体中的传播和强化。

① 张和清：《全球化背景下中国农村问题与农村社会工作》，载《社会科学战线》2012 年第 8 期。

生产模式与消费模式在人们的日常生活中通常是显现度较高的，人们能够辨别所处的生产模式并能看到消费模式留下的痕迹，但是生态模式就不如这两种模式般易于感知。长期以来，生态模式通常为人们所忽视，然而其却是人类生存和发展的根本环境，这一悖论不仅在贫困地区存在，也广泛存在于整个国家甚至全世界。社区的生态模式象征着人与自然环境之间的关系，两者之间的关系是否和谐直接关系人们的生存状况，其对人们经济状况的影响更为直接，如自然灾害的发生将持续冲击社区经济发展水平和能力。贫困地区的自然环境往往具有本身的脆弱性，如果再加上人为因素导致的脆弱性，那么贫困地区的生态模式的不可持续就将成为难以逾越的困境。迄今人类生产生活中发生的台风、洪水、地震等自然灾害不断向人类表明，单方面追求经济增长的发展模式很可能对社区民众的生产、生活和生态环境造成毁灭性的恶性后果。贫困社区生态模式的不可持续主要表现在：为了赚取更多现金来应付日益增长的教育、医疗、生产等支出，农户不惜破坏自然环境，如无节制地开荒砍树等；为了保证农产品外表吸引消费者，农户不惜大量使用农药、化肥、除草剂等，严重威胁食品安全；大部分科学研究以企业服务为导向，牺牲了物质的多样性，为了增产增收，盲目改变物种基因等。①

目前来看，就生产模式、消费模式和生态模式可持续发展的社会工作介入而言，国内的绿耕城乡互助合作社等农村社会工作项目可以说是社会工作介入贫困农村社区的有益探索。如上文所述，该团队在长期扎根农村社区了解贫困现状之后，将农村贫弱状况和“越扶越贫”怪象的根源归结于农

① 张和清、杨锡聪、古学斌：《优势视角下的农村社会工作——以能力建设和资产建立为核心的农村社会工作实践模式》，载《社会学研究》2008年第6期。

村社区不可持续的发展模式，进而提出优势视角和以资产建设为核心的实践模式，认为这可能意味着中国农村社会工作的范式转向：首先，强调资产建立和能力建设，充分发掘社区中可资利用的优势、资源；其次，建立关系，重构社会工作者与民众及正式社区居民组织的关系；最后，树立希望，激发服务对象的乐观和积极情绪。该团队意识到过分强调生产模式、社会生活抑或生态环境任何一方的单方面发展都是不可持续的，认为建立一个“另类市场”有助于突破被先进—落后、城市—农村二元对立起来的现代化框架下的发展困境，最直接的行动就是创建和经营城乡合作“公平贸易”平台，直接将生产者与消费者联结起来，双方互惠互利，实现经济、文化和生态链条的协调可持续发展。具体而言，可持续生计发展模式应该覆盖如下角度：针对社区贫穷和经济发展，保证需求和价格处于较为稳定的状态，从而便于农户生产计划而降低市场风险；农村生活多样化，劳动力分流为外出务工群体和留下从事农业生产生活群体；城乡居民通过生产消费合作组织进行直接沟通，减少生产、消费链中间的剥削环节。社会文化方面，重视并发扬优良的文化传统；建立城市与农村之间互惠互利的平等关系；构建城乡生活共同体，风险共担、利益共享。生态环境方面，保障农户基本收入以减少其无节制开垦等非理性的破坏生态的行为；增强贫困群体的生态保护意识；减少化学制品在农业生产中的盲目使用；因地制宜，选择最适合的农作物。[①]

① 上述实践做法和可持续发展模式的设想是基于社会工作扎根农村开展反贫困实践总结出的经验，可以肯定的是这种模式对所涉及社区的适用性和实用性。但是也不难发现，该模式对市场、社会、国家和农民或贫困群体之间的关系存在一定的理想化想象，这也更加凸显了社区为本的反贫困社会工作中制度增权工作的艰巨性。参见：张和清、杨锡聪、古学斌：《优势视角下的农村社会工作——以能力建设和资产建立为核心的农村社会工作实践模式》，载《社会学研究》2008 年第 6 期。

二、政策模式：重构国家与贫困群体的关系

这里所谓的政策模式作为制度增权的一个维度，主要指的是国家与贫困群体之间的关系，涉及与贫困群体相关的政策的制定、传递或实施过程、程序机制以及政策覆盖群体范围在多大程度上具有普惠性。

学术界对国家与社会关系的讨论为数甚多，对更为聚焦的国家与贫困群体之间关系的思考却为数不多，这一点有待我们进一步思考。笔者重申国家与贫困群体之间的关系：一是考虑国家与贫困群体之间的关系从总体上决定着反贫困实践行动中贫困群体与代表国家的工作人员之间的互动和沟通模式，可以说起到框架性的总体规范作用；二是国家与贫困群体之间的关系渗透了双方的权利和义务，权利与义务的平衡与否直接影响权力关系架构是否稳定；三是国家与贫困群体之间的关系作为政策模式的背景，良性的关系共同体为反贫困工作提供制度保障，使得贫困群体在独立自主、自力更生与适度依靠、借力发展中游刃有余，既不盲目从众、自怜自艾，也不怨天尤人、福利依赖。

执行畅通、具有便利性的政策过程有利于营造公平的政府与社会组织互动的整体氛围，增进贫困群体在政策中的参与深度；对政策过程中的种种细节加以重视是改善治理的方式之一，细节决定成败，任何一个宏大的政策都需要一步步在现实生活环境中进行落实；政策从制定、传播再到实施落地，这一过程在保有一定弹性的基础上有必要增加稳定性，使得政策更加可持续、可移植。

与贫困群体相关的政策具有普惠性，有助于增加贫困群体对政策的可

及性，让更多贫困群体能够以更为便捷的方式获取制度供应的必要性支持资源，进而也有助于增加政策对社区生活的规范性。政策的普惠性旨在将更多符合条件的贫困群体纳入政策保障的范围，这将大大调动贫困群体在政策实施过程中的参与积极性，促成其主动参与政策的传播，从而促进政策真正惠及最有需要的群体；政策的普惠性也关乎反贫困实践行动的整体性，而非凭借特殊性规则使少数人受益。使少数人受益的政策不利于社区内部不同群体之间的团结，更不利于反贫困工作效果的可持续推进。

不得不承认，以国家与贫困群体关系、政策过程及政策普惠性为表征的政策模式层面的增权，实属制度增权中难啃的“硬骨头”，作为“多面手”的社会工作者在政策模式的改进中也应有所作为。针对国家与贫困群体良性关系的建立，社会工作者有必要研究在不同历史时期，国家与社区中的贫困群体呈现出的互动模式演变，并通过社会倡导的宏观社会工作方法促成良性关系的维护和建设；针对政策过程的改善，社会工作者可尝试参与当地社区的政策实施方案的修订，结合对社区民众的了解，与社区相关人员联合改善政策传递的环节；针对政策普惠性的达成，社会工作者力图通过正式渠道参与当地社区的制度决策环节，并在决策时提出充分考虑社区中贫困群体利益等普惠性政策主张。

三、专业力量参与：汲取反贫困体制外能量

对专业力量参与的要求实际上是对社会主体参与国家反贫困事业的期待，这里的专业力量指的是包括社会工作机构在内的社会组织，如心理咨询机构、企业社会责任部门等，也包括经过专业培训的志愿者团体。

由于我国幅员辽阔，自然地理、社会人文环境差异性较大，人口众多，贫困人口分布广泛而不均，这一客观国情导致参与反贫困的人力、物力等资源相对有限，仅依靠体制内部资源和人力资源存量是远远不够的，必须扩充反贫困资源增量，吸引和动员更多的社会资源加入扶贫行动。另外，贫困作为一种社会问题的表征，有必要以回应社会需求的方式和逻辑加以解决，这样有助于实现反贫困事业的持久性和彻底性。此外，社会专业力量秉持各自的专业使命和目标，关心个体的生活状况并致力于解决个体所遇到的生存发展难题，着眼于社会公平、正义理念而运用专业知识营造一个“好社会”，发展并熟练运用各个专业的科学方法增进反贫困实践的专业性，凭借自身在市场和社会过程中的灵活性（相对于体制内力量而言），在社会治理和反贫困行动创新上发挥更显著的作用。因此，反贫困社会工作需要将其他专业社会力量纳入现行扶贫制度框架，协同参与贫困治理。

以社会工作为例，社会专业力量能够在“扶持谁”“谁来扶”和“怎么扶”三个方面推动反贫困事业的发展。第一，“扶持谁”。专业社会工作除了能够根据实际情况，综合考量致贫的内外因素，从而对贫困群体的贫困程度进行测量，还可以采取个案访谈的方式对贫困群体状况进行综合分析和评估，以规避单一维度指标的局限性。第二，“谁来扶”。社会工作者的主要角色便是资源动员者和链接者，其可以广泛动员社会力量，征集社会资源，共同实施行动，推动扶贫事业的持续创新，并且其秉持“人在情境中”的专业理念，在实践过程中不局限于单纯的服务，而是综合考量能力发展和环境改变等相关要素。第三，“怎么扶”。社会工作并不将服务目标只定为个体问题解决的方面，而是有着更大的专业使命——促进人的发展，通过全方位的增权，协助贫困群体真正走出贫困的处境，收获全新的美好生活。[①] 专业力量中的社会工作如此，其他社会力量，如心理咨询机构、企业社会责任部门和受过专业训练的志愿者团体等在对反贫困工作效果的促进方面也有着类似的功能。尽管各种专业力量在应对贫困问题和贫困群体的思维、渠道、路径等方面有所差异，但这些专业力量的共同点在于他们采取的是与体制力量有所不同的介入方式。一方面，社会工作力量成为反贫困体制力量的社会性补充；另一方面，其在专业思维、专业方法、专业价值、组织扁平化等方面，克服了体制力量的科层性、官僚性等可能对贫困治理带来困扰的弊端，拉近、柔化干群关系。

在专业力量参与反贫困工作制度增权的过程中，社会工作者在整合各类专业力量时同样担当重要角色，主要涵盖需求评估、方案计划、实践干预和效果评估四个环节。第一，需求评估阶段。社会工作者需要对贫困群体进行生理、心理、社会和精神等维度的全方位预估。社会工作者不仅要凭借座谈会等较为正式的沟通方式获取群体需求信息，更需要对个体和家庭进行深度访谈以进一步了解贫困群体的真实情况，这项工作对人力、物力等资源要求较高。社会工作者在有条件的情况下可以动员其他专业力量参与需求评估工作。第二，方案计划阶段。当前无论是灾后急救、灾后重建还是贫困援助工作，对专业资源的重复使用甚至社会资源的浪费是一个不争的事实，围绕贫困群体的需求，我们可以发现贫困群体生活境遇的复杂性。应对现实中贫困群体需求的复杂性和多重性，仅靠社会工作者寻找解决方案是

① 高飞、向德平：《专业社会工作参与精准扶贫的可能性与可及性》，载《社会工作》2016年第3期。

不够的，还需要心理咨询师、精神健康工作者、企业社会责任部门、志愿者等多方主体共同参与社区反贫困方案的制订，在彼此深度沟通、协作攻关的过程中使组织间关系从竞争走向合作。第三，实际干预阶段。根据合作制订的干预方案，各个专业力量主体各尽其能，发挥专业所长，体制内外齐心协力，开展跨界合作，其中社会工作者可尝试担当组织“枢纽”角色。第四，效果评估阶段。社会工作者与其他专业力量合理分工，针对社区及其民众进行综合的多维评估，整合多方力量，避免单一评估标准导致的专业霸权和话语主导等现象。

四、文化建设：构筑包容、互惠和积极的文化

生产、消费和生态模式的增权属于经济维度，政策模式的增权与社区政治维度有关，专业力量参与更多归于社会维度，文化建设中的增权同样是不可忽视的制度增权项目。贫困的生产与再生产是经济、政治、社会和文化等机制共同作用的结果，其中文化机制一方面是指社会整体层面形成的文化氛围，另一方面指具体的社区中带有特殊性的文化。如果一个社区中已然形成了贫困文化甚至达到根深蒂固的程度，那么固化的贫困文化将直接削弱社区居民的内在主体性，因为“人在情境中”，社区居民既是文化的生产者，也是文化的消费者；反之，如果某个社区逐渐聚合成一股反贫困文化的力量，那么这种积极的反贫困文化将为反贫困行动带来直接和间接的作用。一个社区的文化是该社区的“灵魂”，内含着社区民众的向心力和对社区的归属感，社区为本的反贫困社会工作实践应充分重视贫困社区的文化建设。

从社会整体文化氛围来看，文化霸权依然存在于当今社会，社会中的强

势群体或精英群体将自身的价值观念、生活方式等视为先进的、文明的文化，而将社会上弱势群体的文化视为落后的、愚昧的文化，这种文化霸权在社会流动性日益增强的今天引发了越来越多的文化冲突。传统文化逐渐失落的同时，进城务工人员夹在城市与乡村剧烈的文化碰撞中，有一种拉扯的撕裂感，回不去乡村，又难以融入城市的生活。不可否认的是，排斥性的文化氛围仍然存在于当前社会中，这种文化排斥将成为反贫困实践行动的阻碍因素。

除了社会整体文化中残存的对贫困群体等弱势群体的排斥之外，贫困社区本身在文化建设方面也暴露了诸多问题。第一，依然有很多贫困地区的居民持有糟粕性、阻碍经济社会发展的陈旧思想，比如重男轻女的性别偏见等思想，并且这些思想在居民的日常生活中有着重要的影响。第二，很多贫困地区伴随着社会流动性的加强、国家消费政策和市场消费导向等潮流，开始受消费主义意识形态的裹挟，市场的潮流带来的不是理性消费，更多的是非理性消费文化的出现。第三，扶贫政策制订和实施之前，贫困群体处于相对边缘化的境地，日复一日地重复生产生活。当政策惠及贫困群体之后，部分贫困群体将扶贫人员的援助工作视为理所当然，甚至出现进一步索取的现象。这些现象表明，目前贫困群体中存在着福利依赖的思想风气，被动接受援助而未能自我赋能。第四，很多贫困社区中公共文化设施处于较为落后的状态，即便是新建了一些文化设施，但使用率不高、民众可及性不强等问题也导致这些文化设施形同虚设。第五，其实很多贫困社区往往有着较为悠远的文化传统，但是这些社区的民众却并没有意识到自身社区的文化特色，更没有将文化特色转化为资源优势，而是在对文化特色的忽视、无视甚至是否定中，错过一次次脱贫的机遇。

因此，贫困社区文化建设方面增权的方向主要包括两点：一是着眼于总体社会文化氛围的“从排斥走向包容、互惠”，二是着眼于具体贫困社区的“从消极走向积极”。论及社会工作者在这两个方向中的努力，具体来说就是：为了改变当前社会总体文化的排斥性，社会工作者需要进行文化平等的社会倡导，引导公众运用优势视角重新看待贫困群体，而不是将其看成落后的、愚昧的人群，帮助贫困群体找回其在社会中的生存尊严；整合多方资源，协助建立城市与乡村、贫困地区与非贫困地区之间的沟通平台，重构两者之间平等互惠的关系模式；建立城市与乡村、贫困地区与非贫困地区之间教育资源的互通、共享机制，遏制贫困文化的再生产。此外，为了改变贫困社区存在的消极、依赖现象，反贫困社会工作能够实施的着力点也有很多。其一，与体制内力量和其他社会组织专业力量一起着手开展社区精神文化建设，以影像拍摄、典型行为宣传等方式传播积极反贫困的理念，弘扬有利于经济社会发展的价值观，抵制糟粕性、阻碍经济社会发展的文化观念；其二，运用小组工作方法，借助小组动力学等团体技巧，在与贫困群体的面对面互动过程中逐渐激发该群体的改变动机并加以巩固；其三，尝试在贫困社区教育系统中增加发展自主性模块，让学生在学习知识的同时也增进对家乡经济发展历史、现状的了解，重建家乡未来发展的社会想象，“从娃娃抓起”，带动众多贫困家庭合力推进反贫困事业；其四，协助贫困社区建立互助产业等团结反贫困模式，注意发挥女性在其中的价值和角色。互助文化有助于反贫困社会工作的顺利开展，在互助的文化氛围中实现社区的文化增权和文化软实力的获取。作为反贫困社会工作中制度增权的柔性环节，文化建设俨然成为贫困治理中的柔性路径，其为经济、政治和社会维度的增权提供了健康且温和的环境，减少了贫困文化对贫困治理的阻力。

综上而言，社区为本的反贫困社会工作本着“五位一体”的思路，分别从经济方面（生产模式、生活模式和生态模式）、政治方面（政策模式）、社会方面（社会专业力量的参与）和文化方面（贫困文化的解构及整体包容性文化重构）展开对贫困群体的制度增权。制度增权将各方工作者在深度调研、跨界研究基础上形成的一系列具有较强适用性的反贫困工作模式加以固定化、清晰化、程序化和可持续化。

第四节　反贫困社会工作中社区增权面临的挑战

社区为本的反贫困社会工作中的增权实践涵括了从微观到宏观、从能动到结构的不同层次，将社区视为一个复杂的、多面的关系主体，涉及个体增权、人际增权和制度增权。理论上讲，从个体到制度是实践难度逐渐增加的过程，但事实上不同层次增权实践的可行性与难度系数是伴随不同的情境而有所差别的，不能简单定论难度系数的高低。尽管社区增权本着内生发展和优势视角等积极思维，致力对社区中贫困群体综合能力和权能的提升，从而促使其反贫困工作的达成，但不容忽视的是，反贫困社会工作中的社区增权也面临着一系列挑战需要我们审慎思考，比如能力与权力的争论、形式增权与实质增权的错位、过程与结果的偏差、增权效果评估的难度大等。

一、能力与权力的争论

中文的“增权”对应的英文表述为 empowerment，而 empowerment 还可以被译为“增能”“赋权”“赋能”等。不同翻译方案的背后渗透了翻译者对 empowerment 的价值取向和理解方式。从词义的角度来看，这种差异的产生与 empowerment 一词本身所具有的二重性有关。《牛津简明英语词典》中对 empowerment 的界定是：授权某人去做某事；给某人权力，使某人去做。实际上这个界定有两重含义：enablement 和 empowerment。授权某人去做某事是指一些人使用他们的权力指使其他人做事情，这些事情的本质、目标或范围都是在前者控制之下的，所以归根到底权力的所属者是那些使他人做事的人；反之，empowerment 则是指个体、群体或社区能够控制自己的环境并实现自身的目标，因而能够努力使其生活质量得到最大化提升。① 在本土语境中，有论者总结出社会工作“增能”或“充权”具有三个面向：一是面向当事人，激发当事人的自我掌控感和效能感；二是面向社会，倡导社会政策与社会资源分配的公平性、合理性；三是面向人类行为与社会环境，在既有制度与结构框架中进行调适与改变。②

对“增权”的英文 empowerment 的二重性定义可以窥见这个争论：究竟是增加“能力”还是增进“权力”？对能力的强调属于操作层面，如个体、人际和制度等不同层面能力的培育。或者说，“能力”侧重于专业范畴，也就是如何运用专业的理论、方法和技巧协助贫困群体增加摆脱贫困境地所需要的

---

① Jack Raymond. *Empowerment in Community Care*. Dordrecht: Springer Science+Business Media, 1995.

② 卫小将：《社会工作“充权”的本土诠释》，载《学习与实践》2011 年第 3 期。

能力。而“权力”则牵涉理念和制度层面，或者也可以视为其已经指涉了政治范畴，对贫困群体权力维度的改变仅依靠专业性或方法层面的措施，是不足以达成目标的。可见，“能力”与“权力”的争论背后折射了专业与政治的界限，而专业与政治之间的界限及如何互通，则是值得反贫困社会工作者深思的问题。正如我们应辩证看待社会工作实践中的“权利”与“权力”的关系①，对“能力”与“权力”的关联也有必要加以辩证分析，并在反贫困社会工作增权过程中实现能力与权力双重整合的整体性实践。

二、形式增权与实质增权的错位

正如我国社会工作发展过程中可能出现形式上的嵌入和实质上的脱嵌现象，社区为本的反贫困社会工作实践可能面临形式增权与实质增权的错位问题。从形式上来看，反贫困社会工作实践中的介入方案可能看上去已经十分周密，并且采取了从个体到人际再到制度等多层次的增权实践。如社会工作者与个体之间的关系比较融洽，基本融入了贫困群体所在的社区；各种各样小组工作的开展也为社区中的人际互动增加了不少活力；与贫困群体及其社区发展相关的制度文本也在社会工作者等专业人士的介入下得以更加规范、适切地被修订；在阶段性和最后评估中，当初设计的项目方案指标基本可以达成。这一系列充实而丰富的实践从形式上看似乎实现了协助贫困群体增权的目标。

然而，必须承认的是，形式上的增权背后可能是实质上的“未增权”“去

① 庞飞：《权利与权力关系视阈下社会工作的专业化逻辑》，载《中南大学学报（社会科学版）》2018 年第 4 期。

权”。换言之，增权实践也可能产生“增权陷阱”，指的是即使通过增权实践，贫困群体也难以改变无权状态的一种处境，是对增权低效、失效，甚至是剥夺服务对象权力等现象的综合表述。[①] 在政策推动与情感怜悯的促使下，反贫困工作有可能陷入“热情(扶贫)”的窠臼，其过程逻辑是“国家动员—工作人员积极介入—工作者建构贫困者的需求—贫困者主体性减弱—问题难以获得解决—工作人员热情减弱—扶贫工作沦为形式和过场”。这一反贫困实践逻辑因其短暂的周期性、难以深入对接贫困者需求的科学性匮乏及严重的“问题”诊断治疗导向，致使反贫困社会工作流失了理性维度，从而强化了反贫困工作的形式化和非可持续性。[②] 我们可以自我询问以下问题：所谓的介入方案真正的落实情况是怎样的？个体、人际和制度等层面多重介入之后，所发生的“能力”提升对反贫困实践发生的后续效应如何？社会工作者的增权实践实施过程是否把脉了当地贫困社区最关键的需要改变的方面，也就是是否针对问题的主要矛盾加以介入？社会工作者在反贫困社会工作实践中究竟是围绕民众切身利益进行扎实的改变行动，还是只是在家庭等非公共领域进行治疗性辅导，其承担的角色是对资本和权力的挑战者还是顺从者，甚至合谋下的功能主义修补者？[③] 对反贫困社会工作中增权实践的形式增权与实质增权的考察，需要综合考量现实实践中的社会政治脉络和专业关系两个重要方面。

---

① 吴帆、吴佩伦：《社会工作中的“赋权陷阱”：识别与行动策略》，载《华东理工大学学报(社会科学版)》2018 年第 5 期。

② 卫小将：《精准扶贫中群众的“求贫”心理与情感治理》，载《中国行政管理》2019 年第 7 期。

③ 许怡：《社会服务走向赋权还是去权？——赋权视角下对两类劳工服务组织的比较研究》，载《华东理工大学学报(社会科学版)》2014 年第 1 期。

三、过程与结果的偏差

与形式增权、实质增权的抵牾类似，反贫困社会工作实践还可能出现增权过程与增权结果的偏差。在对贫困群体进行全方位增权的实践中，社会工作者将各种各样的活动作为介入的载体，招募民众开展五花八门的游戏和活动。活动的形式和内容非常丰富，这确实为沉寂的贫困社区增添了一些欢快的气氛，如大量以亲子互动为主题的活动、老年人健康保健知识普及活动、生命回顾小组活动等，显然，经过社会工作者等专业人士介入后的社区变得热闹非常。在社会工作者与民众建立关系的基础上，参与人次基本能够得到保障，并且相关政府部门领导、工作人员也会出席一些现场活动。还有相应的社会媒体进行宣传报道，这提高了反贫困社会工作的社会效应。可以看出，社会工作展开的增权实践过程蕴含了较为丰富的元素和能量，但结果究竟如何，在不同的情境中可能呈现不同的面貌。

需要警惕的是，纷繁热闹的活动之后也可能出现一场空的结果。这种情况下，反贫困社会工作实践演化成一场场游戏和活动的堆积，其间缺乏或毫无逻辑性，即变得“活动化”“游戏化”；开展的活动和参与人员的数量仅仅是一个数字，是最后应付评估的一个指标数据；新闻宣传导向的工作实践最终可能获得良好的外在形象，但是只有社会工作者自身才清楚，团队服务究竟做了什么、什么产生了真正的效果；尽管活动开展时邀请了一些政府工作人员的参加，但也仅仅局限于为活动增加一些官方元素，至于究竟在理念或行动上获得多少体制力量的支持，也难以界定。所以，过程与结果并不总是一致的，这一点反贫困社会工作者必须保持警醒。

四、增权效果评估的难度大

评估作为社会工作专业实践中的一个环节，其在反贫困社会工作实践中的重要性不言而喻。通常情况下，社会工作者进入贫困群体所在的社区展开一系列专业性和社会性实践，对其效果进行检验既是专业实践反思提升的要求，也是对体制内外其他利益相关者及贫困群体（服务对象）的现实交代。但是，在反贫困社会工作实践中，效果评估可能遇到如下挑战和困境：第一，社会工作者所面对的贫困群体具有来自环境和人群自身等多方面的复杂性，对一个复杂性群体实施的介入行动必然是多维且复杂的，那么评估究竟采取整体视角的评估还是分项视角的评估？整体视角的评估即以整个社区为单位，建立较为复杂的、综合的评估体系，尽可能从整体视野上对社区为本的反贫困社会工作实践进行评价；分项视角的评估则指的是针对某一项能力、某一层次能力或某一个具体问题的处置等进行细化的前后对照式的评测。第二，就评估方法而言，选择参与式、反思性的评估还是传统的准实验式的评估方法？以定量方法为主还是定性方法为主？当然，方法的选择需要考量所评估的问题是什么，如何选择最适合、最能反映实际的评估方法是需要细心思量的。第三，如何面对评估时效的持久性？有些效果是介入的当下或随后即发生干预后产生的，但有些效果或能力则需要时间的累积，是在潜移默化中发生影响的，加之这种影响的可识别度不一定高，那么就会给评估带来困难。究竟是评估的无效还是实践的无效，这成为困扰社会工作者的一大难题。第四，就评估的场域而言，涵盖了服务对象（贫困群体）、资助者、服务者及其他相关主体，评估过程并不仅仅考量服务对象的情况，还需要兼顾其他多元行动主体的评价体系。如何在众多实践主体中取得一种评估的均衡性，是社会工作者在反贫困社会工作增权实践评估中可能遇到的挑战。

第五章　反贫困社会工作中的社区营造

在阐述反贫困社会工作中的社区营造之前，我们有必要首先来厘清社区增权与社区营造之间的关系。虽然社区增权与社区营造在社区为本的反贫困社会工作实践中是相互渗透、相辅相成甚至是同时进行的，但为了阐述方便，我们将两者的关系进行如下归纳：第一，如果说社区增权是社区为本的反贫困社会工作实践的基础，也就是说社区增权依然需要借助外部各种力量协助贫困社区进行主体性的发掘，那么社区营造可以被视为社区增权的进阶，即促使被发掘的社区居民主体性进一步彰显并使其发挥实质性作用；第二，个体、人际层面的社区增权体现了对社区中个体性的强调，制度增权则表征公共性的追求，可以说社区兼具个体性与公共性，而社区营造则侧重突出公共性和集体性的重构；第三，社区增权针对贫困社区中个体、人际和制度等层面的问题进行能力建设，在较大程度上带有治疗性、补缺性特征，而社区营造旨在通过全面的改造行动体现其社会性和变革性；第四，在社区增权的过程中，社会工作者试图多管齐下，从各个层面提升居民和社区的能力，因而可以将其看成诸多专项事业的集合，而社区营造则采取更具复合性的网络视角，试图从整体上改变当前社区的格局。

社区是社会治理的重要单元。社区营造是在社会治理理论和理念下展开的实践行动，其在实践场域中对社会治理理论加以进一步的检验、修订和重构。在全球社会转型及社会治理理论转型的背景下，各个国家和地区的社区营造成为社会治理运动中一抹浓重的色彩，成为践行新型社会治理理念的重要实践渠道和工具。纵观各地社区营造的实践行动，参与式治理作为其核心表征成为不争的事实，社区营造的核心是社区中居民的“参与”，只有居民积极、主动并深度参与社区建设，经营与创造社区新的面貌才能成为可能。一方面，社区营造需要社区中各个主体构建成相对平等的参与网络，围绕社区公共事务共同发声、行动；另一方面，社区营造的各个领域，如人、文、地、产、景等任何一个范畴都需要人们广泛而深刻的参与，才能发生质性的、积极取向的变革。因此，参与式治理是社区营造的核心途径，没有公众参与的社区营造最终只能沦为空洞的外壳。

建构社区共同体是社区营造的一个重要目标。在全球化、工业化、信息化等经济社会发展大潮的影响下，社区内部流动性日益增强，异质性日趋加大，“社区失落”成为理论和实务工作者们共同担忧的问题。尽管我们要求今天的社区回到理想意义上的熟人、礼俗、传统的关系型共同体已是不现实和不可能的，但社区成员之间最基本的尊重、联结与“社区感”依然应被纳入如今社区营造的追求，也就是让失落的传统型共同体向理想的关系型共同体“靠近”。将共同体作为一种“善”的道德想象，社区营造以共同体营造为愿景为居民提供了一个价值规范和道德追求，反过来有助于社区营造效果的达成。

半个多世纪以来，各国、各地区的社区营造呈现出地域特殊性和实践侧重点的分野，但从总体上构建了一个多维的实践框架。有学者因应当前我国城市的新形势，归纳了引领城市新型公共生活的社区营造三维框架：①第一，空间更新和美化，涉及寻找或创建社区地标，导入专业设计，这些都需要在互动化、组织化、可视化的协商参与过程中达成，方可形成持续性的集体行动；第二，地缘文创与再造，一方面通过对社区居民共同文化记忆的挖掘来焕发居民的社区情结，另一方面对原有文化进行创意性再造，吸引居民的深度卷入；第三，居民参与和行动，转变民众惯常的弱参与，设法实现居民直接的强参与。

总之，社区营造的过程、方式和渠道多种多样，但其最终目标始终围绕着社区社会公共性的建构与社区社会关系性的重组这两个方向进行，即理性的共识、交流与感性的归属两个目标。社区营造实质上是对社区的全面经营与创造。

本章将重点介绍反贫困社会工作中社区营造的实践，揭示反贫困社会工作中社区营造的内涵，探讨反贫困社会工作中社区营造的实践策略，最后简要指出当前反贫困社会工作中社区营造面临的挑战。

第一节　反贫困社会工作中社区营造的内涵

对社会工作者来说，必须不断思考的是：社区的共同需求是什么？如何

① 闵学勤：《社区营造：通往公共美好生活的可能及可为》，载《江苏行政学院学报》2018年第6期。

提供服务以满足这些共同需求？提供服务的过程是否（以及如何）有助于社区感的凝聚？服务计划执行的成效如何？如何在现有基础上改进服务？……社会工作者提供的服务应重点针对社区中的公共事务，其过程中涵盖了观察、分析、沟通、企划、执行力、反省、创意等。社区营造——经营与创造，而非传统意义上的“工程营造”。[①]

日本社区营造专家宫崎清对社区营造有一个经典的五维划分：人、文、地、产、景。人，指的是社区居民共同需求的满足、人际关系的改善和生活福祉的提升；文，着眼于社区共同历史文化的延续；地，突出对社区所在地域特色的强调；产，是指产品的创造和营销及在地经济活动的集体开展；景，立足于社区独特的景观和生态生活环境的改善。[②]有人说，社区营造不仅是营造社区，实际上已经在营造一个新的社会、新的文化和新的“人”。[③]我们认为，社区为本的反贫困社会工作中的社区营造，其内涵实际上正指向对“人”的营造、文化的营造和社会的营造这三重核心层面。

一、对“人”的营造：主体性的找寻

贫困可以分为两种类型，一种是客体性贫困，即一种普遍性的客观存在，也是一种资源短缺，表现为区位偏僻、经济发展落后、基础设施薄弱、教育医疗卫生条件差、群众生活水平低等；另一种不可忽视的是主体性贫困，是一种特殊性和主观性的存在，主要指向个体精神动力方面的贫困。[④] 在与

①②③ 曾旭正：《台湾的社区营造》，远足文化事业股份有限公司2013年版，第15、16、22页。

④ 卫小将：《精准扶贫中群众的主体性塑造——基于赋权理论视角》，载《中国特色社会主义研究》2017年第5期。

贫困群体的实际接触中，确实可以发现，有些贫困地区由于自然环境恶劣，资源匮乏等客观因素长期处于贫困状态，当地的部分居民可能出现“福利依赖”的行为，具体表现如：对国家扶贫政策并没有真正理解，即使理解了也不采取行动主动去了解相关的政策内容，对入村的反贫困工作人员的劳动不加珍视甚至提出种种过分的要求让工作人员替代其做某些事情或提出过高的、不合理的物质援助要求，不去反思导致贫困现状的自身原因而一味责怪环境，将外界援助视为理所当然等。导致贫困群体“福利依赖”行为的因素除了制度有待健全、人性的贪婪之外，还有贫困群体内在的主体性未被调动起来。而当今贫困群体的主体性难以被调动起来，甚至在一些社区出现“争当贫困户”的现象，则与近年来社会软控制式微和贫困隐喻的流变有密切关联。① 具体而言，在传统道德伦理的要求下，个体贫困被视为不光彩的形象，加之时代对自力更生、艰苦奋斗价值观的倡导，这些都强化了贫困群体的自我监控。然而，近年来，贫困的结构性和社会性归因与论述成为主流，同时传统道德伦理等社会软控制机制式微，贫困开始去道德化和去污名化，有些贫困群体无形中将自身归类到社会发展的代价群体或受损群体，进而产生强烈的补偿心理，于是“争当贫困户”的现象就成为一种可能的倾向，贫困群体寻求改变的主体性也随之退去。要想改变当地社区长期或暂时处于贫困的状况，“人”自身的改变是必不可少的一个环节。因此，对“人”的营造是反贫困社会工作中社区营造的内涵之一。

对“人”的营造旨在对贫困群体本身进行“更新”，也就是使其成为有参

① 卫小将：《精准扶贫中群众的“求贫”心理与情感治理》，载《中国行政管理》2019 年第 7 期。

与意愿和行动的人，成为有创造性和发展活力的人，成为彼此之间有联结的人。正如人与社会关系的二重性界定的，一个人既应该与社区保持联结，懂得如何“在一起”，同时也应当具备独立自主的精神。对“人”的营造是社区营造的核心要旨，只有贫困群体的精神面貌焕然一新，才有可能实现彻底的脱贫而大大降低返贫风险，因为该群体自身已经有了向美好生活进取的驱动力。

因而，社会工作者应始终将以人为本的理念贯彻到反贫困社会工作实践行动中，将激发和培育贫困群体的主体性作为第一要务，设法使贫困群体主动关注并参与社区公共事务，形塑社区主人翁、主导者、建设者的角色，让该群体参与反贫困社会工作各个项目的筹备、设计、组织、执行、评估等环节，增进其获得感的同时，也增添其对社区建设的贡献感，在实实在在的“获得”和“贡献”的平衡之间，重拾社区治理主体和社会公民身份。

二、对文化的营造：意义的维系

贫困地区的经济状况面临困窘，其文化也可能面临凋敝的风险，现实中也确实如此，有些贫困地区给人“希望”匮乏之感。在日渐凋敝的文化环境中，贫困群体的意义感也逐渐被消解。意义的消解使得贫困群体只是在形式上从事生产和生活，而严重缺乏深度的精神生活。人们对自己与社区之间的关系不甚明晰，对社区的历史茫然不知，对社区的独有文化全无意识，对我群与他群之间的分别毫无感觉，更遑论其对社区的归属感、依赖感和自豪感。找不到意义的人群就是无根的、飘零的，对参与反贫困工作的主体性认识也是不深刻的。

反贫困社会工作中的社区营造，其目标绝不是仅仅停留于个体和家庭经济状况的改善，而是着眼于整个地域文化，着力于协助贫困群体找回对生活的希望、对人生的意义、对社区的认同。因此，文化营造是反贫困社会工作中社区营造的第二层内涵。一方面，我们需要对传统的、可能充满意义的文化进行挖掘。每个地区的发展背后都有一段持久的历史积淀，无论是自然风光还是人文遗产，都可能成为携带厚重意义的符号，这符号象征着该地区曾经的辉煌，渗透着艰苦朴素、勇敢无畏、团结有序等美好的精神品质，对这些传统历史文化中意义的挖掘，有助于该地区民众增强地方感，加深对家乡的认同与热爱。另一方面，我们可以结合当下或现代的文化，使当地的既有文化与现代的流行文化进行良性的接轨，选择性地引入当前进取性、创新性、有活力的文化要素，丰富人们的精神文化生活，使传统与现代、都市与乡村文化有机交融，形塑贫困地区的新型文化，吸引人们成为建构、经营和创造新型文化的活跃分子。

三、对社会的营造：空间、利益、保障与信任的再生成

当我们谈及贫困地区“社会”的失落时，往往指的是贫困群体社区社会中“公共领域”的失落。由于我国城镇化的快速发展，农村社区中的青壮年劳动力不断向城镇地区流动，其中有很多是“候鸟式”的迁移，并没有割断与村落社区及其家庭的联系，这使得妇女、儿童和老年人等群体留守于村落，传统意义上发展经济的劳动力缺失使得很多村落逐渐变成贫困地区。当前，“空心村”的组织化程度非常弱，老年人、妇女、儿童只是零散地留守于各自家中，从事农业生产或到附近工厂从事简易操作式的工作，人与人、户与

户之间“各自为政”，沉迷于“私”的领域而互不关心，缺少共同议题，被动参与社区公共事务。

上述都是贫困地区“社会”或“公共领域”失落的表现。导致“社会”失落有多重原因：当地社区工作人员对社区既存人口的组织工作不足，比如没有意识到女性在组织化过程中可能承担的角色①；社区内缺乏可以提供议事平台的公共空间；经济活动单一，甚至大部分停留于自给自足的小农经济活动；对地质、洪水等自然灾害应对力量远远不足；相关扶持和发展政策在传递过程中出现断层，社区建设体制机制未能理顺等。

因此，反贫困社会工作中的社区营造的第三个内涵即在于对社区中“社会”的营造，换言之即对社区中“公共领域”的营造，主要包括公共空间、社区经济、社区建设体制和社会资本方面的经营与创造。其中，调动贫困群体共同营造社区中的公共空间，主要是为群体议事、参与社区公共事务提供设施的便利性，为社区中“社会”的再生产提供空间条件。利益结构，尤其是经济利益是任何一个社区都无法回避的内容，关乎贫困群体的集体生计和物质生活水平，因此，社会工作者在与企业、社会组织等部门平等合作的基础上，应顺应和创造条件开展农业产业化经营，从种植养殖、加工、销售再到循环发展，运用产业化的方式将社区中的人、财、物、产等资源加以整合②，整合、重组、增强后的经济利益结构能为贫困社区中“社会”的生成提供基础，拓展发展的活力。社会工作者应增进贫困群体对相关政策的可及性，推动该地区基层治理能力水平提升，在政策决策、传递和执行过程中打通体制与贫困

① 程玲：《可行能力视角下农村妇女的反贫困政策调适》，载《吉林大学社会科学学报》2019 年第 5 期。

② 产业发展应因地制宜，不能不顾现实条件一刀切，盲目跟风进行产业化、规模化经营。

群体之间的制度联结，为贫困社区中“社会”的生成提供制度保障和运行机制。此外，重建社区中贫困群体之间、贫困户与非贫困户之间的人际联结，重构彼此之间的信任结构，强化社区内部群体之间的社会资本，并为社会资本发生作用提供相应的空间和机会。

习近平总书记在中共中央政治局第三十九次集体学习时指出：干部群众是脱贫攻坚的重要力量，贫困群体既是脱贫攻坚的对象，更是脱贫致富的主体。要注重扶贫同扶志、扶智相结合，把贫困群体积极性和主动性充分调动起来，引导贫困群体树立主体意识，发扬自力更生精神，激发改变贫困面貌的干劲和决心，靠自己的努力改变命运。[①] 由此可见引导贫困群体增强脱贫主体性的重要性和必要性。反贫困社会工作中的社区营造实际上正是面向贫困群体及其生活的社区进行“人”的营造、文化的营造和社会的营造。对“人”的营造是目的，是根本出发点和落脚点，对文化与社会的营造是为了达成对“人”的营造。其中，对文化的营造旨在使浸染其中的人感受意义并产生向往和建构美好生活的愿景，形成开放的、包容的文化胸怀；对社会的营造则致力于重构社区中“公共领域”及其公共性的彰显，为社区整体变革的发生制造坚实的体制和机制基础。反贫困社会工作中社区营造内涵的三个面向彼此并非孤立存在，而是作为基本理念同时融入社会工作者的每一步社区营造行动中，是实践策略的精神内核。

① 新华社：《习近平主持中共中央政治局第三十九次集体学习》，(2017－2－22)[2019－8－6]，http://www.gov.cn/xinwen/2017－02/22/content_5170078.htm。

第二节　反贫困社会工作中社区营造的实践策略

秉持着“人”的营造、文化的营造和社会的营造三重内涵，反贫困社会工作的实践策略也具有多维性。纵观当前各国、各地区社区营造的实践行动，我们将反贫困社会工作中社区营造的策略概括为空间营造、组织营造、文化营造、关系营造和观念营造五个层面。

一、空间营造：形塑公共性的场域

芝加哥学派社会学家帕克认为，人类为了更好地适应社会环境，和其他生物体一样，会为争夺资源而竞争，分工合作与功能分化由此形成。空间中按照某种秩序分布着不同的社会功能，从而满足社会需求，形成相对平衡的社区系统。帕克提供了一个解释一定范围内空间变迁发展和动态平衡的理论范式。① 换言之，社区内空间布局并不仅是场所或地点本身，更是一种场域，在这些场域中不同权力主体展开对资源的争夺，型构空间所表征的不同功能。就这点而言，贫困社区中的空间布局也不例外，其折射出社区中的秩序运行和公共生活的进展情况。对贫困社区进行空间营造，指的是对社区中的空间分布格局、功能设计、外观外貌等加以适度改变，以服务社区居民的日常生活，尤其是公共生活的需要。空间营造不仅在贫困社区中有着较

① 营立成：《迈向什么样的空间社会学——空间作为社会学对象的四种路径与反思》，载《中国社会科学评价》2019年第1期。

强的推广性，其也在众多城市社区里进行了各种各样的实验。

为什么要在贫困社区中进行空间营造？因为对贫困社区而言，供民众进行公共活动的空间一般比较缺乏，这就意味着社区中彰显理性的公共领域的缺失，易使社区长期处于“私”的状态之下，即居民个体和家庭主要关注与自己有关的私人性的事务而忽视或无视那些同样重要的公共议题。“私”性弥漫的社会不利于居民从贫困状态中摆脱，更多的是处于随遇而安的状态。另外，我们可以发现，贫困社区中通常会不同程度地存在未被充分利用的空间，这实质上属于一种资源浪费。为了充分发挥现有资源的价值，有必要对那些未被利用的空间加以改造再利用。当然，还有很多社区公共空间的功能较模糊，甚至部分群体滥用公共空间，而这一点并没有引起社区其他居民的重视。因此，通过空间改造开辟社区民众活动的公共空间，有助于调整社区中现有的权力关系结构，在增进社区空间正义的同时促进各个层面的居民针对社区事务表达自己的意见。

反贫困社会工作中如何对贫困社区进行空间营造？第一，坚持空间正义的原则。空间分配从来不是脱离具体的社会情境而孤立存在的，在空间分配与再生产的过程中，坚持空间正义应当成为首要原则。① “空间里弥漫着社会关系，它不仅被社会关系支持，也被社会关系所生产”(列斐伏尔语)。社区中各种利益主体都希望获得更多、更充分的空间利益，如何对社区内部空间进行基于正义原则的再分配，需要实践者在工作中保持警醒。第二，坚持由社区居民共同参与空间的营造、建设与布置等环节。空间营造不应该

① 文军：《空间正义：城市空间分配与再生产的要义——“小区拆墙政策”的空间社会学》，载《武汉大学学报(人文科学版)》2016 年第 3 期。

由社会工作者或其他专业人士主导，这样的空间营造与社区居民之间的关联是微弱的，应该尽可能调动社区居民自身的主体性，使其积极参与空间营造的每一个环节，对空间的功能和设计发表看法，将空间营造看成与社区、本群体的利益相关的事务。第三，科学有效的空间营造通常需要跨学科团队的协力创作。反贫困社会工作中，社会工作者作为资源链接者可以充分整合外部专业人士，如邀请建筑师、艺术家等专业人士共同参与空间营造的活动，将自然的、人文的、社会的各种专业理念和当地民众的热切希冀融入空间营造的行动中，共同打造一个融集体智慧于一体的新空间。第四，空间营造应注意明晰空间功能，将公共议事、公共休闲等被赋予公共性及培育民众公共性的功能置于首要考量位置。对空间的定位不应该是混乱的，否则空间的价值和意义无从发挥。对反贫困社会工作而言，公共空间的营造应当为社区居民的个体、人际和制度增权而服务，如在新营造的空间中开展教育性、支持性、治疗性的个案或小组工作，并且在该空间中开展一些组织化的协商议事活动等，当然也要保留一些空间作为居民集会休闲、重建信任与友善网络的场所。

当前，实务工作者在空间营造方面已经探索了五花八门的具体做法，如找回社区失落空间、改善环境景观、维护地方独特景观、搭建历史记忆广场、创造都市花园、发展替代能源、转变交通工具、创建公共领域[①]，又如创建社区言论广场、设置社区广告牌、开垦社区农园、设立口袋公园、整治河川、恢复传统景观等。[②] 需要注意的是，无论采取何种做法，空间营造策略都必须

① 柯一青：《社区营造策略分析》，白象文化事业有限公司 2015 年版，第 75 页。

② 罗家德、梁肖月：《社区营造的理论、流程与案例》，社会科学文献出版社 2017 年版，第 92 页。

围绕社区实际，实施符合居民共通需求的行动。

二、组织营造：致力服务效能的提升

在各种新的社会转型现实情境和新的经济学、管理学等思潮下，推动社会治理理论转型成为社区治理或社区营造的重要理论背景，对组织之间合作治理、多元组织主体、权力扁平化、民众参与等理念和途径的倡导也成为社区营造的核心表征。从我国台湾地区农村社区发展与营造实践中可以看到，各种组织构成了重要的推动力量。台湾地区行政性力量和非政府组织发挥了重要作用，并依托当地资源进行特色品牌营造，社区发展协会也发挥了重要作用。[①] 组织营造指的是对贫困社区进行组织化建设或再组织建设（对原有组织进行重新整合、再造），培育社区自组织并引导居民积极参与组织建设和组织活动。组织营造是社区营造工作中必不可少的组成部分，一旦贫困社区的组织化工作建立并自行运转，其便可以实现在专业社会工作者退场后继续为增进社区福祉、促进社区发展而发挥效能。

如果观察当前贫困社区的现状，可以发现，部分社区组织结构较为单一，通常只局限于自上而下的组织架构，呈现出从基层管理者到被管理者的单向治理模式，这也直接导致基层事务繁重，因为任何事务都是直接面向社区居民的。在这种情况下，社区居民与政府等基层治理部门之间缺少“中介性”通道，组织平台缺失，居民表达诉求的渠道十分有限，基层治理部门与居民之间几乎处于“隔断”状态，无法建立良性的沟通机制。社会利益通达机

① 民政部基层政权和社区建设司：《全国农村社区建设重要资料选编(2012)》，中国社会出版社 2013 年版，第 281—283 页。

制的阻塞，造成的后果是政治性的，公共组织的内聚力弱，其获得社会认同的中心地位难以建立起来，因为它和人们的切身利益缺少关系。[①] 因而，社区的组织化水平实际上意味着社区在多大程度上能够提供相应的人员来对接、协调和回应民众的诉求。于是，当贫困社区组织化水平提升后，社区治理的秩序性将更强，社区的公共事务处置方面的效率也会大大提升。另外，对贫困社区进行组织营造还有助于发现社区中的能人、贤人，培养社区领袖，更大范围地动员社区内部及其相关的人员和资源，使社区营造的渠道更畅通。

对贫困社区进行组织营造可以从组织架构、人才队伍建设和制度构建等方面加以考虑。第一，重建和改良社区组织架构和组织资源分配。社会工作者以组织者和参与者的角色，推动基层党组织功能的健全和服务效能的提升，对社区内其他相关组织或团体进行基于优势和劣势的综合分析，重新整合社区内各种组织资源，促进组织资源的合理优化配置。[②] 第二，优化人才队伍建设。招募热衷社区公共事务的人士，对骨干和管理人员进行培训，招募社区活动积极分子，引导这些人士组成参与社区营造宣传和执行的人才队伍，不断扩充规模，提升质量。第三，着手组织的制度构建。建立组织运行的相关章程，注意推动社区民众沟通协商机制的建立，制定较为明确的讨论会制度、激励措施，切忌生成形式化、空洞的规范，要让制度中的每一条规范落到实处。社区进行组织化或再组织化之后，居民以活动为载体，在社会工作者等支持者的引导下，共同进行社区内的刊物设计、学习小组的组建、开展社区资源调查、组织与其他社区的交流互访、运营跳蚤市场、推行老幼服务、组织

① 张静：《通道变迁：个体与公共组织的关联》，载《学海》2015 年第 1 期。

② 文军、吴越菲：《灾害社会工作的实践及反思——以云南鲁甸地震灾区社工整合服务为例》，载《中国社会科学》2015 年第 9 期。

社区清洁等，引领组织向有目标、有愿景、有活力的学习型组织发展。

三、文化营造：贫困文化的阻断与社区认同的复归

社会学家威廉·菲尔丁·奥格本（William Fielding Ogburn）提出的“文化堕距”（cultural lag）视角认为，社会变迁过程中不同要素发生变化的速率是不一致的，与物质技术的迅速变革相比，制度和观念等文化要素的转变则相对滞后。“文化堕距”的逻辑也内在地支持了对贫困研究的文化解释。对贫困现象的文化解释不同于聚焦于导致贫困现象的经济力、社会力的结构解释，其具备自身在不同情境中的解释力度和范围。[①] 反贫困社会工作中的文化营造主要是基于对贫困的文化解释这一理论而展开的。从我国台湾地区等地的实践经验来看，在贫困社区中进行文化营造与上文所述的空间营造一样，是一种目前十分普遍的社区营造方式，其主要针对社区中的文化要素加以“社会性”的经营和创造。

当“贫困”尚处于经济收入、物质财富积累层面时，只要采取适当的能力建设或外力助推，贫困往往成为一个“过去式”，也就是说，作为经济弱势的“贫困”可以只是一种暂时的生产生活状态。但是，当一个社区及其生活在其中的居民长期沉浸于一种形成自身结构和理性的“贫困文化”时，“贫困”就很可能不是一种短暂的状态，而演化为一个相对稳定、对其中生活的人们具有精神统治意义的非物质环境。被打上贫困文化烙印并进行代际传递的社区居民，在对经济生计、家庭伦理、社群合作等方面都可能产生并延续消极的观念和行为，从而进入贫困生活的恶性循环。文化看不见、摸不着，但

① 周怡：《贫困研究：结构解释与文化解释的对垒》，载《社会学研究》2002 年第 3 期。

其对人的意义感和归属感却发挥着近乎决定性的作用，消极的文化成为贫困群体摆脱贫困看不见的屏障，而积极的文化则有助于发展成贫困群体的共同语言，进而构成布迪厄意义上的文化资本的一部分。某种程度上，文化是由结构形塑的，因而任何一个有着相对固定社会结构的社区都拥有自身独特的文化。就目前的贫困社区而言，有些社区中的文化痕迹相对明显，如曾经是某重要历史事件的发生场所，或者拥有某项独到的传统手艺或技术，又或者承载着某个神话传说的叙事等，但是这些文化的脉络并没有被当地居民所发掘，甚至被视为落伍的、无须关注的、无关甚至阻碍社区发展的要素，这是对社区独特文化的无意识表现；还有另一些社区表面上看似乎很平淡，难以发现其独特的文化要素，但是通过较为深度的田野考察，也可能发现埋藏于社区历史脉络中的重要文化轨迹。在当今的文化营造实践中，我们还可以观察到，文化营造往往被视为一种形塑居民"地方感"的重要渠道，在发现文化、发扬文化、追溯文化的文化之旅中，社区中的"社会"应势而生，成为一股自下而上的面向公共事务进行表达的机制，如我国台湾地区的文化营造实践实际上就借助文化的方式获取了社区居民对社区的普遍认同，收获了地方社会的团结和整合，从而与政府直接或间接对话。总之，文化营造对社区中"社会"的形成、公共性的形塑、民众认同的提升等方面都有着重要的影响。

对"贫困"进行解释的文化转向启示我们：一是不仅要看清贫困文化的负功能，同时也要重视贫困文化可能具有的正功能；二是重视贫困文化的代际传递机制。[①] 文化营造实践中的社会工作者，首先要做到对贫困文化的

① 方清云：《贫困文化理论对文化扶贫的启示及对策建议》，载《广西民族研究》2012 年第 4 期。

“识别”，即对贫困群体所在社区中的贫困文化要素加以辨识，包括历史性积累的贫困文化和现实生活中日渐生产、强化的贫困文化要素；其次，对识别出来的贫困文化要素进行分析，尝试找出导致这些贫困文化生成的结构和能动方面的原因；再次，采用优势视角换个角度发掘当前贫困文化中可能存在的积极要素及这些要素发挥积极作用的空间和条件，同样包括对历史性和现实性的条件的探究；最后，将贫困文化要素中的积极方面、对贫困文化的积极诠释、社区中反贫困文化的要素等以符合逻辑的方式“嵌入”到社区为本的反贫困社会工作实践项目和活动中，同时协同市场、政府、民众和其他社会组织等主体共同尝试发展出文化的产业和价值，以良性的运作方式将文化与经济结构相结合，当然其间需要避免文化在经济增长动机下的“异化”。

当前，实务人士探索出的文化营造的具体做法各种各样，如重建社区艺术价值、建立地方文化特色馆、设立并举办地方文化节、地方庙宇及民间活动、外来文化与本土文化的融合、文化创意产业的兴起等①，我国台湾地区的总体社区营造运动尤其重视文化营造在其中的作用，并且其文化营造背后都渗透着社会性的理念，而不是简单的“小打小闹”式的活动罗列。大陆地区有研究者尝试结合社区独有的“义文化”（义集、义仓、义坊）进行社区营造的行动研究，构建“社区文化—居民参与—行动研究”的模型，通过共有的文化联结重建社区关系、培育居民参与的意识。②

---

① 柯一青：《社区营造策略分析》，白象文化事业有限公司 2015 年版，第 65 页。

② 井世洁、高秋烨：《义文化与社区营造：基于南京市 Y 街道的行动研究》，载《社会建设》2017 年第 5 期。

四、关系营造：互惠秩序与社会资本的重构

关系营造着眼于对贫困社区中的人际关系加以重建、经营和改造，致力于建立群体内部及群体与外部主体之间的互惠秩序。实际上，关系营造正努力嵌入于空间营造、组织营造和文化营造等营造策略中。

人际关系在群体交往和发展中的作用不言而喻，并得到理论和经验上的验证。关系是社会资本的一部分，从较为现实的角度来看，关系是人们进行资源获取的重要渠道，也就是说，通常关系网络规模较大、关系质量较高的群体，其社会资源获取和机会捕获的可能性也更大，因而关系能够对其发展起到较大的促进作用。此外，关系中一个重要侧面即人际情感联结，人与人之间的互助、信任生产出群体内部的“希望”，个体并非孤立存在于社会上，家庭并非孤立存在于社区中，而是彼此之间有共同关心的事物并且彼此之间存有关怀的情感，这份人际情感联结实际上形成了团结的力量。在反贫困社会工作中，刚刚进入社区的社会工作者等外部人士在与社区居民沟通时，可能遭遇与居民沟通不畅或接触不到某些贫困群体，在这种情况下，这些贫困群体的关系网络实际上能够充当反贫困社会工作中协调和沟通的“抓手”，助力反贫困社会工作过程中的信息传递，起到媒介性、传播性、说服性等作用。从贫困群体的关系现状来看，受到市场文化和社会流动加快、加深的影响，社区居民内部的关系日渐淡漠是可以看见的，这并不是城市人际关系中的独有特征，群体之间关系越来越不稳定，越来越趋向功利性。这构成了对贫困社区进行关系营造的现实必要性。

社会工作者作为直接与贫困群体互动的专业人士，关系重构是其工作

过程中必须考量的介入角度，并且对贫困群体关系重构的实践渗透于社会工作行动的每一个环节。在反贫困社会工作中，社会工作者有必要在认知上协助贫困群体转变对“关系”的认识，协助该群体看到并认清自己所拥有的关系网络，并习得如何面对自己和家庭所属的关系网络，如何提升关系质量并促进关系发挥积极的正功能等。另外，通过精心设计的小组工作、社区大型活动等形式，增加社区居民之间接触的频率，拓展其互动范围，鼓励居民开展经济互助小组发展农业、养殖业等产业，提升群体内部的团结，提升其互助脱贫的动力和意识。社会工作者在日常工作中还应做社区、社会等更大层面的倡导，倡导整个社会各群体之间的友爱互助，增进社会整合，柔化社会环境。

五、观念营造：群体认知的转型

此处提及的观念营造并非个体意义上的“观念”，而是与空间营造、组织营造、文化营造和关系营造类似，属于针对社区民众进行群体性营造行动的过程。观念营造旨在达成群体性认知层面的转变。

观念营造具体包含哪些“观念”？第一，与群体“自我”或“我群”相关的观念。引导贫困群体重视自身群体的发展，树立个人事务的主人翁观念，提升脱贫的主体性，强化劳动致富、艰苦奋斗、诚信敬业等核心价值观。第二，与人际互动相关的观念。爱护家庭，真诚维护家庭系统，努力融入群体，善待群体中其他的成员。第三，与社区整体相关的观念。很重要的一点是克服对社区事务的冷漠，强化社区公共事务参与意识，同时加强群体的社区归属感和认同感。第四，与社会结构相关的观念。贫困群体应明确自己作为社会成员构成的身份，明晰作为社会公民的权利与义务意识。

当前贫困群体的观念结构中呈现一些偏差性的认知状态，如看待和处理事情倾向于采取问题视角或缺陷视角，包括对群体自身生活状况和所生活的社区环境甚至更为广阔的社会环境，相当一部分贫困群体往往只是将注意力集中到事情的负面影响上，从而产生对群体自身能力的怀疑，维持一种消极悲观的社会心态，社区中同质性的贫困群体之间存在内部排斥，社区中贫困群体与非贫困群体之间也存在较大的社会隔膜、排斥甚至歧视。因此，面向社区中的全体居民，反贫困社会工作需要促进以下几个转变：第一，从问题视角到优势视角的转变。借助优势视角、资产视角等强调潜能和未来取向的视角，重新对贫困现状及脱贫行动进行社会建构，转变思维观念。第二，从“去能”到“增权”行动的转变。要坚信任何群体都具有可塑性，尤其是能力是可以培养的，个体、人际和社会层面的增权实践是能够通过行动变成现实的。第三，从惰性消极到积极求变的转变。与其随遇而安维持现状，不如奋起一搏尝试改变，在积极求变中推动整个社区的反贫困实践。第四，从排斥到包容的态度转变。不论是群体内部的排斥还是群体之间的排斥，都不利于社区整体的团结和经济社会的总体发展，由排斥转为包容的心态，将大大促进社区社会的整合，凝聚社区力量增进反贫困工作的成效。

其实，对贫困社区和群体的观念营造渗透于空间营造、组织营造、文化营造和关系营造种种社区营造的实践策略中，并且需要承认的是，对观念的营造并不能产生立竿见影的效果，而是一个潜移默化的过程。在社区居民中，推进倡导观念的做法之一便是树立典型，以典型居民带动其他居民，在观念传递的过程中实现贫困社区的观念营造。当然，这项工作的难度不言而喻。

综上，就反贫困社会工作中的社区营造而言，如果说空间营造和组织营造是硬件方面的营造策略，强调为贫困群体提供形塑公共性的空间和制度性的设置，那么文化营造与关系营造则属于软件范畴的营造策略，致力于对贫困群体的精神层面进行柔性的经营和改造。社会工作者进行社区营造时，诸多营造策略的目标或落脚点都是为了实现对贫困群体的观念层面的转型（如图 5－1 所示）。

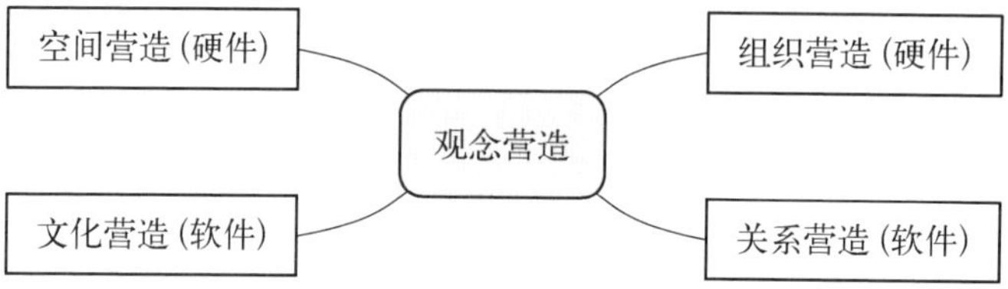

图 5－1　社区营造实践策略

第三节　反贫困社会工作中社区营造的挑战

理想与现实二重性几乎是任何实践的特征。社区营造致力于“人”的营造、文化的营造和社会的营造，从空间、组织、文化、关系和观念等层面采取多维度、全方位的营造实践，但其在营造实践中依然存在诸多问题，面临各种挑战。下文拟从主体参与、方案设计、实施效度、本质理念和社会工作者能力建设等方面对反贫困社会工作中的社区营造面临的挑战做简单探讨。

一、“参与”和“参加”的混淆

无论是从理念还是现实层面看，“参与”和“参加”都有着实质性的区别，这是针对反贫困社会工作中社区营造的主体而做出的区分。“参与”和“参加”在态度、认知、情感、目的和介入程度方面都有差异，具体而言：从态度上看，“参与”内含着主体的主动性，对营造项目的“参与”是积极主动的，而“参加”则相对被动；从认知方面来看，“参与”通常表示主体在对政策或项目目标有所理解的基础上采取的介入行动，而“参加”则往往是从众的结果，很多时候主体并不理解政策或项目的初衷和过程；从情感方面来看，“参与”的背后意味着主体对社区持有一定的认同或者说拥有社区感，带着感情介入，而“参加”则很可能是漠然视之，并未建立对社区的认同；从目的来看，“参与”者通常融入了共同体创建这一营造愿景，与其他成员共同采取行动促成共同体的实现，而“参加”者则往往出于项目实施过程中可能给予的物质反馈（如活动中常常用于奖励的小礼品等），是一种虚假的介入；从介入程度来看，“参与”指向深度融入，甚至从项目的筹划、设计到实施再到评估都能尽量跟进，而“参加”则通常只是在项目实施中间环节的浅层次、形式化的“出现”，对政策或项目的目标达成并不构成逻辑性、因果性的关联。总之，“参与”者就项目而言已经具备了主体性，拥有了实质上的成员身份，而“参加”者则事实上还处于旁观者的状态。

在社区营造实践中，“人”是“参与”的主体，即便是再华丽、宏大的营造框架缺少了“人”的实质性参与，最终都会沦为形式。因此，作为反贫困社会工作实践中的工作者，需要在项目实施过程中细心观察，对人群的“参与”和

“参加”进行区分并采取应对方案。一旦任由居民浅层、形式化地“参加”，项目意义最终必将寥寥。

二、方案标准化和诉求多元性的分殊

对社区营造而言，一个相对标准化的方案往往是专业规范的要求，如社会工作介入的基本流程即接案——需求预估——计划——实施——评估，社会工作常用的工作方案如个案工作、小组工作和社区工作，于是无形中社会工作者开展的社区营造便沿着基本流程运用不同的方法，针对社区反贫困这一核心工作任务，制订相对标准化的服务方案。诚然，标准化的方案便于形成社区营造的工作团队，让培训和项目实施有据可依、有步可寻，在评估环节也能做到指标清晰，条理分明，为评估提供了较大的便利性。但是，必须承认的是，任何营造方案背后都难以摆脱方案制订者的主观意志，比如在无意识中对某类群体的服务倾向。另外，经过前期问卷调查和访谈等方式进行需求预估制订出来的方案，通常面向的是那些“说出来”的群体的需求，并且这些“说出来”的需求也很可能是被界定的需求，此外依然有一部分尚未被“说出来”的需求同样需要满足，甚至这些隐藏的需求因未被满足而成为制约社区发展的关键障碍。正如有学者指出，在单一的以“服务为主导”的模式下，农村社区、农民的主体性被剥夺，仅被动接受服务，社会工作者也沦为服务的单向供应方、输送者。①

我们需要明确，社区是一个集聚各个主体、各层关系、各重网络交织的

① 向羽：《从“服务”到“发展”：农村社会工作发展路径探析——对珠海农村社会工作发展的反思》，载《社会工作与管理》2016 年第 3 期。

复杂多面体，尤其是就贫困群体而言，社区中存在大量潜存的，因为种种因素被遮蔽的居民诉求，而且居民诉求是多层次、多角度的，不同社区中的需求和优势资产现状也有所差异。这些差异化情形要求我们看到，反贫困社会工作中的社区营造实践过程中，标准化的方案与多元化的诉求之间始终存在一定的分殊。

如果说标准化的方案是一种理想化的设计，那么差异化、多元性的诉求便是社区营造现实性的表征。方案的标准化与诉求的多元性发生抵牾，很容易引发社会工作领域专业化与反专业化的争论：专业化主张社会工作介入要在一定专业价值的指导下，循着专业的方法和路径展开实践，最好的情况是能够具备干预研究所要求的逻辑模型，如此才能彰显社会工作的专业性和科学性；而反专业化认为过分追求标准化的所谓专业化实际上无异于专业主义，认为其打着科学性的旗号却意图形成对“何为专业”的话语霸权，反专业化观点持有者更倾向于根据实践场域遇到的复杂多元的问题和诉求采取因应性的策略，这些策略可能是去标准化的。此外，标准化的方案与多元化的诉求之间的差距可能导致反贫困社会工作实践过程的偏差，使得介入实践成为少数利益群体代言的行动，从而难以得到更多居民的支持，进而导致实践结果的偏差，最直接的偏差即反贫困社会工作实践中协助民众摆脱贫困迈向美好生活的目标阻碍重重。

三、形式丰富与实质空洞的矛盾

反贫困社会工作实践中，社区营造的形式往往非常丰富，表现在诸如主题、对象、设施、活动形式、宣传和文案等方面。具体而言，由于社区营造是对社区中人、文化和社会的全方位经营和创造，那么社区营造行动的主题必然是多元的，同时涉及个体、人际和社区等各个层次，包括教育、文化、健康、政策传递等多个方面；社区营造活动中面向的对象也覆盖了老年人、青少年、儿童、残障人士等多个群体；同时对社区中的硬件（空间、组织）和软件（文化、社会）进行改造，推动其形成新面貌；活动形式上囊括了大型社区活动、团体活动及个案治疗或辅导等；在宣传方面社会工作者会动用平面宣传、新闻媒体和微媒体等方式同步向外界宣传以扩大机构或项目的影响力；文案方面通常要求积累大量的个案工作、小组工作和社区活动记录，这些记录一方面作为社区的“台账”呈现出来，另一方面作为机构或项目主持方的备案和后续宣传资料。如此看来，从事社区营造的反贫困社会工作着实是一场轰轰烈烈的脱贫攻坚战。

然而，透过纷繁复杂的社区营造形式，我们却发现社区营造服务可能出现的实质上的空洞。第一，社区营造服务的碎片化。虽然活动涉及各个层次、不同人群、多样化议题和复杂的承载形式，但若从整体的角度来反观一些社区营造实践，却不难发现其过程中活动的碎片化，众多活动之间极度缺乏逻辑性，活动设计的背后缺乏一定的理论基础和理性缘由，导致整场社区营造沦为活动的堆积和拼凑。第二，社区营造中的“选择性服务”现象。受到市场化过程中功利主义价值观的影响，社会工作者在服务过程中有时也会过分看重服务的市场效益，从而导致在实务操作中选择容易接触的人群作为服务对象、选择实施难度较小的服务项目及将特定问题强加于服务对象从而导致服务对象“被服务”等服务异化现象。① 由于“选择性服务”大大

① 文军、何威：《社会工作“选择性服务”现象及其反思》，载《学习与探索》2016 年第 7 期。

降低了社区营造的操作难度，在同等条件下活动产出具备显著优势便可想而知，但是热热闹闹的活动本身的质量则有待商榷。第三，社区营造中的“展示性服务”现象。为了彰显专业性和“存在感”，社会工作者在服务过程中经常会将服务活动展示给政府、社会等，笔者认为在做出干预行动的基础上适当展示无可厚非，但有些社区营造却全然化为展示性的“活动秀”，这就有些本末倒置了。第四，社区营造中的“指标化”。在当前的社会福利服务传递制度框架下，社会工作进入贫困地区施行反贫困社会工作通常是在政府购买服务下进行项目制运作，为了保证政府资金等资源的利用率，社会工作反贫困项目同样要接受评估(一般是由第三方评估组织进行评估)。在评估指标已知的情况下，一些社会工作项目实施人员将评估指标“奉为圭臬”，直接用诸多僵硬的指标来“比对”日常工作实践，导致服务随之僵化而缺乏内在活力，同时也使为贫困群体服务的核心要旨受到损害，比如对服务记录文本的重视程度极高，伪造、赶制文本以应付评估的做法在此模式下常有发生。

此外，还有学者言辞犀利地指出当前社区营造实践中暴露的“有名无实”窘境：一是政绩考察下的官样规划，二是营造模式下的居民边缘化，三是经济驱动下的重复建设，四是市场旋涡下的产业内卷化，五是罔顾事实、“再造神话”。[①] 因此，轰轰烈烈的社区营造最终也可能收效甚微，当形式的丰富与实质的空洞之间形成巨大反差时，反贫困社会工作实践中社区营造工作者的专业性或劳动成果也可能面临被多方质疑的风险。

① 任文启:《社区治理抑或社区营造:“三社联动”的理论脉络与实践反思》,载《社会建设》2017 年第 6 期。

四、“人本”与“物本”的偏离

尽管贫困最直观的反映在于经济状况的弱势和社会地位的低下，脱贫工作中经济状况的改善和社会地位的提升理应成为工作重点之一，即“物本”理念有其客观合理性和现实可行性。与此同时，提升经济水平和社会地位的终极目标实际上是促进人的发展，以人为本是工作重点中的重点，因而反贫困社会工作社区营造更是一项“人本”的工作。在反贫困社会工作实践中，依然会发现一些体现“人本”与“物本”偏差的现象。

第一，社区营造对硬件设施和软件设施的处理欠平衡。如前文所述，社区营造中从硬件入手的策略（如空间营造、组织营造）和着眼于软件更新的策略（如文化营造、关系营造和观念营造）并非割裂进行，而是相辅相成、互相成就的，但实践工作中总是会出现重视硬件设施轻视软件更新，或片面营造软件环境而忽视硬件重要性的情况，这些都不利于构建完整的、具有实效的反贫困社区营造。第二，外在资源动员与内在力量激发的偏差。社区营造需要动员市场、政府、社会组织等大量外在资源，也需要激发贫困社区中居民的内在改变动力，但现实中有些营造项目往往将外在资源的动员作为第一要务，其中一个重要考量是社会工作机构生存和扩张，而背离了反贫困工作的初衷。第三，对政府、专家的重视与对居民的“忽视”。对社会工作机构而言，政府的支持意味着资源的供给，专家的支持意味着专业话语的强化，于是很多反贫困社会工作者热衷围绕政府和专家系统进行宣传和游说，而忽视贫困与脱贫的真正主体——社区居民。第四，参与社区营造的组织主体之间竞争大于合作。反贫困社会工作中的社区营造和社区增权一样，通常是跨学科、跨领域的合作治理，涉及来自体制内外的各个主体，各个组织从事的领域有所差异，但都立足于为反贫困工作做出贡献，然而现实中却经常出现为了争夺服务对象资源（如争抢儿童或青少年服务对象）、争夺体制资源、争夺专业话语权等而表现出竞争大于合作的态势，导致多主体合作平等关系的失衡，服务生态恶化，不利于工作效果的达成。第五，评估倾向于可见指标而悬置不可见指标。评估是用来对社会工作服务实践中生成的因果关联进行预测，从而更好地增进服务质量和改进服务过程，其试图将实践产生的结果可视化、操作化。[①] 理论上讲，对任何社会服务的评估都不应该是平面化的，而应该是立体的，既涉及可见指标也涉及不可见指标。然而实践中的悖论在于，可见指标往往是可操作化、可观察测量的，不可见指标尽管十分重要且更关键，但却是难以或不可操作甚至不可直接测量的，于是为了显示评估的专业性和结果呈现的清晰性，对社区营造的评估也常常悬置那些不可见的指标而只聚焦于可见指标，从这点来说，评估已经偏离了项目设计和实施的初始愿景。

总之，反贫困社会工作中的社区营造始终应该保持"人本"理念并贯彻于实践行动，以贫困群体为一切工作的着眼点和立足点，深入民众真正关切的问题，扎根社区，适应当地社会文化环境。否则，一旦跌入"物本"理念主导下的实践，后果对实践本身及其参与主体都将是消极的。

五、反贫困社会工作者的能力建设有待增强

从国际社会工作发展史来看，社会工作最初的服务对象是贫困群体。

---

① 岳天明、李林芳：《民族村寨精准扶贫的社会工作借鉴——以甘肃文县 T 乡为例》，载《中央民族大学学报（哲学社会科学版）》2017 年第 6 期。

尽管在我国的语境中社会工作的初始功能也是回应社会转型引发的种种社会问题，服务社会中相对弱势的群体，但专业社会工作真正以相对制度化的身份介入反贫困领域还是近年在体制安排和倡导的条件下，国家从顶层设计层面倡导包括专业社会工作在内的社会力量参与精准扶贫，全社会协力打赢脱贫攻坚战。但当前在反贫困领域社会工作者的专业水平、扶贫能力还十分有限，表现为社会工作机构人员配备、知识技能、业务素质等总体有所欠缺，难以提供更深入的服务。①

要想在我国高度制度化的社会服务体系中占有一席之地，在实用取向的体制要求下获得不可替代性，专业社会工作必须证明自己高于传统非专业社会工作的能力，尤其是彰显自身在性价比上的优势，显示专业机构和专业工作者的综合性能力。② 尽管用“性价比”的说法难免给人一种将专业社会工作“商品化”“物化”之感，但我国当前制度化的社会服务体系和专业社会工作发展现状之间的缝隙确实要求我们提升专业社会工作的发展水平。由此提出了专业社会工作能力建设的议题，在反贫困社会工作的社区营造过程中，专业社会工作者的能力建设同样有待增强。

反贫困社会工作中的社区营造实际上意图在贫困社区场域建构“公共能量场”，这需要对居民进行话语赋权、技术赋权和法律赋权。③ 要想实现对贫困社区更好的赋权和营造实践，需要完成两重互嵌：一是在体制层面实现

① 李迎生、徐向文：《社会工作助力精准扶贫：功能定位与实践探索》，载《学海》2016 年第 4 期。

② 关信平：《当前我国专业社会工作的内在能力建设及其对社会工作教育的要求》，载《社会建设》2017 年第 4 期。

③ 胡卫卫、于水、杜焱强：《赋权理论视域下乡村公共能量场建构的三重维度》，载《华中农业大学学报(社会科学版)》2019 年第 4 期。

深度互嵌，从制度顶层设计和配套政策上加以完善，同时社会工作者提供的专业活动要积极寻求嵌入点；二是服务层面的核心互嵌，充分发挥专业优势，提供精准化、有效性的服务。[①] 这就需要社会工作者在理论研究、实务能力和价值伦理等方面强化综合能力建设。第一，加强反贫困社会工作及社区营造理论研究能力。一方面，对国际上开展的反贫困工作、反贫困社会工作及社区营造的历史实践、理论脉络、现实经验等进行充分把脉，另一方面，及时总结本土实践中的传统非专业社会工作与专业社会工作的反贫困经验、理论，进而在比较、分析国内外实践和理论的基础上实现反贫困社会工作和社区营造的国际对话。第二，增进实务问题解决能力。在贫困社区同贫困群体接触并以其为工作对象的过程中，会遇到空间和群体叠加、组合而成的充满异质性、复杂性的社区问题和社区需求，因而需要加强社区能力建设。[②] 社区营造即多维社区能力建设的实践过程，社会工作者需要涉入多个领域，如健康、教育、救助、矫正、金融等领域，并接触多层次人群，如老年人、儿童青少年、成年劳动力、妇女、残障人士等，同时需要与多学科专业背景、多来源渠道的其他市场和社会主体展开跨学科合作。在如此复杂的实践场域中，社会工作者有必要提升反贫困综合能力建设，从而确保其在制度化体系中的结构性位置和实现专业化、职业化的进一步本土化发展。社会工作者增强应对实务问题的能力，有助于其避免异化为“政府伙计”式的“国家控

① 汪鸿波、费梅苹：《乡村振兴背景下农村社会工作的实践反思及分层互嵌》，载《甘肃社会科学》2019 年第 1 期。

② 陈福平：《邻里贫困下的社区服务与能力建设》，载《中国行政管理》2013 年第 2 期。

制工具”。[1] 社会工作者提供服务时还要注重任务目标与过程目标的结合，即一方面针对贫困的具体原因采取措施，提升贫困人口的知识和能力、党政部门的效能，另一方面也要重视服务对象的内在提升，培育其自助精神、参与动机、党政部门和社会组织的责任意识。[2] 第三，社会工作者需要在价值伦理层面重视并提升贫困服务中的文化敏感性。按照雷蒙德·威廉斯(Raymond Williams)对文化的理解，即文化是特定社群的特定生活方式，也是生活意义产生的过程，是一种意义指涉的实践(signifying practice)。[3] 在与农村等服务对象的接触中，当前社会工作者在迥异生活经验和过分专业自信的情况下，会表征出类似于人类学所描述的“文化识盲”(cultural illiteracy)的情形，表现在言语(普通话与方言群体之间的微妙权力关系、对话环境的选择等)、时间观念、意义建构或思维方式等方面，因此我们必须从“文化识盲”走向“文化识能”(cultural literacy)，在不同的本土脉络下反思社会工作者自我承载的专业知识，努力探索消解专业社会工作者与地方居民之间文化鸿沟的方法。[4]

除此之外，作为进入贫困社区的社会工作机构也应同步加强自身的能力建设。在与政府关系的本土定位上，社会工作机构应看清并因应当前政府“依附逻辑”的挑战，设法在更大程度上与政府建立合作、伙伴和相对平等

---

① 李侨明、张和清：《社工“学步”：中国农村社会工作研究十年评述(2006—2016)》，载《社会建设》2017 年第 1 期。

② 顾东辉：《精准扶贫内涵与实务：社会工作视角的初步解读》，载《社会工作》2016 年第 5 期。

③ Williams R. *Keywords*. London: Fontana, 1983.

④ 古学斌、张和清、杨锡聪：《专业限制与文化识盲：农村社会工作实践中的文化问题》，载《社会学研究》2007 年第 6 期。

的关系；在机构自身管理的职业化和专业化问题上，有意识地提升行业发展和行业自治能力，推进运营管理的专业化[①]，立足城乡融合发展的新图景，贡献反贫困社会工作的专业力量。

① 林顺利：《论政府购买公共服务背景下社会工作机构能力建设的五个基本问题》，载《社会工作》2014 年第 3 期。

第六章　社区产业反贫困社会工作实务

产业反贫困是反贫困的重要措施之一，社区为本视角下的产业反贫困社会工作不只是为了解决困难群众当下的贫困问题，更是通过贯彻社会工作赋能、增权的专业理念，使贫困户能够自我持续发展，实现从帮扶到自助的目标。在社会工作反贫困的实践工作中，社会工作者贯穿服务提供的各个阶段，扮演不同的角色，从政策的倡导者、资源的获取者，到实际帮扶的提供者、行动者等，其运用专业理论、方法和实务经验，为产业反贫困做出了重要的贡献。本章将从产业反贫困社会工作的实际案例入手，系统总结社会工作介入产业反贫困的路径、经验，以期为不同地区推广产业反贫困社会工作提供借鉴。

第一节　产业反贫困社会工作中的社区视角

一、产业扶贫的背景

（一）现阶段精准扶贫工作取得显著成效，但形势依旧严峻

“人民对美好生活的向往，就是我们的奋斗目标。”自中国共产党第十八次全国代表大会（以下简称“十八大”）以来，以习近平同志为核心的党中央，以高度的责任感把精准扶贫、精准脱贫作为实现第一个百年奋斗目标的重点工作，摆在治国理政的重要位置，把我们党领导的反贫困实践推进到一个新的境界。2013年，习近平总书记在湖南省湘西土家族苗族自治州十八洞村考察调研时，首次提出了“精准扶贫”理念。党的十八大以来，以习近平同志为核心的党中央为打赢脱贫攻坚战进行了全方位的战略部署，党的十九大将脱贫攻坚作为“三大攻坚战”之一进行了部署。我们从国家统计局公布的数据中了解到，中国农村贫困人口从2012年年底的9 899万人迅速减少到2018年年底的1 660万人，7年共减少了8 239万人，贫困发生率更是从2012年的10.2％下降到2018年的1.7％。[①]（如图6－1所示）

到2020年现行标准下农村贫困人口全部脱贫、贫困县全部摘帽，是我们党立下的军令状。脱贫攻坚越往后，难度越大，越要压实责任、精准施策、过细工作……防止返贫和继续攻坚同样重要，已经摘帽的贫困县、贫困村、贫

① 魏祎、王萍：《共享发展理念下农村产业扶贫的现实困境及纾困之道》，载《生态经济》2019年第5期。

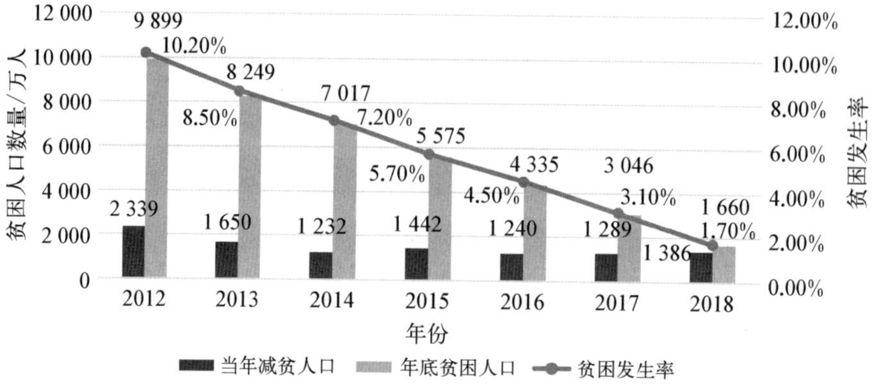

图 6-1　2012—2018 年全国农村贫困人口数据及发生率

数据来源：根据国家统计局公布数据整理

困户，要继续巩固，增强“造血”功能，建立健全稳定脱贫长效机制，坚决制止扶贫工作中的形式主义。习近平总书记在参加十二届全国人大五次会议四川代表团审议时的讲话中提醒我们，目前的脱贫攻坚任务依旧艰巨，我国许多贫困地区农业基础依然薄弱，城乡区域发展和收入分配差距依然较大，已经脱贫的地区可能会有返贫的风险，应当构造和巩固贫困地区“造血”式的内生发展能力。当前，在扶贫领域一些腐败现象仍有发生，比如贪污侵占、虚报冒领、截留挪用、优亲厚友、雁过拔毛；一些作风问题屡禁不止，比如搞形式主义、官僚主义，特别是数字脱贫、虚假脱贫等，严重影响了我国脱贫攻坚的有效推进。①

同时，我国精准扶贫和贫困地区脱贫的最大挑战还在于深度贫困区，许多时候我们采用的“大水漫灌”式的扶贫方案或许能够解决多数的贫困问

① 国务院扶贫办：《习近平：脱贫攻坚进入攻城拔寨的冲刺期，不获全胜，决不收兵》，(2019-03-11)[2019-07-07]，http://www.sohu.com/a/300515598_120059802。

题，但是要体现“精准”就必须将扶贫手段细化到每个村甚至每个特殊困难户上，并将考核和监督措施同样细化。“脱贫既要看数量，又要看质量。”当下，怎么从“打赢”转变到“打好”脱贫攻坚战是精准扶贫工作的关键所在，也是难点所在。

（二）产业扶贫是解决当下贫困问题的根本之策

我国自改革开放至今，分阶段进行了许多效果显著的扶贫、脱贫工作，特别是2013年以来，贫困人口大幅减少。但是，在扶贫工作中仍存在许多问题，诸如扶贫针对性差、扶贫经费不知所踪、救济式扶贫导致贫困户“等、靠、要、拿”的惰性思维等，抑或是天灾、人祸、大病等导致整个家庭返回贫困状态，现实中返贫现象时常发生。“年年扶贫年年贫”成为部分地区扶贫工作的头疼之处。①

从相关部门的调查统计来看，部分地区返贫的现象，特别是因病返贫的现象依旧严重，返贫现象区域性、个体性特征鲜明。数据显示，云南省仍有因病致贫返贫20.5万户79.3万人，因病致贫返贫率仍达23.88%。②不仅是西部地区，部分经济发达地区也同样存在返贫现象，但多是在个别区域或家庭出现，很少再出现大面积、连片地区的返贫现象，其原因主要是部分贫困家庭依旧缺乏对资源、信息的获取能力，缺乏调动现有资源创造内生动力的能力，收入来源比较单一，遇到疾病等突发状况容易突然返贫。③

---

① 杨瑚：《返贫预警机制研究》，兰州大学2019年博士研究生学位论文。

② 云南日报：《云南省人大常委会专题询问云南省健康扶贫工作》，(2018-10-22)[2000-11-28]，http://yn.people.com.cn/GB/n2/2018/1022/c378439-32183772.html。

③ 王凯：《精准扶贫背景下抑制农村返贫问题研究——以井冈山市为例》，南昌大学2018年硕士研究生学位论文。

扶贫扶长远，长远看产业。产业扶贫自精准扶贫政策实施以来，就在各地扶贫工作中发挥了不可替代的作用。中国幅员辽阔，贫困地区分布分散且各地环境迥异，各地扶贫方式也各异。仅依靠外界的帮助和救济来脱贫是不长久的，但外界的“血液”不可能永远持续注入，“输血”总有一天会中断，中断后谁又能保证贫困地区不再返贫？

只有贫困地区将外界的“输血”转化成内部的“造血”能力，百舸争流为本地区脱贫致富创造内生动力，发挥才智唤醒地区致富积极性、产业自主性，才能真正把脱贫效果凸显出来，把产业势头提振起来。

（三）社会工作实践发展推动产业扶贫进程

自一系列社会贫困问题伴随着工业革命产生以来，反贫困就成了社会工作的重要“焦点”。可以说，早期的社会工作正是因为立足于反贫困和救助，才进入公众视野。在我国当前的扶贫与反贫困实践中，社会工作的作用越来越得到政府和社会各界的重视。2017 年 6 月 27 日，《民政部 财政部 国务院扶贫办关于支持社会工作专业力量参与脱贫攻坚的指导意见》（以下简称《意见》），为社会工作介入脱贫攻坚提供了制度上的合法保障和政策上的顶层支持。该《意见》提出了一系列支持社会工作专业力量参与脱贫攻坚的政策措施，明确了社会工作参与脱贫攻坚的主要内容，提出了社会工作专业力量根据贫困人口的不同需求分类提供专业服务的方针。其中涉及产业扶贫的内容提到：针对有劳动能力的贫困群体，主要围绕能力提升、就业创业、生计发展等提供服务。

社会工作所特有的价值观念、工作方法和角色，使其成为产业扶贫及脱贫攻坚工作中一支特殊的专业力量，这与政府或其他社会组织的功能存在许多不同。特别是本书所提出的“社区为本”的社会工作视角，更提供了一种弥合宏观、中观与微观治理的方式，将多层化的治理视角带入产业扶贫工作。在社区为本的社会工作视角下，开展产业扶贫的贫困社区被当作一个具有多面性的关系主体，其是家庭、个人、组织、群体、制度、资本等关系交织的场域。扮演不同角色的社会工作者不仅致力于解决现实贫困问题，更肩负着社会改革和社区赋能的责任，社会工作的专业实践聚焦于产业扶贫不同层面的关系之中，进而能对社区产业扶贫中多个层面的需求进行精准回应。

同时，社区为本的社会工作，也在产业扶贫中不断探索对传统理论视角，如赋权视角、社会发展视角、社会运动模式等的突破，努力探索全新的社会工作整合理论。[①] 诸多社会工作介入产业扶贫的成功实践，逐步将社会工作的专业价值、终极追求与现实意义展现在公众的视野之中。

在理论上，社会工作在实践中发展出贫困文化理论、社会互构理论、生态系统理论等综合性解释理论，修正了过去将贫困归因于个人或社会的单一归因理论；在视角上，反贫困社会工作在“问题视角”基础上逐渐发展出了“优势视角”，更加注重对贫困群体的优势挖掘和能力建设；在方法上，社会工作者更加注重个别化和差异化，符合社会文化背景和贫困群体实际需求成为衡量扶助方法专业性的重要指标；在评估上，社会工作紧密围绕行业规范的建立和完善，逐步建立起标准化程度较高的反贫困社会工作的工作流程和评估标准，使得产业扶贫的反贫困社会工作方法更加精

① 吴越菲、文军：《从社区导向到社区为本：重构灾害社会工作服务模式》，载《华东师范大学学报(哲学社会科学版)》2016 年第 6 期。

细、专业。①

二、产业扶贫的内涵及特征

（一）产业扶贫的内涵

“立足贫困地区资源禀赋，以市场为导向，充分发挥农民合作组织、龙头企业等市场主体作用，建立健全产业到户到人的精准扶持机制，每个贫困县建成一批脱贫带动能力强的特色产业，每个贫困乡、村形成特色拳头产品，贫困人口劳动技能得到提升，贫困户经营性、财产性收入稳定增加。”2016年11月，国务院在《“十三五”脱贫攻坚规划》中对我国产业扶贫工作提出了这样的新要求。

回溯至20世纪80年代，我国在推进贫困地区发展特色产业和推动居民收入增长时，产业扶贫的概念就已经开始产生。2001年6月，由国务院印发的《中国农村扶贫开发纲要（2001—2010年）》提出积极推进农业产业化经营，对具有资源优势和市场需求的农产品生产，要按照产业化发展方向，连片规划建设，形成有特色的区域性主导产业。②

作为精准扶贫的重要组成和扶贫开发的战略重点与主要任务，产业扶贫以市场为导向，将获取经济效益作为工作中心，立足地区特色开发资源，

① 中华社会工作网：《[社会工作10年巡礼之九]社会工作引领扶贫济困“精准”时代》，(2016-11-07)[2019-08-31]，http://mzzt.mca.gov.cn/article/sggzzsn/shgzsnxl/201611/20161100887316.shtml。

② 国务院扶贫开发领导小组办公室．国务院关于印发“十三五”脱贫攻坚规划的通知[EB/OL]，(2016-11-23)[2019-07-07]，http://www.gov.cn/gongbao/content/2001/content_60922.htm。

依托区域产业集聚，是探索契合扶贫地区本地实际的产业发展模式的扶贫开发形式。该模式的具体目标是因地制宜，基于深入挖掘当地的特色自然、旅游和文化资源，扶持和发展地方特色产业；其功能是将资源优势转化为产业优势、经济优势和就业优势，实现当地居民增收；其特点是能够使得贫困地区形成一种利益共同体的经营机制，将各个产业链环节统一为产业链体系并推动区域扶贫。产业扶贫及发展区域特色产业是提高贫困地区内生发展能力的根本举措之一。①

（二）产业扶贫的特征

作为实现我国精准扶贫、贫困地区脱贫战略目标的重要途径和措施，产业扶贫根植贫困地区的发展基因，激发其特有的发展动力。通过目前我国的产业扶贫实践与研究，我们可以总结出产业扶贫具有如下三个特征。

1. 从“输血”到“造血”

产业扶贫从国家和社会力量向贫困地区“输血”转变为贫困地区“造血”。“造血”主要包括两个方面内容：一是产业扶贫始终坚持以我国的社会主义市场经济为导向。国家和社会力量帮助贫困地区充分研究区域和国内市场，发现市场需求缺口，将市场的力量和规律引入精准扶贫，以期实现贫困地区的长久发展。二是以发展地方产业作为贫困地区脱贫增收的支撑。地方新兴产业的建立能够为贫困地区居民提供更多的就业岗位，使其能够在劳动中创造价值，并切实提高居民收入，同时形成良性激励模式，推动贫

① 刘璐琳：《集中连片特困地区产业扶贫问题研究》，人民出版社 2016 年版，第 280—281 页。程冠军：《精准脱贫中国方案》，中央编译出版社 2017 年版，第 100—104 页。庞岩：《乡村振兴背景下广西产业扶贫问题与对策研究——以广西 D 镇为例》，广西大学 2018 年硕士研究生学位论文。

困地区产业不断生产和再生产。通过从“输血”模式转向“造血”模式，实现贫困地区自我发展、自我创收、持续增收。①

2. 因地制宜，发掘地方优势

产业扶贫不是对发达地区优势产业的模仿，更不是对其他贫困地区产业的照搬。产业扶贫应当建立在对扶贫地区社会、文化、资源、基础设施等自身自然条件和资源禀赋，以及周边区域市场需求、供求关系等外部因素综合考察的基础之上，因地制宜地选择适合地区可持续发展的产业。对贫困地区自身资源调动的充分与否直接关乎该地区扶贫的成功与否。

3. 区域共享产业效益

挖掘和建立特色产业，并在贫困地区形成完整的产业体系，达到调动区域发展活力的效果，才是从根本上杜绝贫困地区返贫的发展方式。贫困地区脱贫产业在特色化、市场化以外，还能够不断扩大规模、影响周边区域，逐渐在区域内形成规模化的产业体系、专业化的生产体系。在发展特色产业的同时，地区周边基础设施得到提升，进一步培育了产业体系的成长环境。使得周边贫困地区居民能够运用各自的能力和可调动的资源，主动投入产业价值链，逐步构筑和丰富地区产业链结构，真正形成产业优势，将贫困地区特色产业做大做强并辐射周边区域，实现区域共同增收、共享致富成果。

三、目前我国产业反贫困的实践模式

自20世纪80年代产业扶贫概念逐渐在我国出现，产业扶贫的实践在国

① 崔艳云：《提升产业扶贫水平对策研究——以冀南魏县为例》，河北师范大学2018年硕士研究生学位论文。

内不同环境、不同文化、不同基础设施条件的地区不断涌现。因地制宜的特点使得国内各贫困地区产业扶贫的模式和途径大相径庭，特别是近年包括社会组织在内的社会力量加入帮助贫困地区建立扶贫产业的队伍中来之后，产业扶贫模式出现了许多新变化和新形式。回顾学术界现有研究和国内近40年产业扶贫实践，目前我国产业扶贫的模式按照不同的分类依据，主要有以下四种。

（一）按照产业扶贫对贫困人口的作用机理划分

依照通过产业扶贫助推贫困农户脱贫的三种不同作用机理，可将产业扶贫实践归纳为三种产业扶贫模式：产业发展带动扶贫模式、瞄准型产业帮扶模式和救济式产业帮扶模式。

第一种，产业发展带动扶贫模式是指通过财政贷款贴息、补贴、奖励及撬动金融资本进入贫困地区，支持地区产业发展，推动一批龙头企业等新型经营主体发展，从而带动贫困地区居民脱贫的做法。这一模式通过扶持一批龙头企业在贫困区域快速发展，从而实现经济效益扩散，带动周边经济发展，助推区域贫困户增收。第二种，瞄准型产业帮扶模式则直接支持贫困农户发展生产活动，即通过对贫困地区农户按照作物面积和畜产品养殖数给予财政补贴。这种直接支持贫困户的方式，体现了精准扶贫的核心思路，即“精准”，通过直接增强贫困户的经济资本为其赋予市场参与能力。第三种，救济式产业帮扶模式主要是政府将用于扶持贫困户的资金帮助其投入合作社或者产业、企业中，使得贫困户能够定期获得稳定收益。在这一模式中，贫困户并不需要亲自参与产业生产经营，而是接受政府的直接救助。同样是接受直接救助，与瞄准型产业帮扶模式不同的是，救济式产业扶贫使得贫困户能够长期获得救助和资助。

但从本质上看，瞄准型和救济式产业扶贫模式都只是一种对贫困地区居民的救济，比照产业扶贫的核心，即“造血”功能的实现还存在一定的距离。①

（二）按照产业扶贫的帮扶逻辑划分

除了以产业扶贫的作用机理对扶贫模式分类以外，还存在一种被学界广泛认可的产业扶贫模式分类。该分类方式按照帮扶逻辑，将扶贫模式分为基层组织带动模式、合作社带动模式和龙头企业带动模式三类。

基层组织带动模式是指以能力较强的基层组织工作人员和政府牵头，依靠村集体盈余资金和上级政府的项目资金，通过土地流转、就业帮扶、公益性岗位设置、土特产销售等具体手段带动贫困户增收、致富。合作社带动模式是指由贫困地区有能人士或者专业大户领办，政府引导、扶持，以领办人投资为主、部分贫困户投资入股的投资形式办产业，再凭借银行贷款和财政补助等作为支持，通过不断地吸纳社员帮扶、资金入股分红帮扶、就业帮扶、产业托管帮扶等具体形式，帮扶贫困地区一些没有内生发展能力的困难户。而龙头企业带动模式，则需要依靠贫困地区附近龙头企业或者能力较强的产业联盟作为产业领头人，依靠他们的投资和银行贷款、融资、财政补贴作为产业发展资金，以地区产品“良心铺”销售渠道帮扶、农产品订单帮扶、就业和入股分红帮扶等形式，帮助贫困地区产品打开销路，铺垫致富

---

① 林万龙、华中昱、徐娜：《产业扶贫的主要模式、实践困境与解决对策——基于河南、湖南、湖北、广西四省区若干贫困县的调研总结》，载《经济纵横》2018 年第 7 期。

道路。①

（三）按照贫困地区扶贫产业特性划分

如果以产业特性这样一种更具体的分类指标对产业扶贫模式分类，可以将其分为“龙头企业＋合作社（基地）＋贫困农户”扶贫模式、“金融服务＋”扶贫模式、“特色旅游＋”扶贫模式、“互联网＋”扶贫模式、移民搬迁进城进园扶贫模式等。这些卓有成效的产业扶贫模式均来源于我国不同贫困地区的产业项目实践。它们有的能够加快贫困地区农业产业化进程，有的能够帮助困难户就业脱贫，有的则有利于提升人口素质和带来开放观念，实现贫困人口物质和精神上的双脱贫。②

（四）按照所有制形式和私营产业土地获得与利用方式划分

如若为我国产业扶贫模式分类引入类型学上的理论自觉，可以基于扶贫产业发起和经营主体的所有制形式、私营产业对土地的获得与利用方式，提出一套产业扶贫模式更明确的分类标准，同时也能为评估不同模式的扶贫实践提供帮助和便利。

如图 6－2 所示，首先，根据贫困地区产业扶贫发起和经营主体的所有制性质，可以将现有的产业扶贫模式分为集体所有制和私有制两类，二者各有利弊。私有制扶贫产业缺乏对产业所带来的区域发展成果的共享，集体所有制扶贫产业则在市场活性、先进生产技术、资本运作等方面逊色于私有制

---

① 修兴高：《产业扶贫模式：运行成效、影响因素与政策建议——福建省产业扶贫模式典型案例分析》，载《福建论坛（人文社会科学版）》2018 年第 4 期。

② 李志萌、张宜红：《革命老区产业扶贫模式、存在问题及破解路径——以赣南老区为例》，载《江西社会科学》2016 年第 7 期。

扶贫产业。其次，用土地获得和使用方式对私有制扶贫产业进一步细分，可再分为企业承包经营模式和企业示范经营模式两种。至此，产业扶贫可划分为三种主要模式，即村营市场主体模式、企业承包经营模式和企业示范经营模式。①

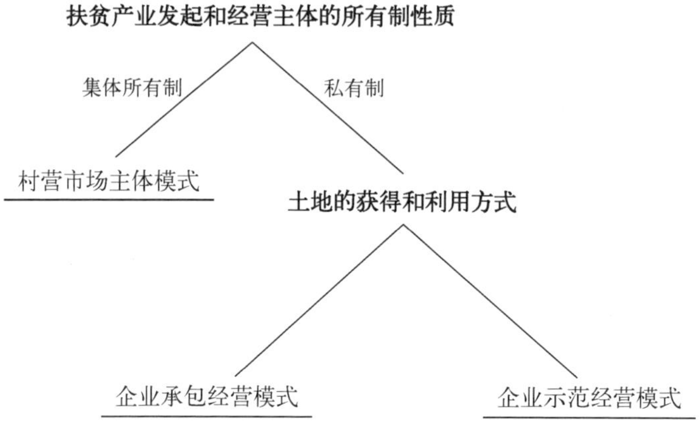

图 6－2　按照所有制形式和私营产业土地获得与利用方式划分

除了以上列举的几种对产业扶贫模式的分类，还有一些其他的分类方式，例如按照产业类型分为农林产业扶贫、科技扶贫、资产收益扶贫、电商扶贫、旅游扶贫等。在厘清我国产业扶贫实践模式之后，我们能够更加清晰地看到社区为本视角下的反贫困社会工作如何介入不同地区产业扶贫实践，又如何帮助居民脱贫、防止贫困户返贫。

① 曾庆捷、牛乙钦：《乡村治理中的产业扶贫模式及其绩效评估》，载《南开学报(哲学社会科学版)》2019 年第 4 期。

第二节　社区产业反贫困社会工作的内涵

一、社区产业反贫困中的社会工作定义

根据《民政部 财政部 国务院扶贫办关于支持社会工作专业力量参与脱贫攻坚的指导意见》，产业扶贫的工作应当围绕有劳动能力的贫困群体，针对性地开展能力提升、就业创业、生计发展等工作。

社区为本视角下的产业扶贫反贫困社会工作不仅是要通过发展产业，提高社区居民收入以解决当前的社区贫困问题，还要通过整体规划和系统思维来介入，通过社区不同居民、家庭、组织之间的相互作用，共同完成社区脱贫目标。“反贫困”的内涵一方面是解决社区居民的当前困境，另一方面是通过建立健全的产业，形成长效的、可持续的机制，防止返贫。具体来说是在解决贫困社区当前困难的基础上，发展社区居民的技能，提升他们就业创业能力，做到助人自助、社区自助。不同于普通的产业扶贫项目，社会工作者在介入社区产业扶贫中应该保持专业的理论、视角和扶助方法，在实践中不断结合实际，探索创新。反贫困社会工作理论在“问题视角”的基础上逐渐发展出了“优势视角”，因而更加注重对贫困群体的优势挖掘和能力建设。

从救济式扶贫转向开发式扶贫的核心就是通过发展产业，以此推动贫困地区的经济发展。产业扶贫是一种内生发展机制，目的在于促进贫困个体（家庭）与贫困区域协同发展，根植发展基因，激活发展动力，阻断贫困发

生的动因，这也是实现可持续扶贫的关键所在。

所以，社区为本视角下的产业扶贫反贫困社会工作应该是以发展社区产业作为核心手段，以主要产业为支撑，辅助产业为补充，通过地方政府、民间团体、社会组织、互助小组促进贫困社区全体居民的参与合作与社区自助，以此促进社区经济全面、可持续地发展。

二、社区产业反贫困中的社会工作理论

除了社会工作者必须掌握的理论，如人本主义理论、马斯洛的需求层次理论、镜中我理论、人格发展理论等，在产业扶贫反贫困社会工作中还应当更加注重优势视角理论、地区发展模式理论、社会系统理论。

（一）优势视角理论

优势视角是注重案主内在力量和优势资源的视角。这就表明社会工作者在帮助他人时，应该将优势和资源作为关注的焦点，而不是偏向案主所呈现出的问题和弱点。在产业扶贫反贫困社会工作中，社会工作者不应当把贫困归因为社区的条件欠缺、环境恶劣，也不应当把贫困视为问题而围绕解决问题去开展工作，而是应当认为该社区还潜藏有发展的能力，其内生力量还未得到体现和展示。因此，社会工作者要积极主动地在社区内探索可利用的资源，发掘社区居民所拥有的技能长处，不断挖掘社区居民的潜能。

社会工作者用优势视角介入反贫困社会工作，不是说在社会工作中忽视问题和需求，而是重新界定问题和合理分配资源，利用团队成员和环境的优势来获得需求和能力，以达到脱贫的目的。在实际工作中，社会工作者把

受助者从依赖社会救济转变为独立发展，不断为受助者增权赋权。正如产业扶贫所要求的一样，从“输血”到“造血”，应当是发掘社区的内生力量，由内生的资源带动贫困社区的产业发展。在此过程中，社会工作者要做好支持者、倡导者的角色，使社区居民有信心通过自身努力改变贫困现状，做到脱贫摘帽。

（二）地区发展模式理论

地区发展（或称社区发展）指以整个地理社区，也就是地域性的社会生活实体为基础的经济、社会、文化等内容的发展。作为一种社会工作的介入方法，它需要居民的参与、合作，利用社区资源解决社区问题、满足社区需求，从而增强社区凝聚力和归属感。地区发展模式是由美国学者罗斯曼根据社区发展及社区建设的相关经验所提出的。这种模式重视在社区范围内鼓励社区居民通过自助或互助的方式，广泛参与社区事务、解决社会问题、推动社区发展。在社区产业反贫困社会工作中，社会工作者可以充分利用城乡社区原有关系基础，结合地区发展模式理论，在社区居民间建设产业合作组，通过组内相互支持、经验交流，不仅能够促进扶贫产业发展，也能够促进居民自身能力提升。

地区发展模式的优点有：第一，该模式注重和谐的工作手法，有助于营造良好的社区气氛；第二，该模式强调社区自助自决的目标，有助于提高居民的能力；第三，该模式注重沟通与合作，有助于推进社区民主；第四，该模式契合中国文化传统，适合在我国城乡社区施行。但是地区发展模式也存在一些不足：第一，该模式无法解决因整体资源分配不均和制度不合理产生的社区问题；第二，该模式调和不同群体利益的手段不足；第三，该模式中的民主参与易导致成本高而效率低。①

(三)社会系统理论

社会系统理论将产业扶贫的反贫困社会工作置于社会系统之中。社会系统有多层次,社区作为一个系统既可以是首要系统,又可以是次要系统。在政府补助社区类似的福利措施影响的过程中,社区以一个次要系统接受首要系统的正向输出,其内部形成凝聚力,加强了居民间的互助,增进了维系人际间情感的基础。社区作为首要系统时,也会影响个人与家庭生活这一次要系统。社区这个系统所采取的任何行动将同时影响社区及其他系统。社区可以发挥各种作用,但是有些贫困社区发挥的作用较小,影响力甚微,因此社会工作的目的在于让社区达成稳定状况,使得居民可以参与社区的生活。同时系统的开放或封闭状态也会影响系统受其他社会系统影响的大小。

在社区产业反贫困社会工作中,一些贫困社区交通闭塞,社区的内部系统稳定,不易受到其他系统的正向输出,形成了封闭的、贫困的社区。因此社会工作要通过专业的介入,开放社区系统的边界;或者从次要系统中改变,带动整个系统发生变革。

三、社区产业反贫困中的社会工作角色

在社会工作者与受助者的合作过程中,社会工作者往往同时扮演着多种角色,这主要包括了服务提供者、支持者、倡导者、管理者、资源链接者和

① 顾正品:《社区工作的主要模式·地区发展模式(七)》,载《中国社会工作》2018 年第 31 期。

政策影响者。① 在以产业扶贫为切入点的反贫困社会工作中，社会工作者的角色又被赋予了新的内涵。

（一）服务提供者

服务提供者是社会工作者的首要角色。反贫困社会工作中，社会工作者除了向贫困地区的受助者提供直接的物质帮助、劳务服务、心理辅导、政策信息帮助等，以解决救难、解困的迫切需求外，还需要提供促进受助者发展的服务。在产业扶贫中，社会工作者可以提供优质的种子、种畜，提供产业发展的启动资金，提供先进的生产技术培训和教育。

（二）支持者

社会工作者面对求助者不但要提供直接服务或帮助，也要鼓励受助者在可能的情况下自强自立，克服困难，即“助人自助”。在反贫困社会工作中，由于外界环境的恶劣及自身能力的缺乏，受助者的心理状态往往深受负面情绪影响，产生了消极悲观的思想。社会工作者要在扶贫工作中重新树立起受助者的信心，帮助他们发掘潜能，让他们通过产业发展和自身发展的协同，达到脱贫摘帽的目标。

（三）倡导者

由于贫困地区的居民在视野上有一定的局限性，他们对脱贫的新思路、产业扶贫的新项目等存在着迟疑和行动滞后。这就要求社会工作者应该成为受助者采取行为的倡导者，即在一定情况下用适当的行为倡导贫困地区居民从事新的种植、养殖、生产活动，或者加入互助组、合作社等。通过指导

---

① 王思斌：《社会工作概论（第二版）》，高等教育出版社 2006 年版，第 23—24 页。

使他们接收到行为的正向反馈，不断助其发展，走出困境。需要注意的是，倡导并不等同于忽视受助者的接收程度而进行强硬推行，而是建立在案主知情基础上的“自决”。

（四）管理者

社会工作者应该对服务过程进行有效控制，对与产业扶贫有关的社会资源进行合理分配，对反馈信息进行协调、安排，确保产业扶贫的项目在落地后能够与当地相适应，其机制能正常、有效运行。

（五）资源链接者

单一的社会工作者、社会工作机构的力量往往有限，不能有效覆盖受助者的全部需要。因此在许多情况下，社会工作者需要联络其他社会工作者、福利服务机构、政府部门和广大社会，向他们争取受助者所需要的资源，并将它们传递到受助者手中。贫困地区往往底子薄、基础差，没有足够的资源进行产业的孵化和建设；当地居民往往技能少，没有足够的能力从事产业的运行和管理。因此社会工作者应当链接社会资源，充分争取保障政策、福利捐赠、社会帮扶等资源，以顺利开展反贫困社会工作。

（六）政策影响者

由于某些社会问题并非由个人生理、心理因素所引发，而由社会、制度因素造成，因此，对造成这种问题的政策或制度进行改变是有必要的。反贫困社会工作者可以通过自己的实地调研、介入经验，促进政策制订者出台新政策以缓解贫困地区的问题或保障社会工作的顺利介入。

第三节　社区产业反贫困社会工作的介入

一、社区产业反贫困的三个阶段

根据社区产业反贫困社会工作的目标，介入工作大致可以分为三个阶段：社区介入、社区增权、社区营造。

（一）社区介入

社区介入阶段着重完成建立关系、收集资料及制订合理可行性计划。

建立关系就是进入贫困社区，接触受助者。建立专业助人关系的对象包括贫困地区的社区居民、社区机构与社团，以及社区中各机构、各社团的领导人与各界的代表人物与知名人士。在产业反贫困社会工作中，通常采用社区工作的方法进入贫困社区，这一阶段最主要的工作是让社区居民了解工作者，寻求未来工作的支持者。

收集资料就是社会工作者先对社区类型、社区所面对的问题、可运用的资源、提供居民服务的组织等方面进行了解，避免受先入为主的想法、过去的经验与个人的工作习惯、发表意见的少数人及偶发事件所左右，而失去正确的工作方向。尤其在社区产业反贫困社会工作中，社会工作者应当收集的资料内容包括：社区的基本资料、社区内的资源、社区内的问题、社区评估结果。社区资源包括了社区内可发展的原有产业（土特产），居民所拥有的产业技能，如饲养、传统工作方式、传统手工业技能等。在贫困社区中，社区的问题往往也不单纯是贫困问题，还可能包含了青壮年劳动力流失等问题。

社区介入过程中，社会工作者要在社区进行调查研究，厘清社区存在的问题、探索社区的资源分布情况。社会工作者根据实际情况对社会工作介入进行计划和准备，尤其是从资金、资源、劳动力、生产技术等多方面进行规划。

用于产业扶贫项目建设的资金常有两种来源：一是社会组织、慈善机构的捐赠和政府的社会救济金、保障金；二是以银行金融服务为主的低息、免抵押贷款，或者是其他社会组织提供的借贷款项，这些成为在社区里流动的资金。在社会工作服务中，第一种资金来源要求社会工作做好社会资源链接，把贫困社区的困难、需求宣传到社会上，引发社会组织、慈善机构关注，并对多方社会资源进行整合；也要求社会工作者把握好中央及地方政府对产业扶贫的优惠政策、扶持政策，例如补助、降税免税、统购土特产计划等，并将信息传达给社区受助者。第二种资金来源要求社会工作者除了向社会寻求资金的支援，还应熟悉相关金融政策，向有条件享受相关金融服务的受助者及时提供信息，为产业扶贫的项目提供启动资金。此外，社会工作者要对资金的流动、项目的运行进行管理，合理地对资源进行分配，在村内的互助组和其他合作组织中管理好流动的资金，使资金能够更有效地在社区内流通，保障产业扶贫的资金惠及社区多数居民。

产业扶贫的资源有两个来源，一方面是根据产业扶贫项目的生产内容，进行引进。社会工作者要根据调查的情况，在贫困地区开展合适的生产项目，发展新的主导经济。这要求社会工作者做好前期的调研工作，充分链接资源，对所引进的农业、牧业，或者手工业、制造业进行调研分析。有必要的话，社会工作者还应该联合其他资源提供方，向贫困地区的居民提供生产的必要元素，例如种子、种畜等。社会工作者不仅要联系有关专家对引进的项目进行评估，还要同居民展开良好的沟通，介绍引进产品的优势并说明产业将会带来的效应，做好倡导者的工作。另一方面来源于社区当地的原有资源。社会工作者应发掘当地的土特产，发展土特产经济，使之能够适应当前社会的潮流，或者通过优势视角整合优质的生态资源，通过政策影响，逐步发展乡村旅游业，这即是发展贫困社区的内生动力。

制订合理可行性计划就是社会工作在设计扶贫产业项目时要做到整体规划，即对反贫困社会工作的现在与将来进行规划。① 规划涉及社区组织与发展的全局，可分为近期规划与长远规划，即对贫困社区中亟须解决的问题制订出工作方案。它只涉及一时之事，是整体规划的一部分。有效的计划必须符合全体居民的愿望与需要；目标必须明确；必须具有适用性、可行性与可接受性；计划的产生必须集思广益、民主决策；计划必须有整体性，即与社区的整体规划是衔接的、配合的、一脉相承的。计划及与计划相关的文件资料，必须被妥善保存，以备总结、评估之用。

（二）社区增权

社区增权要通过开展的社会工作行动来实现，这就是整个产业扶贫社会工作的核心。社会工作行动在这里特指社区工作者激发社区居民行动起来，将制订的计划付诸实施。在此阶段中，社会工作者要通过教育培训、管理监督等方式为社区居民赋能，保障社区产业的正常运营。

社会工作者还要在产业发展中不断促进生产力的提升。生产技术需

① 王思斌：《社会工作概论（第二版）》，高等教育出版社 2006 年版，第 329—330 页。

要社会工作者做好资源整合，向贫困地区提供先进的技术，同时农村地区可以组织合作社互相交流经验和技术。在产业落地运行后，社会工作者要对项目进行管理和项目效果的评估。

在劳动力因素方面，贫困地区的很多青壮年劳动力向城镇转移，村内多数是空巢老人、留守儿童或者留守妇女。因此社会工作者要向贫困地区的人口提供教育和培训，确保劳动力人口能够从事生产，也能通过提高产业扶贫的可持续性，避免青壮年劳动力的流失。同时还可以对接一些技术要求不高，劳动密度不强的其他辅助产业，例如养蜂等；可以因地制宜地利用农村的优势，发展纺织、刺绣等，从而促进就业人口增长，以辅助产业作为经济补充。对此社会工作者应当做好资源提供者，提供教育和培训，或者要做资源整合者，联系有关的产业专家进行培训。确保贫困地区居民能够有技术、有能力加入产业项目，以此实现脱贫。一些贫困地区，部分居民因为社会救济而养成了“懒汉”习惯，社会工作者要做支持者、使能者，从观念上改变村民的思想，使他们主动地参与脱贫过程。用项目的实际效果激发村民的积极性，促使他们投入产业扶贫，积极地加入产业项目，以此在助人的过程中，使他们达到自助。

向德平对产业反贫困社会工作的社区增权提出了四种主要模式：一是让贫困群体直接参与生产，通过“企业＋基地＋合作社＋农户”的模式，将贫困群体纳入产业体系，带动其增收减贫；二是就业带动模式，即让贫困群体就业，为其提供稳定的就业机会和工资收入；三是资产收益模式，即贫困群体通过自有土地、林地、宅基地和扶贫资金等量化入股，获得固定或浮动分红，提高收入；四是混合模式，即把就业、直接参与产业和资产收益结合起来，提高整体扶贫效果。①

（三）社区营造

社区营造阶段中，社会工作者要帮助贫困地区的居民拓宽产品的销售渠道，形成产业品牌和长效机制。这要求社会工作者一方面要多渠道加强宣传，注册商标、成立品牌，帮助村民建立农村电商平台，成为一个倡导者，让居民接触新的销售渠道；另一方面社会工作者要成为一个尽职的管理者，对整个扶贫产业项目进行管理和监督，合理分配、督促生产、保证质量。此外，社会工作者还要积极寻找社会机构、企业进行结对帮扶，以此来增加农村产业的市场竞争力，这就需要社会工作者做好资源整合者的角色。

另外，在很多反贫困社会工作中，外来的机构、社会工作者由于各种原因，介入时间基本不长。而本土的社会机构及其社会工作者往往经验有限，提供服务时遇到很多问题，走了不少弯路，更有甚者，机构的战略眼光不够长远，思路也不够清晰；承接的项目多、乱、杂，超出了自身能力的范围；缺乏专业社会工作的统筹能力、管理能力。因此挖掘并培养本土社会工作机构的专业能力就显得尤为重要。2017 年 10 月，中华人民共和国民政部办公厅发布了《民政部办公厅关于做好首批社会工作服务机构"牵手计划"实施工作的通知》，推动先发地区社会工作服务机构结对帮扶贫困地区社会工作服务机构。两个地区之间的社会工作机构（组织）的结对是较为有效的方式。"牵手计划"在助力本土社会工作发展的基础上实现了本土社会工作的自助，进而推动产业扶贫项目的深化发展。

① 向德平：《充分发挥社会工作在产业扶贫中的作用》，载《中国社会工作》2019 年第 16 期。

二、社区产业反贫困的案例分析

(一) 案例一：社会工作促进扶贫政策落实，结对建设专业机构①

云南省文山壮族苗族自治州(以下简称“文山州”)马关县仁和镇大嘎吉村是一个集贫困、边境、民族、山区为一体的乡村，农村留守现象严重，弱势外乡妇女和困境儿童权益保障问题叠加。

2018 年，上海市浦东新区社会工作协会(以下简称“浦东社工协会”)结对文山州第八天青少年事务社会服务中心(以下简称“第八天中心”)，在大嘎吉村开展结对帮扶。当年 1 月，上海市民政局、云南省民政厅及浦东社工协会前往大嘎吉村、第八天中心总部进行调研。浦东社工协会在听取汇报、座谈交流、实地走访、培训研讨等基础上，完成了《“边疆留守儿童的呼唤”——云南省文山州马关县仁和镇大嘎吉村实地调研报告》(以下简称《报告》)，对产业资源和社会服务进行优势和劣势的现状分析。在《报告》中，浦东社工协会指出：大嘎吉村部分村民能够通过以下方式在更大限度上改善经济状况的：一是大面积投入种植、养殖产业并通过生产合作社进行销售，如甘蔗、肉牛、巴西菇和砂仁等；二是前往苏浙沪地区、广州及昆明从事建筑和服务业等工作。但是已有的甘蔗、肉牛、巴西菇和砂仁等产业规模较小、以粗加工为主、销售渠道单一、未形成具有竞争力的品牌，当地的

① 案例来源胡如意《“边疆留守儿童的呼唤”来自云南乡村的调研报告》《以制度增权带动人才增权——上海市浦东新区社会工作协会援助云南文山壮族苗族自治州社工机构解析》，对原文内容有删减。胡如意：《以制度增权带动人才增权——上海市浦东新区社会工作协会援助云南文山壮族苗族自治州社工机构解析》，载《中国社会工作》2018 年第 28 期。

少数民族工艺品，如刺绣挂包、开衫、筒裙等主要留作日常家用，未形成商品销售。对此，浦东社工协会提出了一些建议措施，一方面是基于已有的甘蔗、肉牛、巴西菇和砂仁等产业，为生产合作社的负责人和骨干提供技术支持，包括种植技术、养殖技术、再加工技术、互联网营销思维、融资渠道等；另一方面，基于文山州政府的政策、规划，立足旅游及文化产业推广，搭建少数民族手工艺品的展示、体验和销售一条龙平台，规划建设大嘎吉村的中心市集。

浦东社工协会主要采用梳理需求清单、整合资源清单、创建项目清单的策略，以社会工作行政为主，社会工作督导为辅的间接介入方式，在文山州开展工作 2 个多月，取得了一定的成效。此外，浦东社工协会还发展健全了当地的社会工作机构。浦东社工协会协助第八天中心完善志愿者体验式培养课程：帮助 2 名社会工作者结合自身实务经验，提炼了由第八天中心员工为主导的主题为个案社会工作、小组社会工作、社区引导技术的三门实务分享课程，增加了社会工作机构技术累积和输出的资本。

在这个案例中，我们可以看到浦东社工协会一方面通过实地调研，形成报告，向文山州政府汇报大嘎吉村的产业潜能，以此促进当地政府做好政策输送、平台完善的工作，保障大嘎吉村的产业发展；另一方面帮扶、督导文山州的第八天中心，加强贫困地区社会工作机构的建设，提升了当地社会工作者的能力。

在社区介入前，社会工作者采取优势视角观察大嘎吉村，肯定了当地的农业基础，发掘了文化潜力。如何将资源用好，将扶贫产业再推进一步，需要浦东社工协会承担政策影响人，用实地调研的结果促进当地政府出台新政策、新办法来保障和提升大嘎吉村的原有产业，加强农产品的市场竞争力、拓展少数民族手工艺品产业、推动文化旅游业等。此外，在扶贫工作开展之前，浦东社工协会通过培训加强了第八天中心的能力，在社会工作机构建设上也起到了"授人以渔"的作用。

（二）案例二：因地制宜探索产业，社会工作倡导内生经济①

新疆维吾尔自治区喀什地区喀什市多来特巴格乡是少数民族聚居地，常年干旱缺水、土地贫瘠、交通闭塞、工业和服务业发展薄弱，先天条件不足，居民们缺少就业发展的机会。2011 年开始，深圳发起社会工作人才援建计划并派出社会工作者，在喀什建立了深圳市对口支援新疆（喀什）社会工作站（以下简称"深喀社工站"）。社会工作者通过调研了解到，这里的居民普遍缺乏务工的技能，外出就业不现实，靠经济作物增收困难大，感觉脱贫无望，所以对脱贫抱有消极的态度。

经过多年的实地调研，社会工作者摸索了一条产业脱贫的新途径。社会工作者在实地调研中发现了居民们具有的优势：他们都会养羊。因为喀什地区的居民习惯食用牛羊肉，很多人家都养几只羊供自家食用，他们有传统的养殖经验。社会工作者了解到四川海惠助贫服务中心多年来一直在执行国际"小母牛"项目。该项目采用"赠人牛奶不如助人养牛"的理念，为每个受援助的家庭提供初始资金用于购买种畜，之后提供技术支持，提高农户的养殖水平，帮助受援助家庭增加收入、改善生活；农户实现脱贫后，需要再

① 案例来源董欢《脱贫路上的"领头羊"》，对原文内容有删减。董欢：《脱贫路上的"领头羊"》，载《中国社会工作》2019 年第 16 期。

把牲畜的下一代或等值款项、知识和技术传递给其他有需要的家庭；最终惠及整个社区，实现社区的可持续发展。

深喀社工站的社会工作者通过分析，认为这个项目可以移植到喀什，将牲畜更换为更适合当地的羊。2017 年，深喀社工站对接了四川海惠助贫服务中心，在深圳市对口支援新疆工作前方指挥部和喀什当地政府部门的支持下，开始实施“小母羊”项目。“小母羊”项目为村民提供 6 500 元启动资金用于购买 5 只母羊进行养殖，2 年之后，项目成员要把当初的启动资金或小羊再传递给其他贫困家庭。

虽然“小母羊”的项目理念很好，但在最初推广的时候并不顺利，很多居民不能理解“小母羊”项目的运行，他们抱怨：“以前都是免费发羊，现在为什么还要把钱传递给别人?”对于居民们的抱怨，社会工作者不厌其烦地一一解释，反复强调“小母羊”项目是扶贫项目，主要面向贫困家庭或者边缘贫困家庭；项目的资金不是来源于政府，而是源于社会组织的公益资金；这些小母羊是为了在社区内扩大养殖、增收致富的畜种，而不是以往扶贫服务中发放到餐桌上的羊。

但是，仍然有部分家庭拒绝了该项目。某户夫妻二人家中情况很糟糕，担心 2 年后无法拿出 6 500 元传递下去，而目前有政府的低保资助，虽然贫困，但是尚能维持基本生活，因此不愿意再做脱贫的尝试。社会工作者并不气馁，也没有放弃，坚持定期到此户探访，鼓励他们，还邀请同村参加了项目的优秀农户给他们分享经验，带男主人参观养殖大户，激发他的发展意愿和动力。通过一次次的不懈努力，夫妻俩终于建立了自信，重燃追求幸福生活的热情。加入项目后，夫妻两人精心照顾绵羊，不懂就向别人请教。2 年之后，他们家增加了15只小羊羔，收入增加了1万元，成为村里第一个将启动资金传递给其他农户的家庭。

在“小母羊”项目中，社会工作者还积极促进居民养殖方法和技巧的提升。一方面，社会工作者鼓励产崽多的居民把养殖的方法分享给其他居民；另一方面，深喀社工站联合喀什市畜牧局的工作人员，为参与项目的农户定期开展防疫、育肥、繁殖等知识培训，帮助他们掌握科学的养殖技术。

从2011年项目启动至今，深喀社工站发展了1 530户贫困家庭加入此项目，其中80%以上的农户家庭2年内增收了1万元以上。不仅如此，他们尝到了养殖的甜头，用学到的科学养殖的知识和技能扩大养殖规模，并根据市场变化调整养殖品种。项目影响逐渐扩大，从2014年开始，喀什市市政府采取项目模式投入1 000多万元，在喀什市的其他贫困乡村推广实施该项目，取得了很好的成效。

在这个案例中，我们可以看到在社区介入阶段，深喀社工站分析了喀什地区的多来特巴格乡的实际情况，寻找合适的扶贫方式，提供反贫困社会工作服务。深喀社工站并没有像大多数的产业扶贫那样，引进优质的经济作物或者发展当地特色种植，这是因为多来特巴格乡的土地贫瘠、水源缺乏，这使得通过种植经济作物脱贫较难实现。对此，深喀社工站并未将这些不利条件视为导致贫困的原因，而是从优势视角出发，积极探索因地制宜的产业，发掘该地区居民的潜在能力：养羊。社会工作者发现多数人家养羊，有丰富的传统养殖经验；而且当地居民习惯吃羊，羊肉的需求量较大，这样产品的销路就不会受到偏僻闭塞的地理位置的影响。与此同时，深喀社工站链接到了四川海惠助贫服务中心，这个机构一直在执行国际“小母牛”项目，适合与多来特巴格乡对接开展“小母羊”项目。

“小母羊”项目在推广初期遇到了一定的阻力，一方面社区居民不能理解项目的初衷，他们认为以往的资助帮扶都是直接发放羊，而现在不仅要自己饲养，还需要交还；另一方面，诸如案例中的那户人家一样，他们担心不能按时按量传递启动资金，所以不愿意参与到项目之中。因此，社会工作者要根据社区情况在个案工作和小组工作中做好支持者的角色：打消社区居民的顾虑，倡导大家加入“小母羊”项目，通过自己的努力来实现脱贫；为社区居民赋能，鼓励他们尝试改变，用项目实效促进社区居民脱贫的自信。在此过程中，社会工作者也扮演服务提供者的角色，为社区居民传授养殖方法和技巧；扮演管理者，成立并管理了互助组，鼓励产崽多的居民把养殖的方法分享给其他居民；做了资源链接者，不仅链接了原“小母牛”项目，也联合了喀什市畜牧局的工作人员开展防疫、育肥、繁殖等知识培训。

“小母羊”项目还很好地体现了地区发展模式理论及社会系统理论。“小母羊”项目是基于全社区发展的工作，社会工作的助人功能促进了社区居民的自助，更促进了社区居民之间的互助，营造了良好的社区气氛，提高了居民的能力。同时，社区和各个家庭之间形成了主系统和次系统。社会工作打开了封闭的社区系统，外部资源输入主系统内，带动次系统的运作；在启动资金的传送过程中，各个次系统发生互动，共同促进主系统的发展。

（三）案例三：优势视角发现资源，社工介入实现转化[①]

甘肃省庄浪县郑河乡上寨村，是一个地处关山腹地的小村庄，环境优美、景色宜人。但是，这里的村民守着“绿水青山”却过着苦日子。多种因素

① 何方：《小蜜蜂变身脱贫攻坚“主力军”》，载《中国社会工作》2019年第16期。

制约了上寨村的发展：当地以种植业为主，缺乏经济基础；大多数青年外出务工，当地以“三留守”群体为主，缺乏青壮年劳动力；严重的依赖性导致上寨村自身发展动力不足。于是“靠在门口晒太阳，等着政府送小康”成为当地贫困群体的普遍思想。如何将“绿水青山”变成“金山银山”，是当地政府迫在眉睫需要解决的问题。

2017年12月，在甘肃省民政厅的大力支持和项目助推下，甘肃兴邦社会工作服务中心(以下简称“兴郑”)和郑河乡党委、政府负责实施“社会工作参与脱贫攻坚试点项目”，落地郑河乡上寨村。社会工作者以产业扶贫为突破口，设计并实施适合当地实际的产业项目。经过社会工作者的走访发现，上寨村地处关山林区，有着优良的植被，是天然的蜂场，特别适合中华蜂的养殖。社会工作者又邀请甘肃养蜂技术推广总站养蜂专家进行了论证，最终确定了中蜂养殖产业脱贫项目。该项目计划为上寨村贫困家庭免费发放蜂源，开展中华蜂养殖专业技能培训，建立合作社，开展线上线下的技术指导。以此帮助村民，尤其是贫困家庭科学养殖中华蜂，鼓励通过养殖中华蜂脱贫致富，打造本地的土蜂蜜品牌。

中华蜂养殖产业脱贫项目采取“合作社示范＋村民自我发展”的模式。而没有劳动能力的贫困家庭，可以与合作社签订入股合同，由合作社的技术人员进行集中养殖，年底保底分红。在项目实施过程中，社会工作者和技术专家共同组成了入户小组，每月进行一次各有侧重的入户指导，技术专家针对养蜂技术进行答疑，社会工作者则从人的发展、思想的改变、需求了解与资源对接等方面入手，激发贫困家庭的发展潜能。

仅半年的时间，中华蜂养殖已成为上寨村居民脱贫致富的重要产业，初步形成了“社会工作＋一个产业＋技术指导＋合作社示范＋农户自我发展＋品牌打造”的模式。经过1年的努力，上寨村的产业扶贫初见成效。截至2018年年底，上寨村累计产蜜600多斤，产值达6万多元，平均每户收入增加2 500多元。2019年4月，由兴邦、郑河乡政府、上寨金泉中蜂养殖合作社设计和打造的“湫池”商标注册获得通过。如今，兴邦社工的产业扶贫重点转移到了产品外观设计、包装盒、品牌打造以及拓展销售渠道、协助线上线下销售上来。

上寨村以中华蜂养殖产业项目为主导，逐步多元发展，利用良好的自然环境推动旅游业，与中华蜂养殖相得益彰。2018年6月，上寨村被确定为甘肃省乡村旅游示范村，蜂蜜实体店和民俗展览馆也正在建设之中。上寨村的乡村旅游建设如火如荼，与中华蜂养殖产业实现组团发展。

绿水青山就是金山银山，但是应当如何把这样的理念转化为反贫困工作的实效呢？在这个案例中，我们可以看到社会工作者摒弃了从问题视角出发来分析上寨村的贫困问题。在一般的问题视角下，上寨村薄弱的种植业无法成为主导经济；村中缺乏青壮年劳动力，人口多为“三留守”群体，因此要制订与之相关的措施来实现脱贫。但是从优势视角出发，社会工作者发现了优良的环境潜藏着发展机会，结合当地劳动力的情况，推广对技术和劳动力要求不高的蜜蜂养殖。

在社区增权阶段，上寨村采用“合作社示范＋村民自我发展”，一方面是合作社技术人员进行集中养殖，无劳动能力社区居民签订入股合同，保底分红；另一方面社会工作者和技术专家共同组成入户小组，有针对性地入户指导蜜蜂养殖。半年后进入社区营造阶段，上寨村的中华蜂养殖产业发展成为“社会工作＋一个产业＋技术指导＋合作社示范＋农户自我发展＋品牌打造”模式。在这个阶段中，社会工作者着重于帮助产业拓宽渠道，打造品牌，增强市场竞争力：商标注册、产品外观设计、协助线上线下销售等。上寨村社区以中华蜂养殖产业项目为主导，兼顾发展了文化旅游业，达到了整个社区脱贫的效果。

（四）案例四：创建小组拓宽渠道，社会工作行动多元开展①

云南省曲靖市师宗县五龙壮族乡的平寨村，是由8个自然村组成的少数民族行政村，是师宗县最贫困的村子之一。平寨村地理位置偏僻，只有一条机耕路与外界相连，与外界交流非常少。2000年的人口普查数据显示，全村壮族和汉族村民共有347户1 469人，壮族人口占总人口的80%以上。2000年全村有62户285人接受粮食救济，每年约有20户缺粮4～6个月。

2001年3月，广东绿耕社会工作发展中心（以下简称“绿耕”）与师宗县政府在平寨村联合推动“能力建设与乡村发展”的农村社会工作项目，但是收效甚微。2006年年底，越来越多的村民因生计所困，被迫去城市打工，村民对社会工作者组织的项目也逐渐失去热情。

对此，绿耕开始与村民一起努力挖掘社区自身的优势、资源及民众的能力和智慧。社会工作者采取口述史的方法寻访社区资源、发掘传统文化，重新审视村庄和居民的优势。社会工作者发现，其实平寨村不是一个“贫穷落后”的偏远山村，而是具备大多数地区无法比拟的优势和丰富的社区资源：这里有无污染的空气、充足的水源和土壤；一些村民依然沿袭传统的耕作方

① 案例来源张和清、闫红红《一个贫困村寨的脱贫之路》，对原文内容有删减。张和清、闫红红：《一个贫困村寨的脱贫之路》，载《中国社会工作》2019年第16期。

式并拥有精湛的传统耕作技艺；老品种水稻资源丰富，传统农耕文化浓郁；村内大部分妇女精通刺绣技艺，刺绣图案精致；家家户户用传统方式散养土鸡……

2007 年，绿耕的社会工作者开始在村中推动可持续的生计项目。首先，社会工作者动员村民组建生态种植小组，以传统耕作的方式种植老品种水稻。社会工作者采用小组工作方法，首先将 3 户贫困群体组织起来，支持他们以互助组的形式种植老品种水稻。当时大部分村民已不再种植老品种水稻，互助组从一户老人家中收集到了稻种，专门培育老品种水稻秧苗，恢复了 3 种老品种水稻的种植。2007 年春天，生态种植小组开始集体种植。社会工作者和村民充分运用传统耕作方式，使用农家肥、利用山上的植物自制的驱虫剂等。秋收时节，互助组共收获 1 吨左右的老品种稻谷。随后社会工作者帮助互助组在昆明举办了“平寨首届老品种谷子交易会”，老品种稻谷销售一空。第一年的成功试验，吸引了更多村民的加入，生态种植小组人数不断扩大。2009 年，农民专业合作社正式注册成立。合作社成员最多时达 55 户，种植面积 130 亩，总产量达 40 吨左右。老品种水稻的价格比当时杂交水稻的市场价高出约 2 倍，村民的劳动得到了应有的回报，极大地提高了经济收入和生活自信。

其次，社会工作者组织村民到开展相似项目的农场和村庄进行实地参访学习，开展不同形式的培训和活动促进村民能力建设，提高村民的生态种植技能及合作能力。例如 2007 年 6 月，老品种水稻遭遇稻飞虱虫害，社会工作者一方面鼓励村民采用传统方法驱虫、杀虫；另一方面与昆明生态农业机构合作，举办生态农业技术培训，提升村民的生态种植技术。社会工作者还推动村民成立了妇女手工艺合作小组和生态养殖合作社：妇女手工艺小组主要是妇女们集体制作刺绣手工艺品，生态养殖合作社的村民以养殖土鸡为主。居民合作的能力和主体意识是合作社持续发展的基础，因此，社会工作者通过日常开会、参与式培训、小组活动等开展合作社的教育与能力建设，强化了村民的互助合作精神。

再次，绿耕通过多种渠道建立消费者网络：一是社会工作者在城市与一些社区居民委员会、物业公司和业主委员会合作，在居民小区内组织食品安全等方面的讲座，向居民广泛宣传推介合作社的生态农产品：二是借助媒体向城市居民广泛宣传村民的生态农产品，并组织城市消费者进村体验农耕文化等，寻找潜在的消费者；三是社会工作者还与理念接近的社会组织合作，发起成立农夫市集、定期举办沙龙和食材体验等消费者活动。

最后，绿耕在城市社区开设公平贸易店，在主流市场之外为乡村社区资产创造另类市场，促进生产者与消费者互惠互利，建立稳定的城乡支持网络。2014 年 3 月，绿耕在昆明市五华区美憬新城社区开办的公平贸易店正式开业，由 2 名社会工作者以“社会企业”的方式自主经营。店内产品定价遵循公平贸易原则，产品销售收入的 60%以上返还给村民，并且减少生产者与消费者之间的中间商环节，保证了村民拥有合理的劳动收入。

在社会工作者的推动下，农民专业合作社的生产方式和城乡互惠互利的交易方式不仅极大降低了农民的生产成本，还打破了农产品的市场价格控制，保证“按劳分配”，大大提高了农民的经济收入。这种“城乡合作、公平贸易”的社区经济形式也有利于乡村传统耕作技艺和互助文化的传承、生物多样性和生态环境的恢复，更能提升村民的文化认同及生活自信。这或许是社会工作者存在的最大价值，因为扶贫绝不是仅给村民金钱和物资，而是要从根本上协助村民树立对生活的自信心，学会运用周围存在的资源解决自身遇到的困难。

在这个案例中，我们可以看到在社区介入阶段，绿耕的社会工作者采取口述史的方法与村民一起努力挖掘社区自身的优势、社区资源及社区居民的能力。尤其是村里沿袭传统耕作方式的“老水稻”具有很强的市场竞争力，可以成为产业脱贫的主导产业。在社区增权阶段，社会工作者着重寻找合适的老品种稻种，让它们重新焕发生命，萌发脱贫产业；与此同时社会工作者通过互助组分享传播平寨村独到且精湛的传统耕作技艺，为社区村民增权。在社区营造阶段，绿耕的社会工作者凭借昆明举办的“平寨首届老品种谷子交易会”的成功经验，扩大项目规模，吸引更多村民加入，成立农民专业合作社，推动可持续的产业扶贫项目。绿耕还通过多种渠道建立消费者网络，不仅拓宽销售渠道，还以社会企业的方式自主经营。最终不仅提升了社区居民收入，还形成了平寨村特色的乡村传统耕作技艺文化氛围，村民的文化认同及生活自信得以树立，在可持续的项目中达到了自助的效果。

（五）案例五：三级模式推动生产，企业合作发展产业[①]

广西壮族自治区河池市大化瑶族自治县雅龙乡的居民 L 因为儿子的白血病，全家因病返贫。传统生计方式已经难以使得 L 家庭脱贫，因此社会工作者与 L 建立专业关系，通过产业脱贫开展专业服务。

社会工作者以发展当地土特产旱藕粉丝的产业为手段，以达到帮助 L

---

① 蓝荣实：《社会工作参与家庭反贫困的实践与思考——以旱藕粉丝产业扶贫个案为例》，载《中国社会工作》2018 年第 24 期。

脱贫目的。首先，社会工作者对旱藕粉丝的价值、产业的整体情况进行全面的了解。社会工作者查阅文献得知：第一，大化瑶族自治县雅龙乡在20世纪40年代开始引进种植旱藕，已有70多年的旱藕粉丝制作历史，旱藕粉丝远近闻名；第二，粉丝的原料旱藕耐旱性较好，生长能力极强，适宜山地种植；第三，大化瑶族自治县的瑶族人民在山区种植旱藕，使用农家肥培育，种植出的旱藕品质优良；第四，雅龙乡的传统藕粉制作工艺精湛。但是随着附近地域旱藕粉丝市场的饱和及劳动力的转移，雅龙乡的旱藕粉丝也面临市场饱和和传统藕粉制作工艺失传的双重考验。其次，社会工作者整合政社资源，促进扶贫产业的发展。在精准扶贫全面铺开后，扶贫政策鼓励农村发展新的生产形式，如合作社、信用社等。信用社还为建档立卡的贫困户提供5万元以下，3年期内免抵押、免担保的信用贷款，鼓励贫困户合作发展。在政策的鼓励和社会工作者的调研评估帮助下，L建立起正式的生产平台。再次，社会工作者帮助L筹建旱藕粉丝生产基地，并与贫困家庭的老师傅合作，通过共同生产、分红等多种方式达成合作协议；同时还与贫困户达成合作协议，由企业牵头组建旱藕种植合作社，争取政府的农业补贴，为旱藕粉丝提供有质量保障的生产原料。如此，基本形成了“企业＋合作社＋农户”的生产模式。最后，社会工作者发现当地同类产品通过互联网售卖的不多，区外市场尚有巨大的发展空间。L与当地物流公司合作，搭建互联网销售平台，将旱藕粉丝推广到全国；基于大都市对生态特产的需求，逐步扩大了销售渠道，加强了产业效能，达到了脱贫的效果。

在这个案例中，反贫困社会工作的起因是一例个案工作。但是整体介入过程，依然是在社区为本视角下展开的，实则是次系统推动主系统的发展。旱藕粉丝产业发展,不仅推动L实现脱贫,还可以推动整个社区的发展。

在社区介入阶段,社会工作者采用文献研究,梳理了当地种植旱藕粉丝的市场优势,同时也作为服务提供者向社区居民提供信用社免息贷款等相关政策信息,争取政府的农业补贴。在社区增权阶段,社会工作者将贫困户与有娴熟种植技艺的老师傅对接,促进旱藕产业发展。在社区营造阶段,社会工作者搭建了互联网销售平台,同时链接企业牵头组建旱藕种植合作社,为社区产业提供有质量保障的生产原料,最终实现"企业+合作社+农户"的三级模式,推动生产模式形成长效机制。

(六)案例六:健全产业增加就业,脱贫协同乡村治理①

万载县位于江西省西北部,全县面积为1 718平方千米,辖7镇9乡1街道,总人口约50万。万载县是"花炮之乡""百合故里",近年来又荣获"国家有机食品生产基地""全国绿色名县""江西省绿色(有机)食品十强县"等荣誉称号。

2007年4月,万载县被确定为全国首批社会工作人才队伍建设试点县。近年来,在国家民政部、省民政厅、市民政局的大力支持下,在县委、县政府的高度重视下,通过积极的探索与实践,形成了"党委统一领导、政府主导推动、部门密切配合、整合现有资源、社工义工联动、公众广泛参与、广大群众

① 案例来源见下述参考文献,对原文内容有删减。袁帅:《整合社会工作介入产业扶贫的研究——以湖南省D县罗汉果产业扶贫为例》,广西师范大学2018年硕士研究生学位论文。杨逸婧:《社会工作视角下江西省万载县贫困治理研究》,江西财经大学2018年硕士研究生学位论文。龙元勇、曾威:《四步到位,打造农村社会工作"万载模式"》,载《中国社会报》2011年12月20日。陈晓平:《新农村建设中的社会工作创新——以江西"万载模式"为例》,载《江西社会科学》2014年第6期。

受益”的农村社会工作“万载模式”。2008 年 12 月，全国农村社会工作人才队伍建设试点经验交流会在万载县成功召开；2010 年 3 月，民政部将万载县列为首批 7 个全国社会工作人才队伍建设试点示范县之一；“万载农村社会工作本土化实验取得重要成果”入选为 2009 年度全国社会工作领域十大事件之一。

万载县把社会工作及其人才队伍建设融入新农村建设，用地区发展模式和社会计划模式等方法，通过建立“致富驿站”等形式，帮扶困难群众。如马步乡布城村罗山新村运用地区发展模式，以入党积极分子袁清根的“农家乐”饭庄为龙头，建立“致富驿站”，通过签订协议，聘用本村留守妇女为服务员、清洁员，聘请低保户打鱼草、种蔬菜，实现了低保对象、留守妇女、困难群众和农庄多方受益的良好效果；通过整治农村宗族祠堂，将其改造为社会工作服务站等，促进了新农村建设；如罗城镇卢洲村、高城乡南庙村、马步乡布城村和寨下村、三兴镇闹坪村等村落不仅把宗族祠堂改造成文化中心，还积极开展“树文明新风，建美好家园”大行动，引导村民成立“新村环卫队”和“群众文艺队”等，开展美化“村口、路口、家门口”环境卫生整治活动，聘请有劳动能力的低保户为保洁员，定期开展“文明卫生户”评比，使村风民风变优了，村容村貌变美了，农村秩序变好了，精神生活变丰富了。

针对返乡农民工的就业问题，依托各乡镇（街道）社会工作服务中心（所、站），该县驻村社会工作者及时为返乡农民工提供心理疏导、技能培训、就业创业帮扶等专业服务。如马步乡曾先后组织 362 名返乡农民参加实用技术培训，成功为 200 多名返乡农民工实现再就业，协助 12 名返乡农民工创办了生态养猪场和农庄。近年来，全县共开展个案、小组和社区社会工作案例200多个，建档1 000余份，成功解决各类社会问题260多个，化解矛盾纠纷180多起，有效走访50多人次，有力促进了社会和谐、维护了社会稳定，为推进社会工作发展积累了丰硕的实践成果。

在万载县的产业扶贫模式中，我们可以看到社会工作服务贯穿于地方党委、政府及社会组织共同推进的工作中。贫困社区的产业健全发展可以为社区提供更多的岗位、职位，由此也要求社会工作者在介入工作中要充分鼓励社区居民从业、就业。在万载县的工作中，社会工作者为返乡农民工提供心理疏导、技能培训、就业创业帮扶等专业服务，协助返乡农民工创办了产业。“致富驿站”建成后，留守妇女可以从事服务员、清洁员岗位，低保户受聘于打鱼草、种蔬菜等工作，困难群众和农庄经济实现了多方受益。一系列的措施不仅解决了万载县的贫困问题，更是做好了乡村振兴的工作。

三、社区产业反贫困的经验教训

（一）做好基础保障

虽然扶贫工作是一个持续性的过程，需要逐步从“输血式”转变为“造血式”扶贫。但是这不代表社会工作直接提供救助、服务是没有必要的。在很多贫困地区，当前社区居民依然面临着极为严峻的贫困窘境，所以反贫困社会工作者应该正视这一点，在脱离了贫困威胁后，再通过社区居民发展、产业发展以谋求扶贫工作的持续性、稳定性。社会工作者应当在评估中对扶贫的对象进行分类，分步开展反贫困工作，通过部分已脱贫的居民带动全体社区人员。例如，部分受助者通过发展产业达到了创收、脱贫，其成效就是对其余社区居民最大的鼓励,而发展起来的产业势必对劳动力有了新要求,也给社区居民提供了新的就业机会。

(二)激发内生动力

脱贫攻坚需要外界的推动,更需要内在的动力,要把外在的推动力转化为内生动力,提高贫困地区自我发展能力和自我造血能力,保证脱贫效果的可持续性,保障贫困地区和贫困人口真脱贫、不返贫。社会工作注重赋权,通过综合运用个案工作、小组工作、社区工作等工作方法及个案辅导、团体治疗、资源链接等工作技巧,可以帮助贫困群体认识自己的潜能,提高参与度和参与能力,提升能动性和内生动力,转变思想观念,增强脱贫信心,促进贫困群体发挥潜能、提升技能,互帮互助,积极就业创业,通过增加收入实现脱贫。

(三)提升发展能力

扶贫要与扶志、扶智相结合。社会工作倡导“造血式”扶贫理念,帮助贫困群体发掘自身优势,进行能力建设,这不仅能够有效增强贫困群体的自尊心和自信心,还能切实降低贫困群体再次返贫的可能性。在产业扶贫中,社会工作者要帮助贫困群体树立“自力更生、勤劳致富”的观念,提高贫困群体的参与积极性,增强贫困群体的“主人翁”意识,切实将增能、赋权、资源链接和优势挖掘等社会工作专业方法运用于产业扶贫工作,提升贫困群体的发展能力,增强贫困群体在产业扶贫中的话语权,进而提高产业扶贫的实效。

在一些社会工作介入的地区,社区居民已经习惯了贫困的生活方式,他们主观上缺乏改变贫困现状的信心。例如,常年接受社会救济、慈善捐助而不愿意参与工作劳动,对贫困生活得过且过等。社会工作者要充分利用个案工作、小组工作为受助者提供心理支持，做好增权赋能。

（四）建立联结机制

产业扶贫的根本目的是让贫困人口增收脱贫，产业扶贫需要贫困群体的广泛和深度参与。社会工作应充分利用专业人才和资源的优势，建立产业与贫困群体的利益联结机制，找准产业项目与贫困群体增收的结合点，尽可能让更多的贫困群体参与产业项目建设。社会工作还应将贫困群体纳入扶贫产业体系之中，建立企业与贫困群体的利益联结机制，提高贫困群体在产业发展中的参与度和受益度。

（五）保持专业素养

在反贫困社会工作的介入服务中，社会工作者需要时刻保持专业性，从细节中展现社会工作的独到视角，保持中立价值，用优势视角看待贫困，对受助者不排斥、不歧视、不批判。在一些实践中，受助者会因为心理因素拒绝接受帮助，他们宁愿忍受贫困的威胁也不愿意接受帮扶。所以社会工作者更应该利用自身专业性与受助者建立信任关系，在工作中不仅要扮演好服务提供者角色，更要做好支持者的工作，消除受助者的排斥感、树立他们的信心、发掘他们的潜能。

第七章　社区易地搬迁反贫困社会工作实务

易地搬迁扶贫作为精准扶贫的重要方式之一，在我国反贫困实践中往往以集中安置的方式进行，其实质是以安置社区为单位，通过社区整体发展帮助社区内的全体居民摆脱贫困、改善生活。与此同时，易地搬迁扶贫既涉及搬迁过程，也涉及搬迁后的发展环节；既涉及社区内的贫困个人，也涉及安置社区的整体发展；既需要帮助贫困人口摆脱经济上的贫困，也需要帮助贫困人口实现精神、文化等方面的发展。易地搬迁扶贫兼具动态性、层次性及复合性，这些因素都给易地搬迁扶贫工作的开展带来了巨大的挑战，也为社会工作介入提供了空间。

第一节　易地搬迁反贫困社会工作中的社区视角

易地搬迁扶贫在中国长期反贫困实践中占据了重要地位，随着社会的发展、反贫困工作整体设置的变化，易地搬迁扶贫工作也经历了一系列变化过程。近年来，易地搬迁扶贫被不断赋予新的内涵，党和国家也对其提出了新的要求与目标。本节将从易地搬迁扶贫的演变历程入手，对现阶段易地搬迁扶贫的内涵及实践特征进行探讨。

一、易地搬迁扶贫的背景

（一）易地搬迁扶贫探索阶段

我国各地区对易地扶贫移民开发的摸索和实践，为新时期易地搬迁扶贫理论的产生提供了实践基础。因生态环境恶劣且难以改变、传统扶贫方式成效甚微，各地区开始探索易地扶贫即搬迁移民的实践。1982 年我国开始的“三西”扶贫[①]是我国第一次易地搬迁扶贫实践。“三西”扶贫将地处黄土高原上的定西地区和西海固地区的贫困人口迁移到资源较为丰富的河西地区，取得了可喜的成绩，不仅增加了河西地区农产品产量，缓解了定西地区和西海固地区的贫困状况，而且改善了当地的环境状况。1990 年代至今，各省、地区纷纷尝试制订、实施易地扶贫计划，并将其纳入地区整体扶贫的措施体系中。在广西，大约有 10.6 万人迁移至条件相对较好的地区；在广东，大约有 18.7 万人从偏远山区迁出。这些易地搬迁扶贫开发的实践与探索，无疑给易地搬迁扶贫理论的完善提供了实践基础。[②]

---

① “三西”扶贫指 1982 年 12 月国务院启动实施的甘肃河西地区、定西地区和宁夏西海固地区的农业建设扶贫工程。

② 孙建安、孟庆红：《我国易地扶贫开发理论的应用及思考》，载《云南财贸学院学报(社会科学版)》2006 年第 5 期。

（二）易地搬迁扶贫推广阶段

《中华人民共和国国民经济社会发展第十一个五年规划纲要》(以下简称《纲要》)中推进形成主体功能区战略的提出，为易地搬迁扶贫理论的产生提供了思想指导。《纲要》指出，“根据资源环境承载能力、现有开发密度和发展潜力，统筹考虑未来我国人口分布、经济布局、国土利用和城镇化格局，将国土空间划分为优化开发、重点开发、限制开发和禁止开发四类主体功能区，按照主体功能定位调整完善区域政策和绩效评价，规范空间开发秩序，形成合理的空间开发结构”。同时，《中国农村扶贫开发纲要（2001—2010年）》为扶贫移民提供了操作性依据。第十九条指出：“稳步推进自愿移民搬迁。对目前极少数居住在生存条件恶劣、自然资源缺乏地区的特困人口，要结合退耕还林还草实行搬迁扶贫。”[①]该战略在“十一五”期间得到了大力推广，在“十二五”期间，易地搬迁扶贫的成效逐渐显现，在中国的反贫困过程中发挥了重要作用。仅“十二五”期间，在中央财政和地方财政支持下，就有1 171万人通过易地搬迁改善了生活条件。[②]

（三）易地搬迁扶贫攻坚阶段

“十三五”期间，我国易地搬迁扶贫任务全面完成，正如国务院新闻办新闻发布会上，国家发展改革委秘书长赵辰昕所言，“十三五”易地扶贫搬迁的历史性成就主要体现在三个方面：一是有效解决了“一方水土养不好一方人”地区近1 000万贫困人口的脱贫发展问题，为打赢脱贫攻坚战、实现第一个百年奋斗目标做出了重要贡献；二是充分体现了经济、社会、生态等多方

① 国务院：《中国农村扶贫开发纲要(2001—2010年)》，载《国务院公报》2011年第23号。

② 王晓毅：《异地搬迁如何实现精准扶贫》，载《学习时报》2017年1月20日。

面的综合效益，为解决区域性整体贫困、促进脱贫地区高质量发展打下了坚实基础；三是有力彰显了中国特色社会主义制度集中力量办大事、难事的巨大优势，为全球减贫事业贡献了“中国智慧”和“中国方案”。具体而言，“十三五”期间，全国易地扶贫搬迁累计投入各类资金约 6 000 亿元，建成集中安置区约 3.5 万个；建成安置住房 266 万余套，总建筑面积 2.1 亿平方米，户均住房面积 80.6 平方米；配套新建或改扩建中小学和幼儿园 6 100 多所、医院和社区卫生服务中心 1.2 万多所、养老服务设施 3 400 余个、文化活动场所 4 万余个，960 多万建档立卡贫困群众已全部乔迁新居。

“十三五”时期是中国实现全面消除农村绝对贫困目标的关键时期，易地搬迁扶贫承担了近 20％的扶贫攻坚任务，因此要认识当前易地搬迁扶贫所面临的新形势，不断完善易地搬迁的安置方式，从而更好地完成精准扶贫的任务。同时，《中共中央 国务院关于打赢脱贫攻坚战的决定》和《“十三五”脱贫攻坚规划》分别强调，“实施扶贫志愿者行动计划和社会工作专业人才服务贫困地区计划”“进一步发挥社会工作专业人才和志愿者扶贫作用”。发挥专业优势，助力精准扶贫，这是党和国家对社会工作服务提出的希望和要求。整体而言，在“十三五”期间（2016—2020 年），社会工作专业在服务易地搬迁扶贫和国家扶贫工作大局方面作出了巨大贡献，其介入模式有待进一步总结、提炼与推广。

二、易地搬迁扶贫的内涵及特征

（一）易地搬迁扶贫的内涵

易地搬迁扶贫作为精准扶贫的重要模式之一，是国家为加快西部地区生活在自然条件严酷、资源贫乏、生态环境恶化地区贫困人口脱贫致富进程，促进贫困地区扶贫开发和生态环境保护有效结合的重大举措。易地搬迁扶贫，搬迁只是手段，脱贫才是目的。具体而言，易地搬迁扶贫是指将居住在生态环境恶劣、自然条件低劣等不具备生存条件或地质灾害高发地区的贫困群体，按照居民自愿的原则，在政府的统一组织下，搬迁到生活和生产条件较好的地区，实行有计划的开发式移民，通过开垦宜农宜林的荒山荒地，依托城镇和产业发展等易地安置，通过调整经济结构和拓展增收渠道等手段，帮助搬迁人口脱贫致富。易地搬迁扶贫是一个复合性的过程，要实现精准扶贫的成效，不仅要在经济方面改善移民的生存条件，而且要改善社会服务，使他们融入当地社会。

易地搬迁扶贫有其深刻的必要性。一般而言，易地搬迁扶贫迁出地恶劣的自然环境导致当地陷入“生态环境恶化—贫困—生态环境进一步恶化—贫困加剧”的恶性循环，使得这些地区不具备基本的生存条件。在常规扶贫政策难以取得效果或成本太高的情况下，易地扶贫成为缓解当地环境压力和改善群众生产、生活条件的有效途径。通过易地搬迁扶贫，安置区移民生产、生活条件得到改善，增收渠道逐步拓宽，综合发展能力显著提高，脱贫致富步伐明显加快，迁出地生态环境也得到有效保护和恢复。①

（二）社区易地搬迁扶贫的特征

1. 贫困原因的复合性

易地搬迁扶贫社区常常地处自然条件与交通条件恶劣的偏远地区，一

① 李娜：《异地扶贫搬迁与移民涵化——以永仁县莲池乡凹泥奔新村移民为例》，载《楚雄师范学院学报》2013 年第 11 期。

方面自然环境的恶劣是造成区域性贫困的主要原因，另一方面由自然条件等客观因素造成的贫困也带来了一系列次生性问题，例如因医疗保障的缺失而导致的因病致贫、教育设施未能普及而造成的人力资源弱势等。由地域性的自然环境恶劣所导致的原生性贫困及由此导致的健康贫困、文化贫困等次生性贫困问题交织在一起，使得易地搬迁扶贫社区的致贫原因具有复合性，这也为易地搬迁扶贫工作的开展带来困难。

2. 民众需求的多重性

社区易地搬迁扶贫工作以社区整体为平台而展开。一方面，工作过程涉及社区内的个人、群体乃至社区整体等多个层面，目标群体具有多层次性。另一方面，易地搬迁扶贫将对贫困社区采取全方位的迁移，涉及群众生活的方方面面：既要解决贫困社区及居民经济上的贫困，也要解决社区居民健康贫困、文化贫困等问题；既要解决贫困社区原有问题，也要解决因搬迁而产生的包括社会融入等问题在内的一系列问题。总而言之，社区易地搬迁扶贫工作是一种以贫困社区整体为对象的全方位的扶贫方式，因此多层需求主体的各类需求亟待满足。

3. 参与主体的多元性

社区易地搬迁扶贫通过整体搬迁的方式解决区域性贫困问题，这一迁移式扶贫过程势必会涉及多方主体：其一，直接影响的是迁移社区居民；其二，迁入地区居民的生产生活也会因搬迁居民的迁入而受到影响；其三，易地搬迁扶贫离不开政府的支持，甚至大部分的易地搬迁扶贫工作都由政府主导；其四，易地搬迁扶贫涉及贫困社区的全方位发展，由于自身资源不足，常常需要包括企业、社会组织等在内的外界力量的支持与帮助。因此，社区易地搬迁扶贫，通常是搬迁居民、迁入地区居民、政府、社会组织及企业多方合力的结果。

三、社区易地搬迁扶贫与社会工作的耦合性

（一）理念相通：助人自助与群体互助并举实现整体目标

“精准扶贫”是一种与传统粗放式扶贫相区别的扶贫新模式，两者间的区别主要体现在扶贫理念与扶贫方式上，前者在理念上强调“造血式”扶贫而非“输血式”扶贫，将“扶贫先扶志，扶贫必扶智”作为宗旨。[①] 这一理念与宗旨的提出，实现了扶贫重心从单向度的资源援助到脱贫能力培育的转变。社区易地搬迁扶贫作为“精准扶贫”的重要方式之一，一方面沿袭了“造血式”扶贫的理念，另一方面将这一理念发展到群体互助的层面，不仅注重贫困个人能力的培育，同时强调社区内部互助机制的建构。

社会工作作为一门以助人为目的的专业，将“助人自助”作为宗旨，依循优势视角，在工作方法层面强调为案主赋权、增能，以实现助人自助的目标。社会工作的服务对象涉及个人、家庭、群体、社区等多个层面，“助人自助”这一宗旨在不同层面也有着不同的体现：个人层面体现为“助人自助”，群体和社区层面则包含了更加丰富的内涵，从“助人自助”延伸至“助人互助”。

由上述可以看出，社区易地搬迁扶贫与社会工作在理念上具有诸多相同之处[②]，具体体现在以下三个方面。其一，都注重个体能力的培育。社区易地搬迁扶贫强调“造血式”扶贫，而社会工作强调“助人自助”，两者在本质

① 汪三贵、郭子豪：《论中国的精准扶贫》，载《贵州社会科学》2015 年第 5 期。
② 王守颂：《社会工作与精准扶贫的耦合性研究》，载《前沿》2016 年第 12 期。

上都实现了从消极援助到能力培育的转变，都注重个体能力的培育，而非单向度的物质援助。其二，都注重群体互助机制的培育。社区易地搬迁扶贫的一个重要思路是通过群体、社区互助机制的培育，实现整体脱贫目标，而社会工作“助人自助”的宗旨在小组、社区层面体现为互助机制的培育，两者的理念不仅在个人层面具有共同之处，在群体、社区层面也具有契合性。其三，强调“助人自助”与“群体互助”相结合。当目标群体同时靶向社区层面时，社区易地搬迁扶贫与社区社会工作都强调社区内个人与社区整体之间的嵌套性，强调将“助人自助”与“社区互助”相结合，以促成整体发展。

（二）供需相契：整体搬迁的多层需求与社会工作整合服务

社区易地搬迁扶贫过程涉及社区全体居民，一方面，需求主体具有多层次性，涉及个人、家庭、群体乃至社区整体等多个层次，各方的利益与诉求在扶贫过程中都需要被考虑；另一方面，需求类型具有多样性，易地扶贫是一个集搬迁与扶贫为一体的动态过程，不仅需要解决既有的贫困问题，还要解决由搬迁所导致的一系列问题，涉及经济、文化、社会等诸多方面。社区易地搬迁扶贫涉及多层主体的多样需要，这为工作的开展带来了两方面的挑战：一是增加了“精准识别”的难度；二是主体需求满足变得更加困难。

社会工作对预估环节与整合服务的强调，能够在很大程度上与社区易地搬迁扶贫过程中的“难识别”“难满足”的需求难题相契合，为解决“扶持谁”“谁来扶”“怎么扶”三大环节提供了支持。[①] 一方面，社会工作注重服务的整体性，强调从预估环节的需求识别出发，建立起“需求—目标—服务—

① 高飞、向德平：《专业社会工作参与精准扶贫的可能性与可及性》，载《社会工作》2016年第3期。

评估”为一体的服务体系，同时在预估方法上也强调“量性结合”，能够针对不同层次的服务对象进行有效预估。社会工作对预估环节的重视及对科学预估方法的熟稔运用为社区易地搬迁扶贫中“需求难识别”问题的解决提供了助力。另一方面，社会工作不仅强调单次服务的整体性，同时也强调个案、小组、社区工作之间的整合性，强调社会工作“整合服务”。[①] 社区易地搬迁扶贫过程涉及个人、家庭、群体、社区等多层主体，这也与社会工作三大方法——个案工作、小组工作及社区工作一一对应；同时，社会工作强调三大工作方法之间的兼容，注重整合服务，这也能够较好地满足社区搬迁过程中的复合性需要，为社区易地搬迁扶贫过程中“需求难满足”问题的解决提供帮助。从上述内容我们不难看出，社区易地搬迁扶贫中多层主体的多样化需要与社会工作整合服务两者之间在供求关系上的契合性。

（三）平台相符：两者都将社区作为重要的工作场域

社区易地搬迁扶贫作为“精准扶贫”的重要方式之一，与其他扶贫方式的重要区别在于其整体性，即以社区为平台开展扶贫工作。社区易地搬迁扶贫工作以贫困社区整体脱贫为目标，将社区作为主要工作场域，一方面面临着社区内亟待解决的多层次、多样化的需求与问题，另一方面要以社区为依托，充分利用社区内外部资源，通过社区内部自助、互助机制的培育来实现贫困社区的整体发展。

社区社会工作作为社会工作的重要方法之一，是以整个社区及在社区中的居民作为服务对象，提供助人的、利他的服务的一种社会工作专业方

① 文军、吴越菲：《灾害社会工作的实践及反思——以云南鲁甸地震灾区社工整合服务为例》，载《中国社会科学》2015 年第 9 期。

法。社区社会工作以社区和社区居民为对象，通过组织和发动社区居民参与集体行动，确定社区的问题与需求，动员社区资源，争取外力协助，有计划、有步骤地解决或预防社会问题，调整或改善社会关系，减少社会冲突，培养自助、互助及自决的精神，加强社区的凝聚力，培养社区居民的民主参与意识和能力，发掘并培养社区的领导人才，以提高社区的社会福利水平，促进社区的进步。①

社区易地搬迁扶贫工作与社区社会工作的开展都将社区作为重要的工作场域，两者工作平台相符。在此基础上，易地搬迁扶贫工作与社区社会工作在具体工作思路上也具有异曲同工之处，即以社区为依托，善用社区各方面资源与内在力量，推动社区问题的解决。

综上我们不难发现，社会工作与社区易地搬迁扶贫不仅理念相通，在供求关系、工作平台等方面也有着诸多相似之处，这为社会工作介入社区易地搬迁工作奠定了基础。笔者也将在下文中，进一步阐述社区易地搬迁扶贫社会工作的内容。

第二节　社区易地搬迁反贫困社会工作的内容

精准扶贫时期，易地搬迁扶贫更多的是以社区为平台而展开。“社区为本”的易地搬迁扶贫在有着整体性优势的同时，也面临着亟待解决的多层次、多维度的问题。这些问题产生与出现推动着社区易地搬迁反贫困社会

① 王思斌：《社会工作概论（第二版）》，高等教育出版社 2006 年版，第 138 页。

工作实践的开展。在本节中，笔者将着眼于"搬迁—发展"的动态过程，依循易地搬迁扶贫的步骤与环节，对社区易地搬迁反贫困社会工作的具体实践内容展开叙述。

一、精准识别：需求预估与迁入地筛选

相对传统粗放式扶贫而言，精准扶贫的最大特点在于"精准"二字，即"精准识别、精准管理、精准考核"。[①] 其中，"精准识别"作为精准扶贫的第一步，是实现精准扶贫的前提条件，在精准扶贫的全过程中发挥着先导性和决定性的重要作用。所谓精准识别，就是按照统一标准，通过规范的流程和方法，找出真正的贫困村、贫困人口，了解贫困状况，分析致贫原因，摸清帮扶需求，为扶贫开发瞄准对象提供科学依据。由于社区易地搬迁扶贫本身所具有的整体性与迁移性，对"精准识别"这一环节也提出了更大的挑战，具体表现在以下两个方面：一方面，社区易地搬迁扶贫的整体性造成了"内部差异"与"整体需求"并存，这要求我们既要精准识别搬迁群体的共性需求，也要精准识别群体内部的情况差异；另一方面，社区易地搬迁扶贫的迁移性要求我们既要精准识别迁出地的情况，也要精准识别迁入地的情况。上述挑战大大加重了社区易地搬迁扶贫中"精准识别"环节的难度。但从另外一个向度而言，社会工作始终强调"个别化"原则、重视预估环节的作用，针对各层次群体掌握了一套行之有效的方法，这也为社区易地搬迁扶贫中"精准识别"工作的开展提供了助力。

社区易地搬迁反贫困社会工作在"精准识别"环节中的工作内容主要包

① 易棉阳：《论习近平的精准扶贫战略思想》，载《贵州社会科学》2016 年第 5 期。

括以下三个方面：其一，精准识别搬迁地区整体情况与共性需求；其二，精准识别迁移群众内部个性化需要；其三，精准筛选符合条件的迁入地。

（一）靶向共求：精准识别搬迁地区整体情况与共性需求

社区易地搬迁扶贫与其他扶贫方式的重要区别之一在于其整体性，即社区易地搬迁扶贫是以集体搬迁的形式，将一群贫困程度普遍较高的居民从原居住地迁至其他交通相对便利、发展条件相对优良的地方，以实现整体脱贫目标。因此，在这一过程中，最先需要考虑的是搬迁居民的整体需求，最先需要解决的是搬迁居民的共性问题。从社会工作视角看，对搬迁居民整体需求的精准识别也可以被看作社区社会工作者在开展工作之前对社区所作的整体预估，两者在目标、对象、方法层面都具有高度的一致性。因此，我们可以顺利地将社区需求预估方法运用到搬迁群体整体需求的精准识别上来，但在具体操作过程中也需要作出相应的适应性调整。对搬迁群体整体需求的预估将以定性与定量相结合的方式开展，主要采用访谈法、观察法及问卷调查法。

首先，社会工作者需要从搬迁地区的实际情况出发，在查阅相关文献资料以初步掌握当地情况的前提下，进入搬迁地区内部收集相关资料。一方面，社会工作者可以拟订访谈提纲，进入搬迁社区内部以访谈的形式进行资料收集工作。该阶段访谈对象主要以农村社区内部知识层次与社会地位较高的居民为主，适当辅以普通居民；另一方面，社会工作者在进入搬迁社区后，要时刻意识到自身“观察者”的身份，对村庄内部的各种情况进行观察并及时记录、整理。在这里，村庄的地理位置、自然条件、经济状况、人际互动等都是重要的观察内容。这一阶段，社会工作者的主要任务是进入村庄，并通过访谈法与观察法对村庄的整体情况有一个直观认识，为后续预估工作的开展打好基础。同时，对社会工作者而言，问题的关键之处在于以何种方式深入搬迁社区内部——争取当地权威人物的支持与帮助不失为一良策。

其次，在对贫困社区整体情况有了一定认识的基础上，社会工作者需要根据上一阶段所收集的资料拟订社区需求调查问卷，以问卷调查的形式进一步收集与贫困社区居民相关的信息，从而为后续的需求分析工作提供数据资料。过程中，社会工作者需要注意两个方面的问题：一方面，问卷的质量在一定程度上决定着整个调查乃至整个识别、预估过程的质量，社会工作者必须从实际情况出发，在认真分析访谈、观察资料的基础上设计问卷，并通过预调查及征求专家意见的方式进一步完善问卷；另一方面，搬迁社区贫困人口往往贫困程度较高、文化程度较低，这为问卷的发放与填答带来了不便。在调查过程中，社会工作者或调查员尽可能更多地使用结构式访谈法来完成问卷填答，在语言表达上也应该尽可能考虑被调查者的实际情况，尽可能反映出被调查者的真实需求。

最后，社会工作者需要对收集到的定性资料与定量资料进行整理、归纳与分析。社会工作者可以邀请相关领域的专家共同对资料展开讨论、分析，进而精准识别搬迁社区民众的真实需求。这些分析结果为后续社区易地搬迁扶贫工作的开展提供了重要依据，贫困社区的整体性需求也将是搬迁扶贫全过程所需要把握的整体性目标。社会工作者在过程中需要凝聚各方的共同努力，来保证分析结果的信度与效度；同时也需要对分析结果进行判断，从贫困人口的整体需求中筛选出最迫切并且当前条件能够满足的共性需求。

（二）兼顾差异：精准识别迁移群众内部个性化需求

在完成贫困社区整体需求识别的基础上，社会工作者仍然需要对贫困社区内部的群体差异予以关注，这些差异背后往往真实地反映了贫困人口的个性化需求。易地搬迁社区，一方面面临着因自然资源、地理位置、基础设施等方面的限制而导致的整体性贫困，另一方面社区内部贫困群体之间在贫困程度上也存在着较大差异，贫困问题与健康问题、养老问题等交织在一起。这也充分说明了精准识别贫困人口内部个性化需求的重要性，这也是社区易地搬迁反贫困社会工作“精准识别”环节中不可忽视的重要工作内容。

一方面，社会工作者要充分利用好上一阶段的调查结果。社会工作者在访谈和观察的过程中，要有意识地留意贫困人口间的差异情况，对其中情况较为特殊的家庭给予更多的关注；同时在资料分析的过程中，不仅要靶向贫困社区的整体性需求，也要兼顾差异，对每户家庭尤其是部分特殊家庭的情况进行深入了解。这为社会工作者针对家庭开展的精准识别与需求预估工作提供了基础，也为进一步“精准识别”贫困人口状态提供了指引。

另一方面，社会工作者可以深入农村社区内部、进入社区居民尤其是特殊贫困户家庭之中，进行更为深入的观察与访谈，以对不同贫困家庭之间的不同情况有更为准确的把握。这既是“精准扶贫”的工作要求，也是社会工作本身的专业要求。社会工作者可以采用个案管理的方式，为搬迁社区内的特殊贫困人口建立专门的档案。

在贫困社区内部，造成居民贫困的各种原因交织在一起，这大大增加了扶贫的难度。造成搬迁社区整体性贫困的原因既包含共性因素，也涵盖了众多特殊原因，在这一阶段社会工作者应该对后者予以更多的关注。社会工作者在“精准识别”环节，需要着重了解贫困家庭的基本状况、贫困程度、贫困原因、需求与诉求、个人及家庭优势等方面的信息。

（三）精准筛选符合条件的迁入地

社区易地搬迁扶贫是一个兼具整体性与迁移性的动态过程，其整体思路就是通过居住地的迁移来改变贫困群体生产、生活的社会环境，从而促进整体性贫困问题的解决，其中关键一环在于迁入地的社会环境能否较好地助力搬迁社区的发展，这也对迁入地的选择提出了要求。通常，迁入地的选择包括两种情况：一是采取“在白纸上画图”的做法，选择一块地理位置、自然条件较好的未建设用地作为迁入地进行开发建设；二者是选择城镇边缘地带作为迁入地。由于基础设施、资金投入等方面的限制，社区易地搬迁扶贫在迁入地的选择上往往以后者为主。迁入地的选择是社区易地搬迁反贫困社会工作中的重要内容。

首先，我们需要考虑迁入地点在地理空间、自然条件、人口容纳程度、经济发展水平等方面是否能够满足搬迁社区的要求，是否能够容纳迁移人口的生产生活，是否有足够的条件助力搬迁社区的发展。对迁入地上述情况的评估，在很大程度上超出了社会工作者专业能力的范畴，因此社会工作者在这一过程中应该更多地扮演资源链接者与统筹者的角色，积极联系包括城市规划师、测绘员等在内的各方专业人士，对迁入地的整体情况进行专业评估。需要注意的是，健康扶贫的内容也应当被纳入考量范围，要避免贫困群体迁入具有区域性流行病的地区。

其次，出于社会工作自身专业特色与要求，社会工作者对迁入地“物”的层面进行测评的同时，也应当关注“人”的层面：一是迁出地与迁入地生活方式、风俗习惯、区域文化等内容之间的异同，应当尽可能选取上述因素差异较小的地点作为迁入地；二是搬迁前，搬迁居民与原有居民之间的交流程度，如果搬迁居民与原有居民之间已经有一定的社会交往与社会关系存在，则会为后续工作的开展提供帮助；三是原有居民对待搬迁移民的态度，如果原有居民持有包容与接纳态度则更有利于易地搬迁扶贫工作的开展。社会工作者在对迁入地进行精准筛选时，应当兼顾上述“物”的条件与“人”的因素。此外，搬迁工作本身的难度也应当被纳入考虑范围。

最后，在精准识别阶段，社会工作者既需要注意贫困社区的整体需求，也需要对其内部差异予以关注；既需要精准识别搬迁社区的情况，也需要对迁入地进行精准筛选。在规划层面，社会工作者应当将搬迁社区的整体需求、贫困家庭的个性需求统一于社区易地搬迁扶贫这一动态过程中，并与迁入地的具体条件紧密结合。社会工作者应当在了解上述需求的基础上，尽可能合理地规划，从而为整体扶贫成效提供保证。

二、资源链接：构建多元资源供给体系

社区易地搬迁扶贫总体任务的实现离不开大量资源的注入，但当前社区易地搬迁扶贫过程中面临着资源困境，包括资源供给困境与资源使用困境。[①] 资源链接作为社会工作的重要工作技巧与方法之一，在解决资源供给困境方面发挥了重要作用。社会工作可以作为中间传输渠道而较好地链接政府与社会资源，从而实现资源供给多元化，为社区易地搬迁扶贫工作提供

① 郑夏：《精准扶贫背景下社会工作介入易地搬迁的必要性探究》，载《长春师范大学学报》2017 年第 7 期。

资源保障。在解决资源利用困境方面，社会工作坚持“个别化”原则，始终强调工作过程的专业性与科学性，这也大大提高了资源使用的精准性与有效性。

就资源链接而言，政府、企业、社会组织等主体是社区易地扶贫搬迁过程中最重要的资源提供方，也是社会工作资源链接的重要对象。他们共同推进社区易地搬迁扶贫目标的实现，但各方在资源提供的内容与方式上存在差异。

（一）政府

政府是社区易地搬迁扶贫工作开展过程中最主要的推动力量，也是最稳定、最为重要的资源提供方。易地搬迁扶贫工作从精准识别到具体搬迁，再到后续的跟进，每一步都离不开政府的支持与帮助。

在精准识别阶段，一方面，社会工作需要从民政等部门获取搬迁社区、居民的相关资料；另一方面，在迁入地点的选择上，既离不开政府相关部门的审批，也需要政府相关部门加入测评工作，比如城建部门、水利部门等。在搬迁执行阶段，政府部门既以相对直接的方式为搬迁工作提供人力、物力支持，也会以一种相对间接的形式，通过各项优惠政策的颁布吸引各类企业和社会组织加入社区易地搬迁扶贫工作。在后续跟进阶段，政府也发挥着巨大的作用。一方面，易地搬迁的完成不代表易地搬迁扶贫的完成，在搬迁完成后，居民生产生活条件的改善离不开政府所提供的各项优惠政策及相应的津贴福利，也离不开政府所提供的配套基础设施；另一方面，在精准考核中，社会工作者更多地扮演监督者、考核者的角色，但真正为精准考核提供约束和保障的是政府的行政力量。从上述介绍中，我们不难发现政府的作用贯穿社区易地搬迁扶贫始终。因此，在资源链接过程中，社会工作者应当时刻注重保持与政府部门之间的良好沟通，善用政府资源。

（二）企业

随着现代商业的发展，越来越多的企业开始重视自身社会责任的履行，这也使企业成为除政府外的又一重要资源提供者。社区易地搬迁扶贫，搬迁只是实现脱贫目标的途径与手段。在扶贫过程中，我们所要解决的问题不仅停留在搬迁层面，而且需要把更多的注意力和精力放在搬迁后的发展上。毫无疑问，产业建设与商业发展在促进社区社会经济发展方面发挥着重要的作用。对搬迁社区而言，商业发展的推进往往依赖产业建设的进程，而企业的入驻则为搬迁社区产业建设注入了生机与活力。

一方面，现在越来越多的大型企业会设立专门的慈善基金以援助落后地区的发展，社会工作者应当积极寻求这些慈善资源的支持。另一方面，社会工作者应当从搬迁社区的实际情况与优势出发，辅以一定的优惠政策，吸引各类企业入驻，从而促进搬迁社区的经济发展。在引进企业方面，社会工作需要注意三个方面的问题。其一，产业建设必须因地制宜，与搬迁社区实际情况紧密结合。社会工作者必须在精准识别的基础上，准确把握社区区位条件、自然资源、劳动力水平、政策优惠等方面的状况，选取符合社区条件与发展目标的企业入驻。其二，必须将企业效益纳入考虑范围。企业的本质是对利润的追逐，社会工作者在链接企业资源时，不能仅通过社会责任这一维度寻求企业帮助，也应该切实考虑企业的经济效益，要追求社区建设与企业发展的双赢局面。吸引企业入驻不仅是为了解决就业问题，也是为了提高企业效益，从而推动整体经济发展。其三，要将吸引企业入驻与培育社区企业相结合。在社区建设过程中，社会工作者不能仅链接外部企业资源，同时也应注重挖掘内部资源。社会工作者应当积极链接社区内已有的企业资源，重视社区内部人才的培育，鼓励并帮助社区居民创办本土企业。

案例：易地搬迁扶贫的恒大模式①

据了解，毕节市所在的乌蒙山区，是我国贫困程度相对较深的集中连片特困区之一。2015 年 12 月 1 日开始，恒大集团无偿捐赠 110 亿元结对帮扶毕节市。针对基本丧失生产生活条件的贫困群体，恒大集团在毕节市 10 个县区建设了 12 个移民搬迁社区及 50 个新农村，解决毕节市 22.18 万(5.2 万户)贫困户的移民搬迁问题，同步配建教育、商业等设施，配套适宜贫困户就业的产业。到 2018 年为止，已有 10.7 万贫困户喜迁新居。

同时，为了确保贫困户“搬得出、稳得住、能脱贫、能致富”，恒大集团和 F 县政府合作，为每户配建 2 个蔬菜大棚，通过引进龙头企业的形式，以每个大棚 900 元的租金，对农户的大棚进行流转，由公司统一经营管理，进行火龙果和草莓种植。针对无适龄劳动力的贫困家庭或个人，公司会优先考虑流转并参与分红，将流转费用直接交给贫困户。据了解，3 年来在毕节市各级政府的大力支持下，恒大移民安置区建设硕果累累：援建 F 县的 50 个新农村和县城安置区 S 古镇，新住址已于 2017 年 6 月 30 日前完工并实现居民的搬迁入住；建设中的全市 8 个县城安置区项目已陆续搬迁入住，2018 年年底前全部交付使用；新增建设 Q 区、W 县安置区已完成选址，正在进行前期工作。

① 杨弘农、雷平：《易地搬迁扶贫的“恒大模式” 让大方县 2 万人搬得出稳得住能致富》，载《南方都市报》2018 年 12 月 5 日。

32.8 万人搬出深山，实现了“搬得出、稳得住、能脱贫”。沿着恒大路驶入营盘山公园，往下望去，百余栋红黄相间的居民楼整齐排列，如织的居民三五成群地漫步在楼宇间，老人徜徉、孩童嬉戏，一派其乐融融的幸福景象。这里就是毕节市 Q 区碧海阳光城，是由恒大集团投资建设的贵州省最大的易地搬迁扶贫工程。在恒大集团的统筹规划下，一座座富有彝族特色的居民楼以惊人的速度拔地而起，恒大还为每户配备基本的家具家电，实现搬迁户“拎包入住”。据了解，已分批搬迁 101 栋住宅，入住 3 825 户，完成计划任务的一半以上。同时，恒大集团还与 Q 区政府一道提供就业岗位供搬迁贫困户选择，确保搬迁户“搬得出、稳得住、能脱贫”。

（三）社会组织

随着社会治理体制改革的不断推进，我国社会组织进入“井喷式”发展阶段，各类社会组织在社会治理中发挥着越来越重要的作用。社会组织因其人员优势、组织优势及资源优势①，在精准扶贫工作中承担着重要的职能。但由于社会组织本身所具有的非营利性质，这类社会组织资源的引入将更加依赖于社会工作者的链接。因此，社会工作者在社区易地搬迁反贫困社会工作中应当加强对我国各类社会组织的类型、功能、宗旨及运作模式等基本信息的了解，并在此基础上积极链接各类社会组织资源。

社会工作者应当从社区易地扶贫搬迁的实际需求出发，积极链接相应的社会组织以寻求帮助。具体而言，社会工作者在引入社会组织力量时，可以从以下三个方面入手。一是根据实际需要，积极引入外界社会组织力量。

① 殷丹丹、孙淼：《新时代社会组织参与农村精准扶贫的研究》，载《法制与社会》2019 年第 3 期。

搬迁社区社会经济发展程度相对落后，社会组织多处于欠发展阶段或真空状态。在社区易地搬迁扶贫初期，社会工作者将更多地依赖外界社会组织力量的支持与帮助。二是加强社区本土社会组织培育。一方面，通过建立社会组织孵化器的方式，为本土社会组织的培育与发展提供良好的政策支持与技术指导；另一方面，要充分利用区位优势、挖掘本土人才，积极调动本土社区的内生性力量。鼓励本地居民结合区位资源创建本土社会组织，进而更好地助力社区易地搬迁扶贫工作。三是加强对社会组织的管理与监督工作。在积极引进外部社会组织、培育本土社会组织的同时，也需要对社会组织的管理与监督工作予以重视，既要提高社会组织运作的规范化与制度化程度，也要积极引导社会组织发展与社区易地搬迁扶贫工作相适应，提高两者间的兼容性与协作性。

案例：L 县社会组织助力易地搬迁扶贫①

近年来，山东省 L 县民政局注重发挥社会组织行业特色优势，引导社会组织积极参与精准扶贫工作。社会组织通过承接扶贫项目、打造特色农业、壮大传统文化、发展新兴服务业等手段，因地制宜开展结对帮扶、技术帮扶、医疗帮扶、心理帮扶、文化帮扶，帮助贫困人口和贫困村抓机遇、补短板、创品牌，取得了显著的成效。

首先，L 县创新社会组织孵化模式，提升脱贫攻坚社会效益。社会组织在脱贫攻坚工作中有着独特的地位，而社会组织孵化器培育公益类社会组

① 刘晓杰：《临朐县民政局积极引导社会组织参与精准扶贫》，载《中国社会组织》2018 年第 20 期。

织优势明显。2017年,L县民政局推动社会组织培育中心转型升级,创新提出了“申请—评估—审批—进驻—孵化—出壳”的工作模式,积极为处于初创期和转型期的社会组织提供能力建设、政策辅导、资源链接、党建指导等服务。先后为L县阳光义工志愿服务中心、社会公益服务中心等入驻社会组织提供业务培训18次,举办社会组织参与精准扶贫沙龙6次,培训从业人员200多人次,发展精准扶贫骨干力量31名。同时,积极引导社会力量成立社会组织,对参与精准扶贫的社会组织给予扶持,进一步简化审批程序,满足条件的给予直接登记。转型升级效果显著,直接受益贫困村67个、受益贫困群体达7 000多人。

其次,L县优化社会组织结构布局,壮大脱贫攻坚能量储备。为壮大社会组织脱贫攻坚能量储备,L县民政局创新实施了社会组织“百日增量”和“百家增权”双百工程。一方面,将社会组织按照行业进行梳理分类,制作了数量分布柱状图,若公益慈善类社会组织总数量降低至红色警戒线之下,便集中利用100天左右的时间,通过宣传登记流程和优惠政策,积极发动已经成型的民间组织、慈善企业家、爱心人士前来注册社会组织,短时间内实现增量。另一方面,按照开展活动的实际能力,特别是参与精准扶贫的实际能力,选取100家社会组织划分等级,分类制订发展计划。社会工作者每季度了解情况,根据精准扶贫活动开展的数量和实际效益,适时调整发展计划。经过努力,全县公益慈善类社会组织发展势头强劲,由2016年的5家发展为23家,在精准扶贫工作中显现出强大的活力。L县慈善总会、绿丝带公益志愿中心、妈妈团公益志愿中心等社会组织,积极投身扶贫事业,大力开展扶贫救助、困难学生救助等公益活动,仅2017年就走访农村困难家庭430户、帮助困难学生230人。

最后,L县提升社会组织监管水平,激发脱贫攻坚持久活力。为解决社会组织活力不足、积极性不高的问题,L县民政局在社会组织监管工作中,进一步深化"放管服"改革,全面推行"双随机、一公开"监管机制,印发了《L县民政局关于在社会组织中开展自查自纠行动的通知》,利用半年的时间开展整治行动,有效提升了社会组织的整体能力。为强化社会组织监管,L县民政局组建了"L县社会组织培育中心"和"L县社会组织之家"微信工作群,通过年检、抽查、回访等手段,不定期向社会组织调查了解参与扶贫情况、帮助解决实际问题、督察违规违纪行为,切实增强了社会组织自我约束、自我规范的自觉性。为确保有意愿的社会组织能够真正参与精准扶贫,L县民政局编制了"L县社会组织诚信承诺书",由社会组织发起人签署,报县信用办备案,这进一步营造了健康有序的社会组织发展环境。

社会工作者在社区易地搬迁扶贫中扮演着资源链接者的角色,需要积极链接包括政府、企业及社会组织在内的各方资源,从而为社区易地搬迁扶贫提供多元供给。除此之外,社会工作者仍然需要解决资源利用效率的问题,将有限的资源输送至最为需要之处,这也是社会工作精准化程度不断提高的过程①:即从服务对象的实际需要出发,结合自身能力制订合理的目标,再瞄准目标制订相应的行动策略与评估标准。

在社区易地搬迁扶贫中,我们可以将搬迁社区看作我们的服务对象,而政府、企业、社会组织三方共同为我们的行动策略提供了丰富的资源与有力

① 谢俊贵:《论精准扶贫中的社会工作精准化》,载《贵州师范大学学报(社会科学版)》2017年第1期。

的支持。因此，这些资源能否得到有效利用在很大程度上取决于我们行动策划或搬迁发展方案本身的合理性。具体而言，要实现资源的有效利用必须从以下三个方面进行努力：其一，搬迁发展方案必须靶向目标，这保证了资源利用的方向；其二，在具体操作层面，我们必须思考如何使用有限的资源去达成我们的行动目标，从资源到目标达成的这一过程是行动策划的内容，也是资源利用的具体方式与途径；其三，我们必须以目标为导向，建立相应的"精准考核"机制，对资源利用状况进行评估与监管，这为提高资源利用率提供了保障。资源视角下，社区易地搬迁扶贫对社会工作者而言是一个精准识别各方资源并促成其协作的过程。①

三、直接介入：提供社会工作整合服务

社区易地搬迁扶贫是一个整合性的动态过程，从主体角度来看涉及个人、家庭、群体、社区等多个层次，从需求内容来看，涵盖了生理、心理、社会等多个方面。搬迁社区中共性需求与个性差异并存，而社会工作整合服务的提出也建构出了社区易地搬迁扶贫与社会工作在实务层面的契合性。针对不同人群的不同需求，社会工作在方法层面相应提出了个案工作、小组工作、社区工作三大工作方法。下文中，笔者也将依循上述三种方法的划分介绍社会工作在社区易地搬迁扶贫过程中的直接介入方式。②

（一）个体层面：对贫困程度深的个人、家庭提供个案服务

社会工作介入社区易地搬迁扶贫并提供直接服务，就个案层面而言，主

① 侯利文：《社会工作与精准扶贫：理念牵引、技术靶向与现实进路》，载《学术论坛》2016 年第 11 期。

② 唐钧：《中国的贫困状况与整合性反贫困策略》，载《社会发展研究》2015 年第 2 期。

要针对面临各方面问题的个人或家庭提供直接服务，以帮助其解决问题、走出困境与危机。因此，社区易地搬迁反贫困社会工作的个案服务具有较强的“补救”性质。就实际情况而言，搬迁社区内部个人或家庭问题一方面是由整体性贫困所造成，另一方面贫困问题与疾病、残疾、劳动力丧失、无人赡养等问题常常交织在一起，从而使个人或家庭陷入更深层次的困境之中。

首先，社会工作者需要在精准识别的基础上，在搬迁社区内部筛选出个案目标。在选定目标后，社会工作者需要以识别阶段所收集的资料为基础，进入服务对象家庭之中展开进一步的预估工作。在这一阶段，社会工作者需要分析服务对象问题与困境的成因，也需要厘清那些与贫困问题交织在一处的其他问题。另外，社会工作者需要积极运用“优势视角”，发现、挖掘并利用服务对象的内外部资源。当服务对象为家庭时，社会工作者需要对家庭内部沟通模式及贫困的代际传递问题予以更多的关注。在完成预估工作的基础上，社会工作者需要面向服务对象设定改变目标，作为后续干预策略的方向。

其次，社会工作者需要根据服务目标，积极链接合适的资源以满足服务对象需求，帮助服务对象达成正向改变。一方面，社会工作者需要履行好“使能者”的角色，充分挖掘服务对象自身的内在优势，通过“增能”“赋权”的方式，增强服务对象个人或家庭的人力与社会资本。这也与精准扶贫中“扶贫先扶志、扶贫必扶智”的思想不谋而合。另一方面，在搬迁社区，贫困根源顽固且与其他问题交织在一起，仅凭借个人、家庭或社区的力量难以解决，因此链接外部资源将成为帮助服务对象达成改变的主要途径。在个案服务层面，社会工作者应当从“补救”层面出发，逐步向“预防”与“发展”层面推进。在“补救”层面，社会工作者最需要关注的问题便是疾病与健康的问题，相应的社会工作者应当积极链接医疗资源与社会保障资源，为服务对象的基本生活提供保障。在“预防”与“发展”层面，社会工作者需要对服务对象的劳动能力或可塑性进一步识别，在完成兜底保障的前提下，为不同情况的服务对象链接相应的资源，促进其成长。

最后，社会工作者需要加强个案管理工作的实施。社会工作的宗旨是“助人自助”，精准扶贫的理念也由“输血式”扶贫迈向“造血式”扶贫。因此社会工作者需要更多地关注贫困个人和家庭的能力建设及扶贫效果的维持与巩固，尽力避免“返贫困”现象的发生。一方面，社会工作者需要贯彻落实“精准考核”，善用评估机制来监督、保证扶贫成效；另一方面，社会工作者需要将个案管理技术引入扶贫工作，为搬迁社区内部的个案工作对象建立专门的个案档案并进行管理。

（二）群体层面：为具有共性需求的弱势群体开展小组工作

搬迁社区内的各类贫困群体也是社区易地搬迁反贫困社会工作的重要对象。一方面，社会工作者为了保证社区易地搬迁扶贫的顺利完成及其实施效果，必须对这些群体的问题与需求予以关注；另一方面，从小组动力理论出发，群体需求的存在也为群体互助的实现提供了一个联结纽带，使社区内的各个群体可以凝聚在一起而成为推动社区整体发展的重要驱动力量。因此，社会工作者在重视社区内群体性需求的同时也应当善用群体性需求，将群体需求内化为群体发展乃至社区整体发展的驱动力。

社会工作者需要保持敏锐的专业眼光，结合自身实务经验，“精准识别”出搬迁社区内部具有共同问题、存在共性需求的群体。通常而言，小组的建立包括两种途径：一是从整体设计出发，根据整体目标“自上而下”地构建小组；二者是从实际情况出发，“自下而上”地将搬迁社区具有共同需求的群体就地组成小组。就前者而言，小组工作的出发点是为整体目标服务，社会工作者需要依靠自身实务经验与理论积累，根据搬迁社区实际情况及社区易地搬迁扶贫的整体目标开设相关小组，让小组工作成为促进社区改变的重要推动力量。就后者而言，社区居民的实际需求——而非整体设计安排——成为推动小组产生的最主要力量。在社区易地搬迁扶贫过程中，社会工作者会花很长的时间在社区内部走访，会主动地、被动地发现贫困群体的各类诉求，其中不乏大量群体性需求的存在。这些群体性需求的出现也“自下而上”地推动着小组工作的开展。两者之间的最大区别在于，前者的出发点往往在于社区整体发展，小组工作只是实现整体目标的重要手段；后者的出发点往往在于群体成员本身，小组工作的开展更主要地是为了满足小组成员的共性需求。这两条路径虽然各有侧重，但都依赖同一个基础：搬迁社区内存在面临共同需求的群体，其结果也能够助力社区的整体发展。

在明确组织开展小组工作的路径后，我们把关注的焦点移至搬迁社区内部的各类群体身上。搬迁社区作为一个生产生活的集合体，包含了各类人群：依据生理因素，他们可以被划分为儿童、青少年、老年、妇女、残疾人等相对弱势的群体；依据就业情况，他们可以被划分为从事各职业生产的群体及失业群体；依据经济状况，在搬迁社区内部，他们可以被划分为重度贫困群体、中度贫困群体、轻度贫困群体及非贫困群体；依据劳动能力，他们可以被划分为具有劳动能力与不具有劳动能力的群体。依据不同的标准，可以将搬迁社区内的居民划分成不同的群体，各类群体具有不同的需求及不同的特征，也由此与其他群体区别开来。面对各类群体，社会工作者首先需要做的是依循上述“自上而下”与“自下而上”的两条路径，识别出分别具有“补救”与“发展”两种取向的群体。对前者，我们更多的是在搬迁过程中尽可能地满足其合理需求以提高该群体的生活质量，丧失劳动能力的老人、留守儿童常常归属于这一范畴。对后者，我们需要将小组目标更多地靶向“发展”层面而非简单地停留在“补救”层面，从而为社区易地搬迁扶贫的整体目标的实现提供支持。这类小组的开展，往往从“生活”领域延伸到“生产”领域，将居民群体需求的满足与整体社会经济发展相关联。

具体而言，通常有以下两种常见的小组。其一，针对失业人群开展的技能培训小组。社区易地搬迁扶贫过程中，大量农业人口转移到城镇地区开启新的生活，“失地”问题随之而来，但这部分人口却又未能习得符合城镇地区劳动力市场需要的技能，因此面临着失业问题。就业问题与搬迁居民的生产生活息息相关，社会工作者可根据失业人群的不同特征，将具有相似条件的人群组织起来，通过技能培训小组的开展，解决其就业问题。比如，针对失业妇女开展的技能培训可能更加侧重于手工制作行业和服务行业。其二，针对具有创业意向与创业能力的人群，开展创业互助小组。将小组工作的内容移植到易地扶贫搬迁工作中来，也必须根据时间情况做出相应的适应性改变。在传统社会工作模式中，小组工作更多地停留在生活层面，对就业问题的关注是为了让失业人群通过就业回归正常生活，基本不会涉及创业层面。但在社区易地搬迁反贫困社会工作中，我们必须打开思路，将小组工作方法引入经济发展层面，与居民创业紧密结合。另外，生产合作作为我国农村地区传统生产模式也为这类小组工作的开展提供了基础。在这一过程中，社会工作者需要注意的问题是如何体现社会工作的专业性与科学性，从而与传统的生产合作社区别开来。

在上述内容中我们论及社区易地搬迁扶贫过程中小组工作开展的主要路径与常见类型，但回归到小组工作或小组动力理论本身，我们需要更多地思考小组工作的核心理念——通过小组成员间的良性互动促进小组成员的共同成长。社会工作者在开展小组工作的过程中应当将眼光放到小组成员互动层面，将“助人自助”与“助人互助”相结合，将个人成长、小组共进、社区发展相统一。[①] 为了保证上述目标的实现，社会工作者需要把握住以下两个关键之处：一是在小组内部层面建立起“互动”机制，社会工作者需要思考如何提升小组成员凝聚力并引导成员间良性互动的达成以促进小组成员共同成长；二是在小组与社区互动层面建立起“联动”机制。群体互助与社区发展相结合是社区易地搬迁扶贫中小组工作的一大特色，社会工作者应当在搬迁社区内部各个群体之间，各群体与社区整体之间，各群体与外部主体之间架起沟通的桥梁，建立起有效的联动机制，让群体互助与社区发展相互促进。

（三）社区层面：针对搬迁社区整体问题提供社区工作服务

社区易地搬迁扶贫与其他扶贫模式的最大区别在于其整体性，而社区工作也是围绕社区整体展开，旨在解决社区的整体性问题，这无疑为社区易地搬迁扶贫工作的推进提供了方法和技术支持。但我们必须清醒地认识到两者之间的客观区别：社区易地搬迁扶贫工作中，亟待解决的社区整体性需求更加复杂。在社区易地搬迁反贫困社会工作中，社会工作者既需要解决

① 李迎生、郭燕：《推动社会工作精准介入反贫困实践》，载《中国人民大学学报》2018 年第 5 期。

搬迁社区固有的问题与需要，也需要处理由搬迁所导致的一系列问题。前者更多地集中在经济发展层面，即如何促进社区建设以摆脱整体贫困，后者则更多地集中在社会生活层面，主要体现为由搬迁所导致的社会适应与社会融入问题、社会关系与支持网络变动问题、地域归属感问题等。上述两个方面的问题往往是搬迁社区全体居民所面临的共性问题，社会工作者需要以社区为平台，推进社区易地搬迁反贫困社会工作的开展，以满足社区整体性需求。

一方面，社会工作者首先需要解决由搬迁所导致的一系列问题，以确保社区易地搬迁工作的完成，这为后续脱贫发展工作奠定了基础。针对搬迁社区居民所面临的社会适应与社会融入问题、社会关系与支持网络变动问题、社区归属感问题，社会工作者可以从多元视角展开介入。(1) 从社区问题入手介入社区。社会工作者可以针对上述问题，通过搬迁社区内部居民关系的改善及互助机制的建立，来帮助社区居民更好地完成社会适应与融入，通过居民社区关系的增强来改善社区居民社会关系与支持网络，进而提升社区凝聚力与归属感。(2) 从提供服务入手介入社区。社会工作者可以从社区居民的共性问题与需求出发，以社区为平台，直接为社区内的居民提供相应服务。(3) 从社会宣传入手介入社区。社会工作者需要通过宣传手段积极引导居民转变观念。社区易地搬迁扶贫中，搬迁居民的生产生活方式往往发生改变，进而引发社会适应与社会融入问题。社会工作者应当加强生产生活方式与生活观念相关内容的宣传，引导搬迁居民在观念层面做出相应转变，从而促进其社会适应与融入。除此之外，社会工作者还可以从社区教育、互助合作、社区调查、社区突发事件等角度介入搬迁社区的工作。

另一方面，在协助社区完成搬迁并基本解决由搬迁所导致的一系列问题的基础上，我们应当对社区整体发展予以更多的关注。由于搬迁社区能力等方面的限制及“造血式”扶贫的要求，单一的地区发展模式或社会计划模式都无法满足其整体性需求。地区发展模式能够较好地激发社区居民的活力，但搬迁社区居民整体教育水平往往较低、贫困程度较重，仅仅依靠社区居民自身力量很难促进问题的解决；社会计划模式“自上而下”推进，能够保证整体计划的科学性与合理性，但却未能较好地满足“造血式”扶贫的要求。因此，社区易地搬迁扶贫社会工作中社区工作的开展宜采用地区发展模式与社会计划模式相结合的方式，将专家的计划与居民自助、互助相结合。社会工作者要邀请相关领域的专家“自上而下”对社区整体发展进行规划，保证社区发展行动的科学性与可行性。在此过程中，社会工作者需要把握住三个关键因素：一是社区发展计划必须立足于“精准识别”，从搬迁社区的实际情况与需要出发；二是社区发展计划必须与社区易地搬迁扶贫整体规划相统一，与社区内个人、群体发展相结合；三是社区发展计划必须贯彻落实“助人自助”与“造血式”扶贫的理念，注重培育社区居民持续发展的能力。此外，社会工作者需要依循地区发展模式理念，充分挖掘社区内在力量，通过社区居民的自助及互助推动社区的整体发展。在此过程中，社会工作者应该把重点放在社区内部自助、互助机制的培育上，同时考虑该机制与社区发展规划、社区实际情况之间的契合性。

四、精准考核：优化考核机制与方法

社会工作由于其第三方地位及科学、专业的评估方法，为“精准考核”的环节提供了有力支撑。“精准考核”是实现“精准扶贫”目标的重要保障，也是考核“精准扶贫”效果的重要手段。一方面，“精准考核”对“精准扶贫”工作提供了有效监督，另一方面，“精准考核”的过程也是一个对“扶贫方法与过程”进行不断优化、完善的过程。“精准考核”的实现依赖两个方面的共同努力：其一，要建立健全考核机制；其二，要以社会工作评估为核心，善用考核方法。总而言之，社区易地搬迁扶贫“精准考核”要将动态监督与科学评估相结合。①

（一）建立健全考核机制

“精准考核”的实现有赖于考核机制的建立健全。在社区易地搬迁扶贫工作中，个人贫困与区域整体性贫困交织在一起，为了考核社区易地搬迁扶贫工作的直接成效，也为了有效防止“返贫现象”的发生，我们要在个人与社区整体层面建立健全考核与退出机制，对贫困人口个人而言，还需要建立健全返贫再入机制。

1. 脱贫退出和返贫再入机制

为了保证精准扶贫的成效及有效应对“返贫困”现象的发生，必须建立健全贫困户的脱贫退出机制及返贫再入机制。

一方面，要建立健全贫困人口脱贫退出机制。在目前的精准扶贫工作中，由于退出机制、评估方法等的限制，“数字脱贫”的现象时常发生，各地经常将各项政策、补助扶持下实现的单一的、暂时性的经济收入的提高视作脱贫成效，而忽视了对扶贫群体自身能力建设的考核。显然，这与精准扶贫“造血式扶贫”的目标并不相符。建立健全脱贫退出机制，必须把握住以下两点：一是建立多元考核标准，经济改善与能力建设并重。建立健全退出机

① 孙亚飞：《异地搬迁如何实现精准扶贫》，载《浙江经济》2017年第12期。

制，必须要重视贫困群体的能力建设，并且将这部分内容作为考核的重点。二是建立动态考核机制，避免暂时性脱贫。贫困人口的脱贫过程是一个具有波动性的长期过程，不能急于求成将贫困人口的暂时性脱贫或某段时间的脱贫视作扶贫目标的达成，要建立持续的动态监管机制。

另一方面，必须建立返贫再入机制。当前，“返贫困”现象在我国精准扶贫工作中时常发生，在社区易地搬迁扶贫中更是如此。这部分“返贫困”群体常常面临困境：在数据上或者官方身份上已经摆脱了贫困户的身份，不再成为扶贫对象，也失去了相应的政策支持与补助；在现实生活中，因为种种原因却重返贫困状态。两者间的不一致迫使“返贫困”群体陷入困境，面临着比其他贫困人口更严峻的生存、生活压力。因此，为了保证扶贫工作的整体成效，返贫再入机制的建立十分必要。返贫再入机制的建立需要注意以下两点：一是考核过程应当覆盖脱贫后阶段；二是对“返贫困”人口的扶助政策应当与常规扶贫机制相区别，更加侧重对“返贫困”人口持续发展能力的培育。

2. 贫困地区的考核与退出机制

贫困地区的整体脱贫具有持续性、多元性与复合性。其一，社区易地搬迁扶贫工作不是一朝一夕能够完成的，而是需要一段时间的持续改变；其二，社区易地搬迁扶贫涉及了居民生活、社会发展的方方面面，生产、生活、文化等各方面的内容交织在一起；其三，社区易地搬迁扶贫过程中，区域整体发展与贫困人口个人脱贫紧密相连，具有复合性。社区易地搬迁扶贫本身的特殊性，也对贫困地区的考核与退出机制的建立健全提出了更多的要求与挑战。

首先，贫困地区的考核与退出机制要具有动态性。社区易地搬迁扶贫的过程是一个从规划到搬迁再到社区发展的持续过程，每一个环节的实施效果都将影响下一个环节目标的达成。因此，必须建立动态的考核机制，对社区易地搬迁扶贫的各个阶段进行考核，既保证阶段性扶贫效果，也为下一阶段扶贫任务的开展提供坚实基础。

其次，贫困地区的考核与退出机制要具有多元性。社区易地搬迁扶贫涉及贫困社区的整体搬迁与发展，扶贫内容不再囿于经济领域，而蔓延至搬迁社区社会生活的方方面面，扶贫内容具有多元性。因此，社区易地搬迁扶贫地区的考核与退出机制，必须从搬迁社区的实际需求与扶贫的实际内容出发，将经济、文化、基础设施等各个领域都纳入考核范围，建立多元的考核与退出机制。

最后，贫困地区的考核与退出机制要具有整合性。社区易地搬迁扶贫中，个人贫困与区域贫困紧密相连，搬迁社区整体脱贫的实现离不开社区内所有贫困个人脱贫目标的达成。对搬迁社区的考核，不仅要着眼社区整体层面，还要兼顾社区内的贫困个人。搬迁社区的考核与退出机制一定要以社区内全体贫困人口的脱贫为基础。

（二）优化评估考核方法

社会工作因其第三方立场及科学的评估方法在精准扶贫考核工作中发挥了重要作用。在社区易地搬迁扶贫考核工作中，社会工作者的评估占据了重要地位，但同时，由于社区易地搬迁扶贫工作本身的特殊性，社会工作者对其考核过程也应当做出适应性调整。具体而言，社区易地搬迁扶贫考核工作中，社会工作者应当坚持过程评估与结果评估并重、量化评估与质性评估并举、个人评估与社区评估结合。

1. 过程评估与结果评估并重

社区易地搬迁扶贫涉及贫困社区的搬迁、发展等一系列过程，无论是个人的改变还是社区整体发展都需要一个过程，扶贫整体目标的实现也依赖众多阶段性目标的达成，比如社区搬迁、社区融入、社区发展等。因此，对社区易地搬迁扶贫的考核评估应该既重视整体成效，也强调扶贫过程中各个阶段性目标的达成。

一方面，社会工作者应该准确把握社区易地搬迁扶贫整体规划中的各个关键性节点，比如搬迁前的预估与识别阶段、搬迁与融入阶段、整体发展阶段等。社会工作者应当在各个关键节点上，严格把控扶贫工作的进度与质量，既保证当前阶段任务的顺利完成，也为下一阶段扶贫任务的开展奠定基础。另一方面，社会工作者需要严格靶向个人的脱贫退出机制与易地搬迁扶贫地区的考核与退出机制，从结果层面严格把控扶贫工作成效。同时在实际评估工作中，社会工作者需要注意一点，即结果评估并不止于“结果”，社会工作者仍然需要对实现脱贫的地区及个人进行跟进，以有效防止和应对“返贫困”现象的发生。

2. 量化评估与质性评估并举

社区易地搬迁扶贫是一种全方位的扶贫，包含了经济、文化、制度、个人能力等方方面面，其中既包括了可量化的部分，如居民收入、住宅面积、基础设施建设情况等，也包括了难以量化的部分，如居民整体精神面貌、社区风气等，还包括了需要量化与质性方法协力完成评估的内容，如居民的能力、观念等。因此，社会工作者在社区易地搬迁扶贫考核工作中需要将量化评估与质性评估相结合。

量化评估是指社会工作者以问卷调查等方法完成数据收集工作，并依据相应的量化指标，对社区易地搬迁扶贫的工作成效进行考核。在实行量化评估的过程中，社会工作者应当注意以下三个方面的问题：其一，善用基线测量法，基线的建立要尽可能地从社区居民的实际需求出发，这为评估方向提供了保证；其二，要保证各项量化指标的合理性与科学性，一方面要充分借鉴已有的指标体系，寻求科学依据，另一方面要因地制宜，与搬迁社区实际情况紧密结合；其三，在数据收集方面，要尽量保证收集过程的客观性与真实性，从而使社区易地搬迁扶贫成效得到真实的反映。

质性评估，是指社会工作者通过观察、访谈的方式收集相关资料，并对资料进行整理、归纳，进而对社区易地搬迁扶贫工作成效进行评估。在采取质性评估的过程中，社会工作者应当把握以下四个关键之处：其一，保持敏锐的情境敏感性，善于在工作过程中对社区及居民状况进行观察；其二，尽可能地提高质性资料的客观性与科学性，一方面要尽量保持第三方评估立场，另一方面是尽量在科学的视角或框架下进行资料收集工作；其三，要对所获得的第一手资料进行及时的总结与归纳；其四，要具有问题意识，善于在评估过程中发现、挖掘社区内的典型问题或特殊问题。

3. 个人评估与社区评估结合

社会工作者在社区易地搬迁扶贫考核工作中必须兼顾个人与社区两个层面，将个人评估与社区评估相结合。就个人层面而言，社会工作者要精准识别搬迁社区内的贫困个人及家庭，并且为贫困户建立专门的贫困档案，以方便后续帮扶、评估工作的开展与跟进；就社区层面而言，社会工作者要着眼于社区易地搬迁扶贫的整体性，对搬迁社区的整体状况进行评估。另外，社会工作者必须将个人评估与社区评估相结合：一方面，要将个人贫困状况的改变作为评估考核社区整体扶贫成效的重要标准；另一方面，要将是否促进社区内个人的发展作为考核搬迁社区经济、文化、制度等方面发展成效的重要标准。

五、持续跟进：推进政策制定与公共服务

社区易地搬迁扶贫工作的完成离不开各项社会政策的支持。社区易地搬迁扶贫是一个与人口迁移、个人进步、区域发展相统一的动态发展过程。社区易地搬迁扶贫工作的完成及效果巩固离不开政府所提供的政策支持及基础设施建设。

社会工作者是搬迁居民与政府之间的桥梁，既承担着政策实施者的角色，也扮演着政策建议者与推动者的角色。在社区易地搬迁扶贫过程中，社会工作者需要有意识地收集和反馈居民、企业、社会组织各方的诉求。一方面，他们会主动地向社会工作者提出自身诉求，但因为其中众多诉求仅凭社会工作者的力量是无法解决的，所以社会工作者便能充当沟通的桥梁，将各方合理诉求传达至政府有关部门。另一方面，社会工作者在社区易地搬迁扶贫过程中也承担着服务提供者与评估者的角色，对搬迁社区各方面的问题与需求有着全局性认识和直观了解。

社会工作者应比社区居民自身更加了解社区搬迁和发展过程中需要政策支持的地方。因此，社会工作者必须保持敏锐的政策意识，在日常服务与评估过程中善于总结，并及时将结果反馈给政府相关部门。另外在政策制定环节，社会工作者不仅要积极反馈搬迁社区的情况，发挥建言献策的作

用，还需要积极推动政策的制定与实施，发挥政策推动者的作用。社会工作者要从实际需要出发，反馈居民的合理诉求，推动相关政策的出台；同时也需要对已有政策实际的实施情况予以关注。具体而言，社区易地搬迁扶贫工作的推进、完成及巩固往往离不开补偿性及发展性政策的支持，也离不开与社区搬迁、发展相配套的基础设施的建设。

（一）补偿性政策

补偿性政策是指对居民在易地搬迁过程中所产生的各方面损失进行补偿的政策。社区易地搬迁扶贫是一个将贫困群体从自然资源极其匮乏、地理位置极其闭塞的区域搬迁至发展条件相对优越的区域，促进其整体发展以解决整体性贫困的精准扶贫方式。在社区易地搬迁扶贫整体过程中，我们所面临的第一步便是如何完成社区搬迁，唯有搬迁的顺利完成，才能进而谋求搬迁社区的整体发展。但在搬迁过程中，社区居民常常面临失地、失房、失业等问题，会遭受众多损失，针对这些损失进行补偿是政府最为常用也最为有效的方法。为了搬迁的顺利完成，政府常常需要颁布一些相应的补偿性政策。但在实际操作过程中，却经常因补偿手段单一、补偿标准不合理等问题而适得其反。社会工作者的介入也为上述两个方面的问题的解决提供助力。

1. 立足多元需求，多种补偿方式并举

目前，在众多搬迁工作中往往以经济补偿作为单一的补偿方式。这样的做法存在两个方面的弊病：一是单一经济补偿容易导致搬迁工作过度“物化”“货币化”，人们会想方设法获得更多的经济补偿，甚至将“拆迁”看作一夜暴富的捷径与手段；二是，易地搬迁扶贫工作与通常的搬迁工作的一个巨大区别在于，搬迁对后者而言是目标，对前者而言是实现扶贫目标的基础。

采取单一经济补偿的方式，容易忽视贫困人口其他方面的合理需求。在社区易地搬迁扶贫工作中，既要保证搬迁前后原有各项优惠、补助政策的有效衔接与转化，又要从搬迁居民实际需求出发，多种补偿方式并举。政府不仅要对居民的财产、人力损失进行经济补偿，还要为居民的生产生活需要提供相应的政策支持，如住房、医疗、教育、就业等方面的保障政策。

2. 扎根实际情况，制定合理的补偿标准

补偿标准的制定需要避免三个方面的问题：一是补偿标准过低将无法满足搬迁居民的正常需求，从而有碍搬迁工作的正常推进；二是补偿标准过高容易导致搬迁居民对补偿福利产生依赖；三是如果居民内部在补偿获得方面存在较大差异，将容易使获补偿较少的居民产生“相对剥夺感”进而影响居民心态及社区关系。因此，在制定补偿标准时，既要保持标准本身的适度，也要兼顾实施结果的相对公平。这一目标的实现有赖于社会工作者从实际情况出发，兼顾搬迁社区整体状况及内部差异性，综合各方因素后合理设定。

（二）发展性政策

发展性政策通常是指消除贫困者的脱贫障碍，拓展其脱贫机会的各项政策。但由于社区易地搬迁扶贫的思路是将个人贫困与社区发展相结合，因此发展性政策或开发性政策在社区易地搬迁扶贫工作中被赋予了更丰富的内涵，由个人层面向社区层面乃至社会层面拓展。发展性政策应当与易地搬迁扶贫的发展思路相结合，即将帮扶个人就业、鼓励居民创业、引入外部企业相结合，这是需要发展性政策发挥作用的环节。

1. 完善就业帮扶与优惠政策

易地搬迁往往导致社区成员丧失耕地，脱离传统农业生产，但贫困成员往往因自身能力等方面的限制而无法适应新劳动力市场的需求，面临就业难的问题。而就业问题又与贫困问题紧密相关，就业问题一日不解决，脱贫目标便一日无法真正实现。要完善就业帮扶与优惠政策，应当从两方面入手：第一，要从就业者个人入手，通过技能培训、减免个人所得税等方式，提高社区居民的就业能力与就业积极性；第二，要从就业岗位入手，鼓励企业吸纳劳动力。

2. 加大创业支持与优惠力度

在帮扶社区居民就业的同时，也要积极鼓励社区居民以个人或团队的形式进行创业。居民自主创业不仅能够促进搬迁社区整体经济的发展，还有利于就业问题的解决。一方面，政府要实施创业帮扶政策，通过创业培训等手段提高社区居民的创业能力与创业积极性；另一方面，政府要为居民创业提供适当的资金支持、技术支持与税收支持等。在鼓励创业方面，社会工作者需要注意两个方面的问题：一是创业必须与居民实际能力相挂钩；二是创业内容必须与社区实际条件相契合，从而避免盲目跟风、非理性创业。

3. 以优惠政策吸引外部资源

虽然社区易地搬迁扶贫过程中我们始终强调对社区成员自助、互助能力与机制的培育，但这一目标的达成不是一蹴而就的，需要一个相对漫长的改变过程。因此，社区易地搬迁扶贫工作离不开包括企业、社会组织等在内的外部资源的支持。我们既需要从“社会责任”这一维度出发，呼吁外界力量的支持与帮助，我们也需要通过一切能够为外部企业、社会组织带来实际益处的优惠政策，从而增强其援建动机。

(三) 基础设施建设

社区易地搬迁扶贫涉及社会生活环境的整体变迁，其中基础设施建设是否健全直接影响着社区的搬迁、发展。社区易地搬迁扶贫在基础设施建设方面有着天然优势：与传统社区基础设施升级改造相比，搬迁社区基础设施建设如同“在白纸上作图”，不需要将大多资源消耗在拆除、改造等环节。基础设施建设方面，我们需要考虑两个方面的兼容性：一是基础设施建设与搬迁社区居民实际需求之间的兼容性；二是搬迁社区与迁入地之间的兼容性。具体而言，社区易地搬迁扶贫过程中应当加强以下四个方面的基础设施建设。

1. 住房设施

住房是搬迁居民的基本生存空间，他们从原有居住地搬出，首先需要面对的问题也是最迫切的问题便是住房。因此，在搬迁之前，第一步需要解决居民的住房问题。其中，搬迁社区以传统居住形式即平房为主，但迁入社区往往以楼房为主。在这一转变过程中，社会工作者需要加强对搬迁居民生活观念和生活方式的引导。

2. 医疗设施

在易地搬迁扶贫地区，健康贫困是最大的难题与挑战之一，健康问题与贫困问题紧紧交织在一起。因此，医疗卫生设施在搬迁社区基础设施建设过程中必须得到重视。

3. 教育设施

教育是当前社会人群实现向上流动的重要途径，也是阻断经济落后地区贫困代际传续的重要渠道。在社区易地搬迁扶贫过程中，必须重视教育设施建设。一方面，要扩展教育的范围，从幼儿教育开始到高职教育，从学龄儿童教育到成人教育都需要加强。另一方面，要加强教育质量，在教育内容尤其是成人教育内容上要与精准扶贫有效衔接。

4. 文化设施

现代社会文化设施建设在基础设施建设中占据了越来越重要的地位，人们的精神文化需求越来越受重视。但精神文化需求的满足在社区易地搬迁扶贫中却面临困境：搬迁社区往往贫困程度较高，人们精神文化生活相对匮乏；同时，社区易地搬迁扶贫常常以经济发展为目标，而容易忽略搬迁居民的精神文化生活。这就造成了需求与服务的脱节，因此，在基础设施建设过程中必须对文化设施建设予以更多的关注与投入，重视搬迁居民的精神文化生活。

第三节　社区易地搬迁反贫困社会工作的经验教训

社区易地搬迁反贫困社会工作具有特殊性。其一，社区易地搬迁反贫困社会工作作为社会工作介入精准扶贫领域中的新探索，与其他成熟的社会工作领域相比，尚未形成可推广的工作范式；其二，社区易地搬迁扶贫与其他扶贫方式相比更具动态性与复合性，相应地，社区易地搬迁反贫困社会工作与社会工作在精准扶贫领域中的介入方式相比，也面临着更复杂的环境与问题。社区易地搬迁反贫困社会工作的探索过程，是不断发现问题、解决问题、总结经验的过程。

一、整合服务，关注搬迁社区的多样性需求

社区易地搬迁扶贫以整体搬迁的方式进行，社会工作者在介入过程中

需要面对贫困社区既有的多层次、多方面的需求，又要解决因搬迁而产生的一系列问题。这给社区易地搬迁反贫困社会工作带来调整的同时，也对社会工作服务的整合性提出了新的要求。

就社区易地搬迁整体过程而言，社会工作者必须从搬迁社区及居民的实际需求出发，在完成精准识别的基础上，结合现有资源、条件制订合理的工作目标，并在靶向工作目标的基础上合理配置现有资源，在个人、群体与社区层面分别制订相应的服务方案，最后依据实际需求及服务方案制订相应的评估考核机制。总体而言，社会工作者应当从搬迁社区实际需求出发，建立起“精准识别—方案制订与执行—精准考核”的整合体系，以提高扶贫过程的整合性。社区易地搬迁扶贫中，“整合性搬迁扶贫体系”的建立为社区易地搬迁扶贫的整体成效提供了保证。具体而言，“整合性搬迁扶贫体系”的建立应当注意以下几个方面的问题：其一，坚持以人为本的原则，以搬迁社区及居民实际需求为导向，展开易地搬迁扶贫与考核工作；其二，坚持统筹兼顾原则，要将个人成长与社区发展相协调，在精准识别、策划、执行、考核的各个方面，社会工作者需要考虑搬迁社区居民个人成长与社区整体发展之间的兼容性；其三，坚持系统整合原则，要实现社区易地搬迁扶贫各个环节之间的有效衔接，以防止不同阶段的工作内容脱节和冲突的发生。

就实务方法而言，社会工作中的个案、小组、社区三大工作方法与搬迁社区的个人、群体及社区三个层面的需求相契合，这既为社会工作的介入提供了广阔的空间，也对社会工作提出了新的要求——整合服务，即实现个案、小组、社区三大工作方法之间的有效衔接，以提供整合性社会工作服务。在社区易地搬迁扶贫中，提供社会工作整合服务，既需要注意社会工作三大实务方法之间的耦合性，也需要注意社会工作整合服务与社区易地搬迁扶贫整体工作之间的耦合性。一方面，社会工作者要在目标设定、服务方案设计等环节，将个人、群体、社区三方面的需求及相应的服务方案相嵌套，以形成合力；另一方面，社会工作介入社区易地搬迁扶贫并不代表社会工作将取代或者等同于社区易地搬迁扶贫，只是将社会工作的内容引入社区易地搬迁扶贫之中，社会工作整合服务是协助社区易地搬迁扶贫目标的完成。因此，社会工作者需要根据实际情况，将传统社会工作服务的内容与社区易地搬迁扶贫的整体设置和目标紧密结合。

二、助人自助，挖掘搬迁社区的内生性力量

"精准扶贫"是"造血式"扶贫，始终强调"扶贫先扶志，扶贫必扶智"的理念，而社会工作也始终将"助人自助"作为宗旨，将"助人"与"自助"相统一。①"助人"与"自助"两者的共同之处在于：对培育贫困户或服务对象"自助"能力的重视，即社会工作中提倡的"增能""赋权"。就"增能"视角或"赋权"视角来看，社区易地搬迁扶贫的特殊之处在于"自助"与"互助"并举。社区易地搬迁反贫困社会工作涉及个人、群体及社区多个层面，既要在个人层面帮助贫困人口个人或家庭建立"自助机制"，也要在群体、社区层面培育社区"互助机制"。一方面，"自助机制"与"互助机制"为社区易地搬迁扶贫工作的推进与完成提供了"双引擎"；另一方面，"自助机制"与"互助机制"的建立与有效衔接也对社会工作者提出了新的要求。整体而言，社区易地搬迁扶

① 张智辉、王冲：《专业社会工作介入精准扶贫的可行性与可能性研究》，载《社会福利(理论版)》2017年第10期。

贫要树立内源性发展观。[①]

就搬迁社区内外部关系而言，要实现外部“帮扶机制”与社区“自助机制”之间的有效衔接与良性互动。社区易地搬迁扶贫目标的实现离不开社区外部资源的帮扶与注入，外部“帮扶机制”的建立为社区“自助机制”的培育提供了重要的支持。易地搬迁社区往往存在长期贫困问题，社区各方面资源相对薄弱，仅依靠社区自身资源难以解决贫困问题。社区易地搬迁扶贫目标的实现离不开外部资源的支持与注入，社区“自助机制”的培育离不开外在“帮扶机制”的协助。此外，要保持边界感，避免对外在“帮扶机制”产生依赖。外在帮助机制在为培育社区自助机制提供助力的同时，也容易对其产生负面影响：对外在资源的过度依赖往往会阻碍社区内生性力量的挖掘，进而影响社区自助机制的建立。因此，社区易地搬迁扶贫过程中，既要善用外部资源，也要防止对外部资源产生过度依赖。

就搬迁社区内部关系而言，社会工作者在社区易地搬迁过程中，既要重视贫困人口个人及家庭“自助机制”和搬迁社区“互助机制”的建立，也要重视两者之间的有效衔接与相互促进。首先，社会工作者要坚持用优势视角看待贫困户及个人，在个案服务的过程中积极为贫困个人及家庭赋权、增能；然后，社会工作者要从社区实际情况出发，积极运用小组工作和社区工作的方法，在社区内各个群体内部及整体社区层面引导互助关系的建立，进而形成互助机制；最后，社会工作者要加强贫困人口个人及家庭、贫困群体

① 钱宁、卜文虎：《以内源发展的社会政策思维助力“精准扶贫”——兼论农村社会工作的策略与方法》，载《湖南师范大学社会科学学报》2017 年第 3 期。

及整体贫困社区之间的联动，将“自助”与“互助”紧密相连，进而实现个人进步与社区整体发展的相互促进。搬迁社区内部“自助”与“互助”机制的培育，既要善用外界资源，同时也应当“因地制宜”，从搬迁社区及个人实际情况出发，充分挖掘内源性力量，由内而外推动贫困社区的发展。

三、持续跟进，构建多元化返贫困预防机制

社区易地搬迁扶贫与其他精准扶贫的方式不同，它是一种以社区为平台的扶贫方式，将个人贫困问题与社区整体贫困问题联系在一起，旨在同时帮助个人与社区整体摆脱贫困，具有高度的复合性。由于个人贫困与整体贫困相互交织，精准扶贫过程中的返贫困问题在社区易地搬迁扶贫中更为突出。社区易地搬迁并不会自然地解决贫困问题，在易地搬迁以后，贫困仍然是许多移民村的突出问题。[①] 因此，在社区易地搬迁扶贫过程中需要对返贫困问题予以更多的重视与关注。

首先，从扶贫内容角度出发，要建构多元返贫困预防机制。社区易地搬迁扶贫涉及社区各层主体的多样需要，经济发展虽然是易地搬迁扶贫工作中的重要内容，但并不是衡量社区易地搬迁扶贫成效的唯一标准。社区易地搬迁扶贫的最终目标是实现搬迁社区经济、社会、文化等多方面的多元发展，因此单一经济维度的脱贫退出机制与返贫困预防机制无法充分满足易地搬迁扶贫地区预防返贫困问题的需求，需要构建多元返贫困预防机制。但是需要注意的是，文化、社会等方面返贫困预防机制的构建往往因难以量化而面临困难。

---

① 王晓毅：《易地搬迁与精准扶贫：宁夏生态移民再考察》，载《新视野》2017 年第 2 期。

其次，从扶贫主体角度出发，要将个人返贫困预防机制与社区整体返贫困预防机制相结合。社区易地搬迁扶贫将个人贫困问题与社区整体贫困问题相结合，旨在通过社区整体贫困问题的解决来带动社区内部个人贫困问题的解决。但在实际工作过程中，个人贫困问题常常受到忽视，尤其是在社区易地搬迁扶贫目标完成初期，大家往往着眼于社区整体的返贫困问题，而忽视了生活在社区中的贫困个人，个人“重返贫困”常常被社区整体发展所掩盖。因此，社区易地搬迁扶贫工作中要落实“返贫困”预防工作，必须将个人“返贫困”预防机制与社区整体“返贫困”预防机制相结合。

最后，从扶贫的过程角度出发，要将脱贫退出机制与“返贫”再入机制相结合。社区易地搬迁扶贫工作后续成效的巩固需要紧守两道关口：一是脱贫退出机制的构建，二是“返贫困”再入机制的构建。前者涉及对直接扶贫成效的考核，决定了何种程度的脱贫才是符合我们目标范围的脱贫；后者涉及了对扶贫成效的跟进，为扶贫成效的巩固提供了有效保障。社区易地搬迁扶贫“返贫困”问题的有效预防有赖于脱贫退出机制与“返贫困”再入机制的建构与结合，只有这样才能形成“脱贫—预防返贫”的连续统一体。前者的缺乏会使“返贫”再入机制沦为形式，而后者的缺乏则会使脱贫退出机制失去保障。

四、兼顾双方，避免对迁入地居民的忽视

整体搬迁是社区易地搬迁扶贫的主要形式，搬迁过程不仅会直接对迁移居民产生影响，同时也会对迁入地居民造成一定的影响。在实际执行过程中，社区易地搬迁扶贫工作的开展往往聚焦于贫困社区一端，将搬迁社区

的脱贫视作首要目标，迁入地居民的利益与诉求却时常遭到忽视。对迁入地居民利益与诉求的忽视，极易引发他们对迁入居民的抵触情绪，进而影响搬迁社区及居民的融入与后续发展。反之，如果能够在社区易地搬迁扶贫过程中将原有居民的合理需要与诉求纳入考量范围，积极引导迁入地本地居民与迁入居民相融合，不仅有利于双方共生问题的解决，还能为搬迁社区后续发展提供助力。因此，社会工作者在社区易地搬迁扶贫中必须兼顾双方合理诉求与利益，积极引导迁入地居民与搬迁居民相融合。

首先，社会工作者要照顾迁入地居民的合理需要与诉求。一方面，社会工作者在前期策划及具体执行阶段，要尽可能实现搬迁社区与迁入地之间的有效衔接，尽可能地减少社区迁入对居民所产生的负面影响。另一方面，社会工作者要重视迁入地居民的实际需求与心理感受，既要在各方面条件允许的范围内尽可能满足其合理诉求，也要加强对迁入地居民心理和情感层面的疏导。

其次，社会工作者要积极引导搬迁社区与迁入地社区之间的融合。一方面，社会工作者要在精准识别阶段，尽可能地选择宗教信仰、风俗习惯、生活方式等方面较为相似的区域作为迁入地，在策划阶段尽可能地避免两者间的冲突，提高搬迁社区与迁入地社区、搬迁居民与迁入地居民之间的契合性；另一方面，在社区搬迁工作完成后，社会工作者要在心理情感层面与观念层面加强对搬迁居民和迁入地居民的宣传与梳理工作，积极引导双方相适应。

最后，在解决搬迁社区融合问题的基础上，社会工作者应当善用迁入地社区的资源。由于地理空间上的邻近，搬迁社区与迁入地社区往往会形成利益共同体，一方的发展往往对另一方发挥着带动作用。因此，社会工作者既要积极开发、利用当地社区的资源，为社区易地搬迁扶贫目标的实现提供助力，又要将搬迁社区发展与原有社区发展相结合，以共同推动区域整体发展。

第八章 特殊困难人群反贫困社会工作实务

特殊困难人群是我国反贫困工作中的关键堡垒。有学者认为，特殊人群的“特殊”具有两层含义：一是该群体由于自身或社会原因，遭受了“歧视”“忽略”等不公正待遇，处在社会边缘，属于弱势群体；二是由于各种原因，该群体可能会带来影响较大的社会矛盾和社会问题，影响社会秩序的良好运行。[①] 本章所称的特殊困难群体，指由于某些原因，处于贫困状态且仅通过自身努力较难脱离贫困，需要专业力量介入帮扶的特殊困难人群。长期以来，我国对特殊困难人群的社会政策，主要从行政性的福利给予和维稳控制的角度进行筹划。[②] 在今天的新形势之下，迫切要求政府改变思路，加以反思和改进。值得一提的是，社会工作秉持助人自助的理念，在扶助弱势社会成员、协调社会关系、开展社会服务等方面，承担着越来越重要的角色，为社会建设贡献了有力的支持。社区既是人们聚居生活的地方，也是解决社会问题、调节和处理社会矛盾

①② 张林江：《特殊人群管理与服务：现状与政策反思》，载《北京工业大学学报(社会科学版)》2013 年第 4 期。

的场域。随着社会主义市场经济体制的建立和发展，社会建设已经成为我国现代化建设的核心内容，社会建设的基础在社区。① 社区为本的特殊困难人群的反贫困社会工作实践需要考虑贫困表象背后的自然、历史、社会成因，这些特殊和复杂的因素盘根错节。针对特殊困难人群的需求，社会工作者整合社区内外资源，综合运用社会工作的方法和技巧开展服务。社会工作服务已成为社会福利体系的有机组成部分，帮助特殊困难人群脱离贫困，走上可持续的发展之路，是我国反贫困开发战略与政策创新的重要目标。② 当前，社会工作在社区开展各项服务主要依靠政府购买的方式来实现。③社会工作介入社区服务的持续性发展关键在于社会工作在社区服务的提供中如何彰显其专业特色与服务效果，以促进政府购买服务的良性运行。本章主要聚焦特殊困难人群，从反贫困社会工作的必要性、反贫困社会工作的介入空间和路径、反贫困社会工作的社区实践和反贫困社会工作的反思与挑战这几个方面加以阐述，试图探讨社会工作在反贫困事业中针对特殊困难人群的实践路径和策略，以促进特殊困难人群反贫困社会工作实务的可持续发展。

第一节　特殊困难人群反贫困社会工作的必要性

社区一直是社会工作历史及其发展的核心。社区可以滋养环境，为个

①③ 马贵侠、许小玲：《社区特殊群体服务的模式与路径选择》，载《重庆社会科学》2012年第7期。

② 李学术、刘楠、熊辉：《面向特殊困难群体和特殊困难区域的农村扶贫开发思路与对策——以云南省为例》，载《经济问题探索》2010年第8期。

人与家庭提供基本的社会、经济和情感方面的支持①，社区的力量强烈地影响着服务对象的思考，也塑造着他们的行为。反之，社区也可以是一个充满敌意的地方，如当存在不平等的时候，会进一步加深个人和家庭的功能失调。因此，后现代主义理论家认为，社区是关于现实的某些假设被普遍认可为具有合法性的领域。②社区，作为基层治理的基本行动单元，为贫困人口提供了最基础的社会支持平台。

一、社会工作专业价值与反贫困工作相契合

源于19世纪末期著名的睦邻组织运动开始于贫民区，利用社区内的资源，培养居民自助和互助精神。张和清认为，"中国社区社会工作的核心议题是推动社区为本的整合社会工作实践，在这一过程中，社会工作实践的具体目标是重建城乡社区居民的生计、社会文化生活和生态，达到公共参与、生计发展、社会互助、文化认同、环境友好'五位一体'的美好社区和幸福生活。"③这一观点与社会工作参与特殊困难人群的反贫困工作不谋而合，同时为社会工作者以社区为依托，寻求解决贫困问题的办法带来了启示。

社会工作作为一个"扶弱济贫"的专业，遵循"助人自助"和"利他主义"的工作理念，为弱势群体提供服务。社会工作参与反贫困在专业属性和目

①② ［美］戴维·A.哈德凯瑟、［美］帕翠霞·R.鲍沃斯、［美］斯坦利·温内科：《社区工作理论与实务》，夏建中等译，中国人民大学出版社2008年版，第4、5页。

③ 张和清、杨锡聪：《社区为本的整合社会工作实践——理论、实务与绿耕经验》，社会科学文献出版社2016年版，第24—25页。

标理念等多方面表现出一致性。第一,社会工作因解决社会问题而存在。自工业革命以来,社会工作一直以解决社会问题为导向,这是社会工作的主要目标。反贫困作为我国发展历程中的重要问题,自然成了社会工作专业必须承担的使命。第二,“扶贫先扶志”。反贫困工作关注贫困群体的利益,在给予物质帮助的同时,也要帮助贫困群体发挥内在能动性,唤醒贫困群体自身想要脱贫的愿望,强调“内源发展”(endogenous development),这与社会工作“助人自助”的理念不谋而合。社会工作的诸多价值观都与反贫困所需的必要条件相契合,这为社会工作在反贫困事业中发挥作用提供了可能。

二、专业化调查评估缺失要求社会工作介入

在反贫困工作中,社会救助作为社会保障体系的一个重要组成部分,缓解了贫困群体生活困难这一问题,以维持其基本的生活需求。要做好社会救助的工作,需要社会工作进行介入。学术界已对社会工作介入社会救助的必要性有了充分的研究和证明。目前,社会救助对社会工作主要有以下需求:一是贫困人群对社会服务的需求有待社会工作进行专业化评估;二是社会救助的管理需要社会工作介入。社会救助已不再是仅向贫困人群提供经济援助,贫困群体多样化的需求需要社会工作的专业化调查评估,并以此为其提供具有针对性的服务。另外,在救助对象的管理上,社会工作也能够发挥重要作用。我国对申请对象的审查程序为入户调查、小组评议、张榜公示等。但在实际工作中,由于基层工作人员的能力和动机不足等原因,审查程序并未能有效遏制虚假申报的现象,对于真正的贫困者,这一审

查程序会带来严重的贫困烙印。[①] 贫困户申请低保需要提供证明贫困的依据，有些贫困户会因此产生敏感的心理，害怕受到他人歧视，因此就没有申请低保。

为了解决当前我国反贫困工作中专业化评估的缺失，优化社会救助管理体制，应该引入专业的社会工作者。在许多西方国家，对家庭财产的调查工作都是委托社会工作者进行的。社会工作者能够以专业化的态度和方法来客观真实地审查申请者的条件并评估其需求，同时在整个过程中又能够严格遵守保密原则，有效避免贫困烙印。

三、反贫困政策不足需要社会工作的修正和弥合

自“精准扶贫”概念提出之后，我国的贫困治理方略发生了重大转型，开始由粗放式扶贫转向精准扶贫。围绕着“四个切实”“五个一批”“六个精准”等重要举措，精准扶贫自2013年提出至今已形成具有中国特色的贫困治理体系，并为中国贫困问题的有效解决发挥了重要作用。[②] 2015年，《中共中央国务院关于打赢脱贫攻坚战的决定》(中发〔2015〕34号)提出，要实施“扶贫志愿者行动计划和社会工作专业人才服务贫困地区计划”；2017年6月《民政部 财政部 国务院扶贫办关于支持社会工作专业力量参与脱贫攻坚的指导意见》，对社会工作介入反贫困做出指示。[③] 在反贫困实践中，关键是要

---

① 李红波：《当前社会工作介入我国反贫困的必要性分析》，载《贵州社会科学》2011年第12期。

② 文军：《“转型发展中的精准扶贫研究”专题》，载《南通大学学报(社会科学版)》2018年第1期。

③ 李迎生、郭燕：《推动社会工作精准介入反贫困实践》，载《中国人民大学学报》2018年第5期。

由问题视角转换至发展视角。① 而社会工作正具备这样的特征。王思斌认为，社会工作具有竭诚的价值观；具备以评估为基础开展服务的科学精神；与贫困群体能够达成共识并建立合作的关系共进退；善于资源链接，促进多方合作；对过程和结果同样关注；具备文化敏感性。② 专业社会工作积极介入反贫困这一举措，能够修正和弥合反贫困政策的不足，在反贫困的政策设计和具体行动中重视发挥专业社会工作的功能，能够使反贫困政策更为全面且具备操作性，提高反贫困的工作成效。③ 因此，在特殊困难人群反贫困工作中，社会工作者能够为其设计更有针对性、更人性化的服务方案，并激发服务对象的主动性。我国的反贫困事业对社会工作的加入有着迫切的需求。

第二节　特殊困难人群反贫困社会工作的介入空间和路径

社会工作与反贫困产生联系由来已久。早在 1601 年，英国颁布《伊丽莎白济贫法》，此法通常被认为是社会工作的开端。因此，可以说社会工作的产生和发展是源于解决贫困问题④，贫民是专业社会工作者最初的服务对象。

---

① 金昱彤：《社会工作参与精准扶贫：从救助个案到改变系统》，载《甘肃社会科学》2017 年第 6 期。

② 王思斌：《精准扶贫的社会工作参与——兼论实践型精准扶贫》，载《社会工作》2016 年第 3 期。

③ 李红波：《当前社会工作介入我国反贫困的必要性分析》，载《贵州社会科学》2011 年第 12 期。

④ 林顺利、孟亚男：《嵌入与脱嵌：社会工作参与精准扶贫的理论与实践》，载《甘肃社会科学》2018 年第 3 期。

反贫困贯穿着社会工作的整部历史。[①] 直到今天，社会工作依然将反贫困作为开展服务的重要领域。中国恢复社会工作之后，在城市中开展社区治理和社区服务较为多见，主要以综合服务或特殊人群专项服务的方式开展。近年来，农村社会工作获得大力发展，尤其是在"精准扶贫"这一国家战略提出之后。[②] 那么，城乡社区作为开展反贫困社会工作的重要场域，以社区为本的社会工作参与特殊困难人群的贫困治理究竟何以可能？何以可为？这是当前反贫困社会工作领域的重要议题。

一、特殊困难人群反贫困社会工作的多重嵌入

关于社会工作参与社区治理的核心机制，"嵌入性"理论扮演着独特的角色并发挥着重要的作用。[③] 王思斌在《中国社会工作的嵌入性发展》一文中曾谈到，专业社会工作是在嵌入本土社会工作实践领域之中获得生存和发展的。[④] 这一命题是对格兰诺维特(Granovite)的"嵌入观"观点进行延伸，即市场行为嵌入社会结构之中，经济行为与社会关系交织在一起。这种论点体现为一种"方法论上的嵌入性"。[⑤]"嵌入"一词虽然由西方舶来，但也非常生动形象地反映了中国社会工作的独特发展。那么，在社区为本的特殊困难人群的反贫困社会工作中，需要强调的是，社会工作应嵌入特殊困难人

① 李红波：《当前社会工作介入我国反贫困的必要性分析》，载《贵州社会科学》2011 年第 12 期。

② 林顺利、孟亚男：《嵌入与脱嵌：社会工作参与精准扶贫的理论与实践》，载《甘肃社会科学》2018 年第 3 期。

③⑤ 徐选国、杨絮：《农村社区发展、社会工作介入与整合性治理——兼论我国农村社会工作的范式转向》，载《华东理工大学学报(社会科学版)》2016 年第 5 期。

④ 王思斌：《中国社会工作的嵌入性发展》，载《社会科学战线》2011 年第 2 期。

群所在的社区服务体制和文化脉络之中，即按照本土化的社区治理逻辑，将宏观、中观和微观的情境考虑在内，并根植于当地情境提供有效的服务。笔者将尝试梳理社会工作在此基础上进行多重嵌入的实践路径。

（一）宏观层面的嵌入：将社会工作纳入顶层设计

社会工作恢复重建以来，专业社会工作在发展过程中面临着较强的结构性张力。① 政府在社会工作的发展进程中仍将持续发挥着主导作用，专业社会工作必须策略性地嵌入原来的社会服务领域之中，以谋求更多的发展。我国社会发展正处于转型期，传统行政主导的社会工作模式也慢慢向专业化转变。自 2006 年中国共产党第十六届中央委员会第六次全体会议（以下简称“中共十六届六中全会”）提出“建立一支宏大的社会工作人才队伍”后，社会工作逐渐被纳入国家治理的专业支持当中。2011 年中央组织部、中央政法委、民政部等 18 个部门和组织联合发布的《关于加强社会工作专业人才队伍建设的意见》和 2017 年《民政部 财政部 国务院扶贫办关于支持社会工作专业力量参与脱贫攻坚的指导意见》指出，社会工作专业人才是为贫困群体提供如心理疏导、精神关爱、关系调适、能力提升等各类社会服务的新兴力量，在扶贫工作中发挥着积极作用。② 从政策上来说，社会工作已被纳入顶层设计，政府已逐渐开始让渡空间，社会工作需要从理论和实务上予以回应，即能够主动嵌入国家贫困治理的体系，为脱贫攻坚助力。

① 王思斌、阮曾媛琪：《和谐社会建设背景下中国社会工作的发展》，载《中国社会科学》2009 年第 5 期。

② 林顺利、孟亚男：《嵌入与脱嵌：社会工作参与精准扶贫的理论与实践》，载《甘肃社会科学》2018 年第 3 期。

（二）中观层面的嵌入：行政主导与专业化的互相建构

中央的政策是否能被很好地贯彻和落实，取决于地方政府对社会工作的理解与接纳及社区层面的执行。社会工作嵌入地方政府反贫困工作体系当中，在逻辑上体现为理念、技术方法、人才队伍的整体嵌入和融合①，而社区为政府在基层进行贫困治理提供了很好的载体。目前，社会工作在社区为特殊困难人群开展各项服务主要依靠政府购买服务和项目制的运作机制，这为社会工作介入社区困难人群的反贫困工作赋予了合法性。② 但值得注意的是，由于专业社会工作的后发性，社会工作在嵌入当地反贫困工作体系并在社区开展安老、残疾人救助、留守儿童救助等社会服务时，仍需依靠行政性社会工作的力量。可以说，专业社会工作与行政主导的社会工作一直处于互相建构当中，通过竞争、冲突、合作及主动让渡服务空间的方式，形成二者之间的管辖权边界。③ 在这一过程中，社会工作的嵌入根植于社区的实际情况与现实经验，建构出具有中国特色的反贫困社会工作模式。

（三）微观层面的嵌入：特殊困难人群的生活世界塑造

社会工作是聚焦于人的工作。通过塑造服务对象的生活世界，嵌入其日常生活，从而达成提升服务对象福祉的目标。作为各类社会服务项目的执行者，社会工作者直接面向服务对象的生活世界。社会工作者像一把梭子，贯穿于服务对象的困境之中，帮助其克服困难，提供支持，将生活编织得完整与美好。社会工作在这一层面的嵌入，强调将社会工作的社会性与服

① 林顺利、孟亚男：《嵌入与脱嵌：社会工作参与精准扶贫的理论与实践》，载《甘肃社会科学》2018 年第 3 期。

②③ 韩江风：《嵌入性理论视域下中国特色社会工作的转型与制度化建构》，载《重庆三峡学院学报》2019 年第 3 期。

务对象的主体性联结起来[①]，充分考虑每个个体的生态系统，以人为本，将服务对象置于情境之中挖掘其潜能和优势，使其重拾生活的信心与希望，以此实现专业使命与价值。而特殊困难人群的生活世界也会在社会工作的实践过程中得以重新塑造。

二、特殊困难人群反贫困社会工作的理论视角

掌握社会工作理论知识，是做好社会工作实务的基础和前提。专业的社会工作最初是在西方国家发展起来的，它是以“助人自助”为宗旨，遵循专业伦理规范，在社会服务与管理等领域，综合运用专业知识、技能和方法，帮助有需要的个人、家庭、群体、组织和社区，整合社会资源，协调社会关系，预防和解决社会问题，恢复和发展社会功能，促进社会和谐的职业活动。[②] 社会工作理论的发展，有助于为人们的实际工作提供说明和指引，提高社会工作服务质量。需要注意的是，社会工作理论必须直面当下各种社会问题，保持高度的文化敏感性和实务处置能力，从而为社会工作者提供一套行之有效的解决问题的程序、方法与模式。[③] 虽然没有任何一种理论能够提供全面且准确的行为指南，但这些理论对拓宽社会工作者对特殊困难人群开展服务的视野，更加科学地从事社会工作实务工作，具有十分重要的意义。本节将介绍几个社会工作者在社区中面对特殊困难人群开展服务时常用的理论视角。

---

① 徐选国：《从嵌入系统到嵌入生活：我国社会工作的范式转向与时代选择》，载《社会工作与管理》2019年第3期。

②③ 文军：《西方社会工作理论》，高等教育出版社2013年版，第1、7页。

(一) 优势视角

优势视角的观点认为，社会工作者应运用积极、科学的干预方式整合案主与环境的优势资源，聚焦案主的优势和潜能，以案主的目标或希望为导向，引导案主逐步发现自我价值，增加自我觉察，激励案主做出积极和主动的改变，最终解决困境。[①] 在专业社会工作领域，优势视角是一个多层次的实践手法，需要社会工作者和案主共同合作，利用案主的优势，协助他们达成目标，摆脱自身的困扰。[②] 在优势视角中，案主与社会工作者的关系被看作重要的且是所有工作的基础。[③]优势视角要求社会工作者从另一个角度看待案主及他们所处的环境，而非聚焦于他们所面临的问题。社会工作者在实践中运用优势视角的兴趣与日俱增，尤其是针对老年人、青少年、精神障碍患者等群体。优势视角坚信个人、团体、社区等皆有特定的优势，如财富、智慧、资源、知识等。[④] 优势视角关注案主的优势和能力，在社区建设中，赋权、成员身份和本土的抗逆力是优势视角的基本构成。[⑤]

优势视角的价值体现在三个方面：理性、自主和自我决定。[⑥]优势视角认为每个人都拥有理性的能力和意愿，可以以理性的方式进行思考和行动。在优势导向的助人关系中，社会工作者应始终尊重案主作为自主个体的选择权和决定权。对于案主复元的目标，由案主基于自身感受进行自我选择和决定。

①③⑥　孟洁：《社会工作优势视角理论内涵探究》，载《华东理工大学学报(社会科学版)》2019 年第 1 期。

②⑤　[美] Dennis Saleebey：《优势视角：社会工作实践新模式》，杜立婕、袁园译，华东理工大学出版社 2015 年版，第 3、18 页。

④　闫红红、张和清：《优势视角下农村妇女组织与社区参与的实践探索——以广东省 M 村妇女社会工作项目为例》，载《妇女研究论丛》2019 年第 2 期。

优势视角的意义在于其挑战了传统社会工作中构建的“问题”取向，颠覆了长久以来植根在社工、案主及社会大众心中对弱势群体的刻板印象，促进了专业价值、理论模式、实践方法等向正向和积极的方向转变。①

（二）增权理论

增权理论与优势视角都关注案主的优势和资源，两者存在一定的交叉和重叠，其精神内核存在相似性。但相较于偏向微观的优势视角，增权理论则可以从“权”的角度来说明增权过程的宏观性。“权能”是增权的核心概念，学界一直以来都对“权能”有着不同的看法，唐咏将这些观点总结为能力观和意识观。② 从能力观来看，“权能”是一种人们可以进行有效自我掌控的能力，不仅表现为客观的存在，也表现为一种主观感受，即权力感。③ 而意识观认为，个体在自我觉察中感受到压迫，因而能够在增权过程中看到更多机会从而促进自身或周遭环境进行转型。④

“增权”（empowerment）是和“权力”（power）及“无权”（powerlessness）密切相关的。从某种意义上来说，“无权”的人群可以被看作社会工作介入的对象，“权力”是社会工作介入的目标，而“增权”则是社会工作的途径。⑤增权取向注重人际关系、社会结构和社会政策的改变及其对弱势群体的影响⑥，增权取向的社会工作即是社会工作者视案主为健全的、有价值的、有能力的个人，与案主建立协同的合作伙伴关系，协助遭受经济困难或政治压迫

---

① 孟洁：《社会工作优势视角理论内涵探究》，载《华东理工大学学报（社会科学版）》2019 年第 1 期。

②④ 唐咏：《中国增权理论研究述评》，载《社会科学家》2009 年第 1 期。

③⑤ 陈树强：《增权：社会工作理论与实践的新视角》，载《社会学研究》2003 年第 5 期。

⑥ Lee Judith A B, *The empowerment approach to social work practice*. 23th ed. New York: Columbia University Press, 2001.

的弱势群体，增加案主的权能以帮助其提高适应环境的能力，并致力改善压迫案主的环境或结构。① 弱势群体大多处于无权状态之中并且不具备主动增权的能力，因而增权已成为很多社会机构和服务组织的工作方向和工作策略。②

（三）社会支持网络理论

社会支持网络理论是从现代社会系统理论发展出来的理论分支。③ 帮助弱势群体获得社会支持是实现社会工作理念的一种具体形式，社会工作者对这一理论并不陌生。社会支持网络理论从社会秩序、网络、支持系统等视角为社会工作实践提供了极具使用价值的理论指导。④ 20 世纪 70 年代，社会支持（social support）作为科学的专业术语被正式提出，之后在各领域被广泛运用。⑤

20 世纪 80 年代后半期，因为对城市贫困问题的关注，国内学界开始了对弱势群体的研究，尤其是与弱势群体和社会支持相关的研究，成果颇多。⑥ 社会支持一般指来自个体自身以外的全部支持，通常分为正式支持和非正式支持。社会工作在社会支持网络的构建中也有着十分广阔的应用，如关于下岗职工、老年人、妇女、农民工的社会支持网络研究等。在社会支持网络的运用当中，社会工作者不仅以网络方式来分析案主的社会关系情况，与

---

① 宋丽玉、曾华源、施教裕，等：《社会工作理论：处遇模式与案例分析》，洪叶文化事业有限公司 2002 年版，第 180—182 页。
② 唐咏：《中国增权理论研究述评》，载《社会科学家》2009 年第 1 期。
③④ 周湘斌、常英：《社会支持网络理论在社会工作实践中的应用性探讨》，载《中国农业大学学报（社会科学版）》2005 年第 2 期。
⑤ 李铣：《弱势群体社会支持系统研究》，四川大学 2004 年硕士研究生学位论文。
⑥ 张友琴：《社会支持与社会支持网——弱势群体社会支持的工作模式初探》，载《厦门大学学报（哲学社会科学版）》2002 年第 3 期。

此同时，还会通过介入网络来帮助案主建立支持性关系，从而发现、发掘并获得潜在于案主社会关系中的社会资源。① 周沛认为，构建社会支持网络，对推动社会工作和社区工作的发展，对社区居民“助人自助”理念的确立，对社会资源的调动和运用，对社会问题的解决和预防，都具有极其重要和深远的理论意义和现实意义。②

（四）生态系统理论

生态系统理论由著名心理学家布朗芬布伦纳（Bronfenbrenner）提出。该理论从微观系统、中观系统、宏观系统和时间纬度等几个方面，承认生物和环境因素交互影响着人的生存和发展。③ 在这些系统中，生物因素因技术和伦理的原因，往往难以改变。但环境因素能够通过个人的努力和外界的帮助加以改造。因而从生态系统理论的视角出发，结合弱势群体的客观生存状况，能够深入和多角度地看到我国弱势群体还存在的困境，这也能够促进社会工作者从更广阔的空间去理解服务对象所面临的问题并寻找解决方案。④ 目前，生态系统理论已成为社会工作领域中一个非常重要的实务理论。

随着理论的不断发展，查尔斯·扎斯特罗（Charles Zastrow）在他的《人类行为与社会环境》中进一步阐述了系统观。与布朗芬布伦纳的系统观所

---

① 周湘斌、常英：《社会支持网络理论在社会工作实践中的应用性探讨》，载《中国农业大学学报（社会科学版）》2005年第2期。

② 周沛：《社区工作中的社会支持网络构建及其意义》，载《社会科学研究》2003年第6期。

③ 田萍：《社会生态维度下弱势群体社会支持网络系统建构》，载《求索》2013年第10期。

④ 卓彩琴：《生态系统理论在社会工作领域的发展脉络及展望》，载《江海学刊》2013年第3期。

不同的是，扎斯特罗打破了个体与环境的对立关系，将微观个人系统看作生态系统的一部分，认为问题的出现是由生态系统的不和谐导致的。[1] 因此，个人微观系统在与其他系统进行互动时，这种互动会对案主本身产生影响。社会工作者应当在多种系统相互作用的背景下评估案主的行为。基于此，扎斯特罗提出了社会生态系统对社会工作者的影响模式（the system impact model，SIM）（见图 8－1 所示）。在与社会工作过程相关的各个系统之中，案主系统被放在机构系统和社区系统之下加以审视。社区系统作为宏观系统

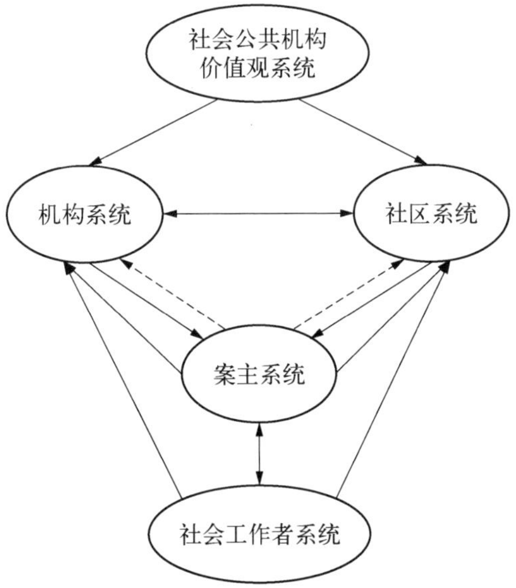

图 8－1　社会生态系统对社会工作者的影响模式[2]

① ［美］查尔斯·H. 扎斯特罗、［美］卡伦·K. 柯斯特-阿什曼：《人类行为与社会环境》，师海玲、孙岳等译，中国人民大学出版社 2006 年版，第 18—28 页。

② ［美］查尔斯·H. 扎斯特罗、［美］卡伦·K. 柯斯特-阿什曼：《人类行为与社会环境》，师海玲、孙岳等译，中国人民大学出版社 2006 年版，第 26 页。案主系统（client system）上面的三个大圆描绘了对案主系统有重大影响的主要宏观系统。图 8－1 中的箭头代表影响。箭头的方向代表哪一个系统是影响者，哪一个是接受者。双向箭头则表明某种程度的互相影响。

的主要类型,能够对案主产生重大影响。社区通过资源、工作职业和社会支持系统向人们提供所需要的资源。①

三、特殊困难人群反贫困社会工作的介入方法

关于社区为本的社会工作,张和清指出:“这是社会工作者以整个社区为基础,选择某一项‘牵一发而动全身’的社区公共议题作为社区工作的突破口,综合运用宏观、中观和微观层面的各种专业及其本土化的助人自助与能力建设方法,与社区居民合力解决民生及生态等诸多社区衰败的问题,重建社区感与可持续生活。”②社区作为特殊困难人群日常生活的场域,社会工作者只有扎根其中,了解服务对象的真正需求,才能够解决特殊困难人群的贫困问题。在此基础上,我们可以认为,以社区为本的针对特殊困难人群的反贫困社会工作,是推动以困难人群为主体的社区社会工作。这里所说的社区社会工作是指社会工作者运用整合的社区工作方法,而非社会工作“三大方法”中分列而出的社区工作。

在反贫困社会工作中运用整合的社区工作方法,首先,强调社会工作者的角色定位不再是单一的救助者,而是整合者。社会工作者要成为服务对象的同行者、能力建设者、资源链接者和协作者。③社会工作者要陪伴他们,设身处地地感受他们的问题,与他们建立良好的专业关系,在

① 师海玲、范燕宁:《社会生态系统理论阐释下的人类行为与社会环境——2004年查尔斯·扎斯特罗关于人类行为与社会环境的新探讨》,载《首都师范大学学报(社会科学版)》2005年第4期。

②③ 张和清、杨锡聪:《社区为本的整合社会工作实践——理论、实务与绿耕经验》,社会科学文献出版社2016年版,第24—25、28页。

此基础上让特殊困难人群逐步迈向自助与互助的能力建设，激发自力更生的精神，解决生计问题。[①] 与此同时，社会工作者也需要链接各种社会资源来盘活社区，为困难群体搭建社会支持网络。但无论如何，在工作过程中，社会工作者始终承担协作者的角色，服务对象自身主体性和参与性的激活与释放，才是工作具备成效的关键因素。其次，社区中无形资产建设也是社区社会工作需要重点考虑的问题。缺乏社区公共精神、歧视贫困人口、人际关系处于消极状态等社区无形资产的匮乏都会制约反贫困工作的成效。因此，解决贫困问题，除了需要对服务对象个体增权以外，还需要着重建设社区的“软环境”，如社区公共精神建设、贫困文化消除、人际关系网络构建等，这是一种资本性、长期性、可持续的社区资产建设。[②]

综上，在以社区为本的反贫困社会工作中，整合的社区工作方法包括了个案工作、小组工作、社区工作、资源链接等社区组织与能力建设的工作模式，囊括个人层面、家庭层面、群体层面、社区层面等不同的工作方法。社会工作者以其专业的视角和对需求更深入的把握服务困难人群，是反贫困工作的重要参与力量。社会工作者应充分发挥其第三方媒介、资源整合、支持网络建设、培育内生力量的作用，推动服务对象的生活模式向可持续发展模式转型，提高反贫困工作的效率和效益。

① 张和清：《社会转型与社区为本的社会工作》，载《思想战线》2011 年第 4 期。
② 席晓丽：《社会工作助力精准扶贫的“嵌入”和“浸润”路径》，载《贵州社会科学》2018 年第 5 期。

第三节　特殊困难人群反贫困社会工作的社区实践

2016年世界社会工作日，我国民政部以“发展社会工作，助力扶贫济困”为主题，在各地组织了社会工作的宣传活动。社会工作的核心内容是帮助社会弱势群体，促进社会福利的发展。在此基础上，民政部将社会工作在各地贫困帮扶中所取得的经验和成绩进行宣传和推广，动员和引导社会各界和社会工作者秉持专业的社会工作精神，进一步发挥社会工作的功能和作用，使社会工作和社会工作者投入最基层的社区建设。经济学上的“水桶效应”表明，水流的外溢取决于最短的一块木板，由此可知，社会风险也最容易在脆弱性较高的社会群体中产生。在社会变革和转型的加速期，社会结构变动导致社会分化进一步加剧，我国弱势群体的承受力和生活质量也不可避免有所降低，社会弱势群体成为在社会性资源分配上具有经济利益贫困性特征的特殊困难群体。党和政府高度重视特殊困难人群的反贫困工作。社会工作作为反贫困事业的重要力量，特殊困难人群是其重点关注和帮扶的对象。本节将以针对老年人、困境儿童、妇女和残疾人这四类人群开展社会工作的实务为例，对社区为本的特殊困难人群反贫困社会工作进行介绍。

一、老年人反贫困社会工作的社区视角

贫困问题是我国面临的发展性难题。目前，我国已逐步迈入老龄化社

会，老年贫困由于致贫风险高、脱贫难度大及社会保障体系不健全，成为反贫困的重要领域。[①] 究其原因，其一，老年人的收入通常会降低，疾病也容易加大老年人致贫的风险；其二，相较于年轻人，老年人由于自我发展能力退化，一旦陷入贫困便较少有机会通过自身努力脱离贫困；其三，针对老年人的社会保障体系尚不健全，容易导致贫困。在当前中国社会转型的背景下，具有教育水平低、健康状况差、家庭养老条件匮乏、农村户籍、无儿无女、社会保障和公共福利缺乏这 6 种特征的老年人往往更容易陷入贫困。[②]

（一）老年人贫困的现状与内涵

随着社会的发展，“老年”的界限在逐渐改变。1956 年，联合国在其发布的《人口老龄化及其社会经济后果》一书中，将 65 岁定义为老年年龄的临界点。我国依据 1982 年联合国公布的标准，将 60 岁以上的人界定为老年人。[③] 由于我国各地发展水平有所差异，国家运用“市场菜篮子法”，依据各地的经济发展水平设置贫困线，确定人均最低生活标准[④]，低于贫困线标准的人口为贫困人口。国家统计局数据显示，截至 2019 年年底，我国 60 岁及以上的老年人口约为 2.54 亿人，占全国总人口的 18.1%。专家预计，2050 年，我国 60 岁以上的老年人口将达到 4.5 亿，相较城市，农村的老年人

① 李萌、陆蒙华、张力：《老年贫困特征及政策含义——基于 CHARLS 数据的分析》，载《人口与经济》2019 年第 3 期。

② 解垩：《养老金与老年人口多维贫困和不平等研究——基于非强制养老保险城乡比较的视角》，载《中国人口科学》2017 年第 5 期。

③④ 王曼：《北京市老年群体的反贫困政策研究——以北京市西城区为例》，北京化工大学 2015 年。

口数量是城市的2.1倍,农村老龄化的形势将更为严峻。① 根据2010年第六次人口普查城乡60岁及以上老年人口比例推算出,2014年城镇老年人口为8 757万,农村老年人口为9 269万。最新农村扶贫标准为每人每年2 300元,数据表明有35%的农村老年人总收入低于这一标准。② 庞大的老年贫困群体使得针对老年人口的反贫困工作成为我国反贫困事业的重要环节。

从贫困的内涵来看,老年人的贫困是一个多维概念,除了经济以外,还包括健康、社会、精神状态等。不过值得注意的是,经济贫困往往是引发其他类型贫困的原因。③正因为老年贫困的多维性和复杂性,老年贫困人口的脱贫并非只是为其提供物质资源,更要将老年人口的能力建设、社会关系建立及社会功能提升一并纳入反贫困工作的考虑之中④,应当为老年贫困人口规划一条切合实际需求的精准扶贫路径。

(二)社区为本的老年人反贫困社会工作

老年社会工作一直是社会工作的重要分支。面对复杂且严峻的脱贫形势,专业力量的介入必不可少,社会工作参与贫困治理的成效也已被国际经验所证明。在西方,提高老年人的生活质量和建立健全完善的老年人服务网络始终是欧洲各国建立福利国家的重要目标。⑤ 面对老年人贫困的全球

---

① 王三秀、芮冀:《社会工作介入农村老年精准脱贫的困境与出路——基于Z县Y村的调查》,载《四川理工学院学报(社会科学版)》2018年第4期。

②③ 朱晓、范文婷:《中国老年人收入贫困状况及其影响因素研究——基于2014年中国老年社会追踪调查》,载《北京社会科学》2017年第1期。

④ 顾东辉:《精准扶贫内涵与实务:社会工作视角的初步解读》,载《社会工作》2016年第5期。

⑤ 江娅:《老年社会工作的理论基础》,载《中国青年政治学院学报》1998年第2期。

性难题，已步入严重老龄化时代的欧美国家的经验表明，从家庭养老向社区养老转变是减轻老年人贫困的有效途径。2015 年，荷兰进行了长期护理和养老体系的改革，社区养老成为更多老年人的主要养老模式。在社区互助模式下，改革取得了一定的成效。① 随着我国老龄化社会的来临，社区老年人的数量日益增加，对社区服务和社区照顾的需求也随之而来。在社区内，贫困老年人更加需要得到帮助，社会工作的介入成为一种理性的呼唤。

老年人反贫困社会工作表现在两个方面：一是日常生活，二是社会生活的发展。为了满足贫困老年人日常生活方面的需求，社会工作者要注重生活照顾和生活救助类服务的提供。生活照顾是为老年人提供社区生活照顾类服务，一般由各类老年服务机构提供，如在社区内设立老年人日托中心等，目的是让老年人尽可能地在自己熟悉的环境中度过晚年生活，减轻家庭的照料负担。生活救助服务主要从经济层面为贫困老年人提供救助，帮助他们维持基本的生活。而满足老年人社会生活发展方面的需求，要求社会工作者开展一些能够推动老年人实现自我价值的活动。社会工作者除了提供一些仍可胜任的岗位帮助老年人改善收入以外，也可助其培养兴趣爱好，鼓励他们参加各种志愿活动，从中获得尊严和生命意义，实现老有所为。

当然，在社会化养老体系尚未形成之前，老年人仍以家庭养老为主。就家庭层面而言，家庭镶嵌于社区之中，社会工作者可以通过链接社会资源，为家庭提供支持。同时开展家庭教育，增进家庭成员之间的互相理解，维护家庭和谐，建设良好的家庭氛围。社会工作者应注重培育社区内部的脱贫

① 王三秀、芮冀：《社会工作介入农村老年精准脱贫的困境与出路——基于 Z 县 Y 村的调查》，载《四川理工学院学报(社会科学版)》2018 年第 4 期。

动力，发挥社区在反贫困工作中的自我传递、复制、整合和推动作用①，为贫困老年人增加社会资本，提升社会支持。

（三）案例介绍②

Z县总体经济水平较低，曾为国家扶贫工作重点县，支柱产业为农业、玉雕加工及销售。Y村位于Z县西南25公里，全村由1个自然村组成，下辖9个村民小组，共有556户2 362人，村域面积6平方公里。2016年，Y村建档立卡贫困户共有61户193人，2017年有贫困户57户171人。贫困原因包括生病、残疾、缺少劳动力、缺少资金等。在Y村的贫困人口中，老年人口比重较大。通过各方努力，Y村的老年脱贫工作取得了一定的成效，贫困老年人的生存状况有所改善。王三秀、芮冀在经过实地调研后，了解了Y村的脱贫现状并分析了农村老年精准脱贫中社会工作的介入空间。社会工作在面对Y村的贫困现状时能够发挥积极作用，以科学的理念和方法解决Y村贫困老年人的脱贫问题。

从识别帮扶对象的角度来看，社会工作者具有与老年人相处的方法和过往识别服务对象的经验，通过走访和沟通，能够挖掘老年人贫困的根本原因。另外，社会工作者的介入，也帮助驻村干部承担了一部分工作压力。从确定帮扶项目的角度来看，Y村贫困老年人数量较多，主要依靠国家基本的福利保障措施和少部分物质救助与经济补偿来脱贫。但贫困老年人对国家

① 向德平、姚霞：《社会工作介入我国反贫困实践的空间与途径》，载《教学与研究》2009年第6期。

② 王三秀、芮冀：《社会工作介入农村老年精准脱贫的困境与出路——基于Z县Y村的调查》，载《四川理工学院学报(社会科学版)》2018年第4期。

福利过于依赖，对脱贫缺乏正向的认知，自身能力也难以挖掘，因此老年人的贫困状况较难得到改善，同时老年人也存在精神上的孤独问题。

根据研究者的调查数据，Y 村 60～69 岁的低龄老年人占老年人总人口的 12%，70～79 岁的中龄老年人占 2%，80 岁及以上的老年人占老年总人口的 5.4%。Y 村的低龄老年人占据多数。社会工作者作为服务提供者，不仅可以为老年人提供物质援助，更重要的是，能够为贫困老年人赋权增权，尤其针对低龄老年人而言，需要激发其内生动力，寻求其自身脱贫的可作为空间。

通过建立以 Y 村贫困老年人需求为靶向的服务目标，开展以社区为本的，具有针对性的个案、小组、社区工作，在物质帮扶的同时，加强老年人社区参与的主体性。社会工作者可以为其拓宽资源获取渠道，以小组的方式促进交流融合，在村内建立老年帮扶照看机制等社区支持网络，建设乡邻互助的乡村文化，促进老年人和社区共同发展。

二、困境儿童反贫困社会工作的社区视角

2016 年 6 月，为了确保困境儿童的生存、发展、安全权益得到有效保障，国家颁布了《国务院关于加强困境儿童保障工作的意见》（以下简称《意见》）。《意见》对困境儿童进行了规定：困境儿童包括因家庭贫困导致生活、就医、就学等困难的儿童，因自身残疾导致康复、照料、护理和社会融入等困难的儿童，以及因家庭监护缺失或监护不当遭受虐待、遗弃、意外伤害、不法侵害等导致人身安全受到威胁或侵害的儿童[①]。儿童是国家和社会的希望

① 国务院：《国务院关于加强困境儿童保障工作的意见》，(2016 - 6 - 16)[2019 - 8 - 15]，http://www.gov.cn/zhengce/content/2016-06/16/content_5082800.htm。

与未来，每一位儿童都应在安全、健康、充满关爱的环境中成长。根据民政部《2019 年民政事业发展统计公报》的数据，截至 2019 年年底，我国孤儿的数量有 23.3 万，其中，集中养育孤儿和社会散居孤儿分别为 6.4 万人和 16.9 万人①。党和政府高度重视困境儿童的保障工作，要求综合运用社会救助、社会福利和安全保障等政策措施，分类施策，精准帮扶，为困境儿童健康成长营造良好环境。

（一）贫困对困境儿童的影响

困境儿童的概念源自西方，近年来由于儿童受侵害的社会事件频发，引起了广泛的关注。通常来说，困境儿童的生活因为各种原因陷入困境，可分为社会性因素（监护缺失、单亲家庭、留守流动等）、心理性因素（精神紧张、焦虑、情绪不稳定等）、生理性因素（肢体残疾、智力残疾等）、经济性因素（低保家庭、家庭收入低等）等。由于困境产生的复杂性，困境儿童往往遭受了多重困境的风险。其中，贫困是最常见的一种，也是应当首先考虑解决的一种困境。

对于儿童来说，贫困对其能够产生较大的影响。首先，贫困可能会给儿童的成长带来严重的负面效应。贫困有损儿童的身体健康，剥夺了儿童获得教育、信息资源等社会化资源的机会。儿童在生理、心理、生活经验和社会能力方面都相对较弱，很难应对因贫困所产生的后果。第二，儿童贫困是代际贫困传递的重要途径。许多成年人的贫困可以从其童年经历的贫困中寻找原因。能否阻断贫困的代际传递即是反贫困工作成功的关键。② 值得

---

① 中华人民共和国民政部：《2019 年民政事业发展统计公报》，(2020-9-8)[2020-3-10]，http://images3.mca.gov.cn/www2017/file/202009/1601261242921.pdf。

② 姜妙屹：《试论我国家庭政策与儿童政策相结合的儿童优先脱贫行动》，载《社会科学辑刊》2019 年第 4 期。

注意的是，儿童贫困不仅能够影响其自身和家庭，对于整个社会来说，也有可能引发社会矛盾和问题，对未来的社会发展形成潜在的威胁。

有证据表明，贫困是促成儿童遭受风险的重要因素之一。面对这一复杂和艰巨的问题，社会工作凭借其专业背景、价值理念和专业方法能够有效应对。社会工作者必须采取办法，对儿童和其家庭的贫困问题进行具有批判性和反思性的干预。① 在各类贫困问题中，儿童贫困无疑是最重要的问题之一。因此，在反贫困行动中，社会工作者应本着“儿童优先”的原则，给予处于经济困境的儿童更多的帮助，建立一套为困境儿童定制的脱贫体系。

（二）社区为本的困境儿童反贫困社会工作

儿童社会工作是指在儿童福利体系下，根据儿童的生理、心理特点，成长、发展的需要，把社会工作的专业知识、方法和技巧应用到儿童的教育和照顾工作中，不仅救助和保护不幸儿童，而且关心一般儿童，使他们健康全面地成长。② 在针对困境儿童的反贫困社会工作中，社区发挥着重要作用。社区不仅直接为困境儿童传递国家的福利资源，同时也直接为困境儿童提供服务。美国在社区中心为困境儿童提供了一系列社区服务；英国也提升了困境儿童服务的审查标准，强调家庭和社区的责任。我国也将社区纳入困境儿童服务体系之中，2011 年国务院印发的《中国儿童发展纲要（2011—2020 年）》中提出要建立以社区为基础的儿童保护工作运行机制。

---

① Kate Morris, Will Mason, Paul Bywaters, et al, “Social Work, Poverty, and Child Welfare Interventions,” *Child & Family Social Work*, 2018, Vol. 23, No. 3, pp. 364 - 372.

② 朱眉华、文军：《社会工作实务手册》，社会科学文献出版社 2006 年版，第 218 页。

与此同时，我国在构建困境儿童服务制度时也以社区儿童为标准展开制度设计。①

对困境儿童及其家庭的帮扶是反贫困社会工作的重点内容。针对家庭状况的改善，社会工作者可根据服务对象的情况，帮助其了解国家的福利政策，改善家庭经济情况，也可以为儿童的父母提供就业援助（包括职业技能培训、就业信息提供等）以增加家庭收入。另外，社会工作者可对有亲子矛盾的家庭进行辅导，增进彼此之间的理解和支持，实现两者的良性互动。针对困境儿童自身，社会工作者可从教育、社会化引导、心理健康等方面入手，让儿童的身心不因受贫困影响而难以健康发展。

联合国《儿童权利公约》指出，家庭和社区在促进儿童福祉方面应为儿童创造具有潜力的成长环境。② 困境儿童及其家庭普遍缺乏社会资源和社会支持网络，应对风险的能力较弱。社区是困境儿童成长的关键环境，在这个环境中存在着居（村）民委员会、妇女联合会、学校等正式社会网络，以及邻居、亲戚朋友等非正式的社会网络。社会工作者除了在社区内直接为儿童提供个案、小组、社区活动等以外，还应将各方力量联动起来，为贫困儿童家庭搭建社会支持网络，建设儿童友好型社区。儿童友好型社区是将儿童置于其关怀中心的社区，能够使儿童免受伤害。社会工作者应从社区共同体的角度对困境儿童的贫困问题加以审视，推动多元共治体系的建立，通过营造儿童友好型社区，扶助儿童及其家庭从受助转向自助及互助，迈向具有

① 万甜妹：《困境儿童服务的社会工作介入研究》，南京师范大学 2018 年硕士研究生学位论文。

② 陈静、王名：《教育扶贫与留守儿童关爱体系建设——基于 D 县 T 村“图书导读试验”的研究》，载《西北农林科技大学学报（社会科学版）》2018 年第 2 期。

内源动力的发展模式。

（三）案例介绍[①]

小雨今年9岁，和母亲居住在村里的出租屋内，父亲不知所终。小雨日常和母亲在村子内游荡，靠乞讨为生，两人的生活基本无着落。因无法保证三餐，小雨的体格比同龄儿童偏瘦小，另外，母亲有时会对小雨实施虐待行为，小雨身上时常出现伤口。小雨母亲每周只为小雨做两到三顿饭，其余时间要么在街上游荡，要么就带着小雨乞讨。小雨和母亲已拖欠房东数月房租，房东已将两人赶出出租屋。另外，因为母亲和小雨经常在村内游荡和乞讨，附近居民对母女两人有排斥心理。由于两人均无本地户口，因此无法享受当地的福利政策。

镇妇女主任将此个案转介给了社会工作者以后，社会工作者对小雨的需求和优势进行了预估。社会工作者发现，小雨有身体健康、教育、心理疏导等方面的需求。而这些需求得不到满足源自父母的养育能力不足和家庭/环境因素的不友好。社会工作者接手这个案例后，首先，从收入和住所入手，联系能够为母女俩提供物质帮助的“聚爱社区联盟”成员，为她们续租出租屋，避免她们流落街头。社会工作者还为小雨及其母亲购置了生活用品，保障她们的基本生活。其次，为了加强小雨母亲的照顾能力，确保小雨的安全，社会工作者也为小雨及其母亲募集到了一部分资金，并和小雨母亲约定只有停止虐待小雨、为小雨提供稳定的饮食及卫生照顾时才会把赠款交给她。然后，社会工作者每周探访小雨一次，一是为了陪伴她，二是为了提高小雨的自我照顾技能。同时，社会工作者教她写字、计算，为她入学做

① 雷杰、邓云：《“社区为本”的儿童保护服务本土化模式创新——以佛山市里水镇“事实孤儿”保护项目为例》，载《青年探索》2016年第3期。

准备。最后，社会工作者联动镇社工委、妇女联合会、教育局、学校、公安局等部门为小雨的上学问题召开会议，寻求解决办法。在此过程中，小雨的邻居也答应关注她的情况并反馈给社会工作者。

综上所述，该案例在以下几个方面体现了社区为本的困境儿童反贫困社会工作：第一，通过政府向社会组织购买服务的方式，为目标群体提供社会工作服务；第二，将专业社会工作（社会工作者）和行政主导的社会工作（村妇女主任）相结合，形成基于“村居—项目”的转介网络；第三，通过组建“聚爱社区联盟”，为服务对象提供非正式支持，呼吁社区居民以人力、财力、物力等形式参与帮扶过程，提升社区居民的参与感。社区为本的困境儿童反贫困社会工作服务模式如图 8-2 所示。

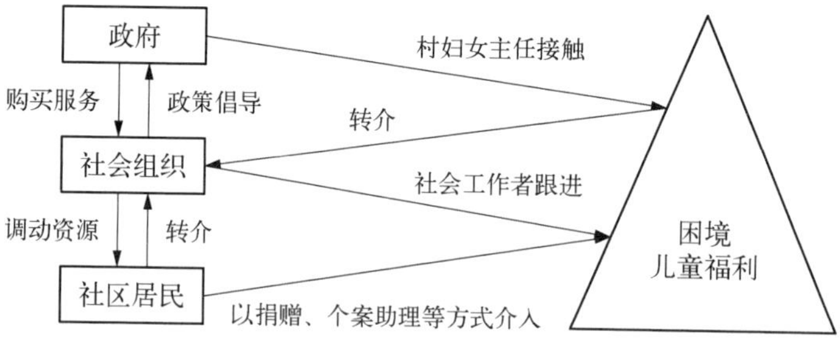

图 8-2　社区为本的困境儿童反贫困社会工作服务模式①

三、妇女反贫困社会工作的社区视角

1995 年发布的《第四次妇女问题世界会议的报告》表示，全世界范围内

① 在雷杰、邓云的“‘社区为本’的儿童社会工作服务模式”的基础上，完成图 8-2。雷杰、邓云：《“社区为本”的儿童保护服务本土化模式创新——以佛山市里水镇“事实孤儿”保护项目为例》，载《青年探索》2016 年第 3 期。

贫困问题日益显著，尤其是妇女贫困问题，在发展中国家表现得尤为突出。女性贫困发生率远高于男性，这种状况影响了女性的发展。近年来，联合国的一系列文件，如《千年发展目标》和《消除对妇女一切形式歧视公约》，都提到了“妇女的权利即人权”的重要性。因此，保障女性权利，消除女性贫困是全世界各国都需要认真考虑的议题。在中国，随着我国经济体制转轨和社会转型，居民的贫困问题尤其是女性贫困也日益严重，甚至出现了贫困女性化的现象。[①] 在家庭分工中，女性承担了大量没有报酬的家务劳动，挤占了女性的私人时间和生活空间，对就业和获取收入造成了较大的影响。从社会性别角度考虑，男女遭受贫困的表现和影响也因各种因素，如阶层、年龄、受教育水平等原因呈现出不同。那么，社会工作作为一门助人的专业和职业，应当如何助力我国女性摆脱贫困的处境，实现脱贫攻坚战的胜利呢？这是学界和实务界需要共同思考和努力解决的问题。

（一）妇女贫困的内涵

20 世纪 70 年代，美国学者在研究美国贫困问题时提出了“贫困女性化”这一概念，自此之后，学界便开始进行贫困女性化的研究。中国于 21 世纪后开展了贫困女性化的研究，研究者们从不同层面阐释了中国贫困女性化的表现：女性群体有着更高的贫困发生率，女性比男性更容易陷入贫困等。[②] 过去，女性贫困主要出现在农村地区，但随着社会转型和人口老龄化的出现，城市也出现了新的女性贫困群体。

根据国内外的既有研究，贫困的概念从收入或消费的一维贫困

---

① 李敏：《资源视角：贫困女性社会支持的实证研究》，载《长白学刊》2010 年第 3 期。

② 张雪梅、李晶、李小云：《妇女贫困：从农村到城乡，从收入贫困到多维贫困——2000 年以来中国“妇女贫困”研究评述与展望》，载《妇女研究论丛》2011 年第 5 期。

(unidimensional poverty)到包含人类福祉的众多维度的多维贫困(multidimensional poverty),不断被深化和拓展。① 女性贫困的内涵是指女性由于制度、资源、环境、生理等因素,导致个人生活和发展处于一种"无能的状态"。② 这种状态涉及女性发展的各个领域,具有多元性。

对女性贫困的定义主要从物质视角、人文视角和其他视角进行界定。一般而言,健康状况不佳、文化程度低、就业率低、家庭及社会资源少及家庭劳动负担重,是女性贫困的主要原因。③ 这些原因使女性在就业市场中处于弱势地位。世界银行有数据表明,在过去的10年里,女性工资每年仅增长1%,女性获得报酬的额度仅为男性工作报酬的60%—70%。④然而,女性不仅面临物质方面的贫困,在文化、权利、社会资本及社会支持网络方面同样遭受着贫困。⑤ 当女性由于贫困欠缺某些条件照顾家庭和抚育后代时,往往容易造成贫困的代际传递,对儿童的成长和发展产生负面影响。

(二)社区为本的妇女反贫困社会工作

如果说个案工作的反贫困是将贫困个体化和差异化对待,从心理层面及个案或家庭的角度进行反贫困工作,那么社区工作的反贫困则是将贫困放在整个社区及其社会生态系统内进行思考。⑥ 民间团体中国社会服务及发展研究中心于1994年和江西省妇女联合会合作开展的扶贫项目,推动成

① 张雪梅、李晶、李小云:《妇女贫困:从农村到城乡,从收入贫困到多维贫困——2000年以来中国"妇女贫困"研究评述与展望》,载《妇女研究论丛》2011年第5期。
②④ 王一妃:《女性贫困及其消除路径研究》,浙江大学2018年硕士研究生学位论文。
③ 程玲:《可行能力视角下农村妇女的反贫困政策调适》,载《吉林大学社会科学学报》2019年第5期。
⑤ 刘欣:《近40年来国内妇女贫困研究综述》,载《妇女研究论丛》2015年第1期。
⑥ 张和清:《从个案救助到社区能力建设——从两个案例看社会工作参与脱贫攻坚》,载《中国社会工作》2017年第25期。

立了全国第一个妇女互助储金会——路下湾里妇女互助储金会（以下简称“储金会”）。储金会主要依托当地的特色种植产业起家，以种植百合为主业，实现妇女的个人发展和集体发展。在储金会的发展遇到危机后，社会工作者从社区发展模式的视角，对储金会的组织建设和功能进行了拓展，通过会员大会的形式，商讨了储金会可发展的项目和会员希望发展的项目，充分利用妇女的劳动力资源，增加了经营性收入，并在此基础上实施了各种关爱妇女的福利，在社区内形成了“集体参与、互助互爱、独立自主”的良好氛围。[①] 目前储金会仍正常运转，具有可持续性。社会工作者在此过程中经历了调研（了解和整合信息）、建立专业关系和组织重整这三个阶段，实践了社区为本的妇女反贫困社会工作。因此，从这一角度来说，推动专业化和系统化的妇女反贫困社会工作，能够更准确地把握和处理妇女贫困的社会根源，帮助妇女脱离贫困。

社会工作以其助人自助的价值取向，贴近服务对象、灵活创新的特点，在参与妇女反贫困工作方面具有天然优势，尤其在消解人文贫困方面发挥了积极作用。以社区为本的妇女反贫困社会工作注重在社区内营造男女平等的氛围和环境，倡导和鼓励男性分担家务，减轻女性负担。社会工作者可以在社区内培育妇女小组，将贫困妇女凝聚起来，形成有力的、互相支持的社会网络。同时，社会工作者在此基础上可组织妇女小组参与社区管理，增强自身社区参与的主体性，提升自我价值感和认同感。这也是妇女参与乡村治理的有效路径。

当然，社会工作者应重点关注贫困女性的能力提升途径。社会工作者

---

① 蒋国河、平卫英、孙萍：《发展性社会工作视角下的农村反贫困实践——W县Y村妇女互助储金会的案例分析》，载《江西财经大学学报》2018年第6期。

通过教育的途径，让社区内的贫困女性获取更多新知识，增加职业选择；也可以对贫困女性进行职业技能培训，提高其综合素质和竞争力。

（三）案例介绍[①]

2013年的夏天，X村遭遇了一场水灾。由社会工作者培育的妇女生计互助小组负责人冬梅和阿静，带领连夜赶来的专家团队对灾民进行紧急救助和慰问。在开展慰问工作的过程中，社会工作者培育的妇女互助小组发挥了非常重要的作用。她们将自己经营的乡村旅社改作临时避难所安置受灾农户，和社会工作者一同做饭，对灾民进行临时救济。

值得注意的是，这些妇女曾经也作为特困户接受过帮助。由于社会工作者从进村后就开始在村内培育妇女生计互助小组，使村内贫困的妇女在改善自身经济状况的同时，也能够参与村庄的公共事务，实现社区的自助和互助。社会工作者以妇女互助组为基础，逐步在村内培育了中青年青梅特色产品加工组和返乡青年文化生态导赏组，成立了合作社。在这一过程中，社会工作者通过培养村内女性的组织和能力，重视社区及社会文化，致力于将整个社区组织起来，推动社区在居民的社区参与中有所改变。这种改变的过程带动了整个村庄和邻近村庄的生计发展、文化保育、生态友好和社区互助，推动了乡村社区的自治与善治。

该案例体现的社区减贫模式，立足于微观个案、中观社区和宏观社会政策倡导的系统化社区赋权减贫模式。这种模式强调社区居民对社区事务的参与性和自我能力的发展。社区能力建设有力地弥补了个案救助的不足，

① 张和清：《从个案救助到社区能力建设——从两个案例看社会工作参与脱贫攻坚》，载《中国社会工作》2017年第25期。

真正帮助居民实现脱贫的目标。

四、残疾人反贫困社会工作的社区视角

残疾人在特殊困难人群中是最弱势的群体。因其生理或心理上的障碍，残疾人的生活、就业、人际交往和社会参与等都受到了巨大的影响。残疾人群体也是贫困人口中程度最重、扶持难度最大、返贫率最高的群体。残疾人脱贫的难度大，是必须直面的问题。近年来，我国残疾人群体的规模不断扩大，提升残疾人的生活质量，为其构建一个良好的康复环境，促进其全面发展，是国家的重要议题。2015 年 11 月 23 日召开的中央政治局会议审议通过《关于打赢脱贫攻坚战的决定》，向全党全社会发出了脱贫攻坚的动员令。残疾人扶贫被纳入国家精准扶贫战略。中国的残疾人扶贫经历了从“输血式”扶贫向“造血式”扶贫的转变，扶贫主体日益多元，扶贫助残的氛围日渐浓厚，这为残疾人积极融入社会打下了良好的基础。

（一）残疾人贫困的现状

目前，我国仍有相当数量的贫困残疾人过着十分困难的生活。根据第六次全国人口普查得到的数据推算，2010 年末我国残疾人总人数为 8 502 万人，其中，重度残疾人数为 2 518 万人，中度和轻度残疾人数为 5 984 万人。①残疾人群体庞大的数量导致未来其需求必定具有多元化、复杂化和特殊化的特征。《“十三五”加快残疾人小康进程规划纲要》中提出：“把加快推进残疾人小康进程作为全面建成小康社会决胜阶段的重点任务，聚焦农村、贫困

① 杨宜勇、吴香雪：《无障碍战略与残疾人扶贫问题研究》，载《中州学刊》2017 年第 11 期。

地区和贫困、重度残疾人,健全残疾人权益保障制度和扶残助残服务体系,增加残疾人公共产品和公共服务供给,使残疾人收入水平明显提高、生活质量明显改善、融合发展持续推进,让广大残疾人安居乐业、衣食无忧,生活得更加殷实、更有尊严。"①然而,已有研究认为,我国残疾人现有的社会福利和服务制度还不够成熟,大多数残疾人所得到的保障项目少、水平低,一部分残疾人甚至处于"保障缺失"的状态,在基本生活、康复教育与就业等方面仍存在许多困难。②

贫困是一个多元的概念,理解贫困不仅要从经济收入的角度,更要从社会、文化、心理等因素进行考虑。残疾人在日常生活中主要面临以下困难:首先是物质层面的困难。残疾人及其家庭收入少,开支大,在就业领域又处于不利的状态,同时残疾人长期处于需要康复的状态,行动不便,需要他人照顾。其次是精神层面的困难。对残疾的"污名化"使得残疾人及其家庭成员长期处于心理负担重的状态之中,这种精神压力让残疾人及其家属尽可能地减少与他人的社会交往,进行自我隔离。

(二)社区为本的残疾人反贫困社会工作

残疾人社会工作是专业社会工作的一个分支。不同于一般的残疾人服务,残疾人社会工作是社会工作者运用专业社会工作理念和方法为残疾人开展的一系列助人活动,旨在帮助其克服环境障碍,融入社会生活。残疾人

---

① 中华人民共和国中央人民政府:《国务院印发〈"十三五"加快残疾人小康进程规划纲要〉》,(2016-8-17)[2019-10-1],http://www.gov.cn/xinwen/2016-08/17/content_5100176.htm。

② 姚进忠、李建川:《需要导向:残疾人社会福利供给困境与整体性治理研究》,载《华东理工大学学报(社会科学版)》2018年第5期。

社会工作的目标是尊重残疾人的公民权利，促进残疾人平等的社会参与，实现残疾人的体面工作和尊严生活。社区为本的残疾人反贫困社会工作着重以残疾人救助为目标，对其提供社区照顾服务，提供社区内的正式和非正式服务，提升其生活质量和水平，整合政府、社区、社会组织等多方面资源，使残疾人在社区中获得最大限度的支持。

社区康复是残疾人社会工作的重要内容之一。社区康复依托于城乡社区，充分利用各种社区资源，在医疗、职业、教育和社会等康复领域为残疾人提供可行的"全面康复"服务，促进残疾人在社会生活中提升自我效能感，积极参与社会交往和社区的公共事务。要从根本上提高贫困残疾人的生活质量，社会工作者应该以社区为基础，帮助贫困残疾人形成康复互助网络。另外，家庭作为残疾人日常康复的重要场所，帮助贫困家庭减轻残疾人照料负担也是需要社会工作介入的重要内容。社会工作者在社区内建设志愿者队伍，链接各方资源，搭建支持平台，同时进行社区倡导，增强社区居民对残疾人的认识，消减其对残疾人的歧视。总之，社会工作者要在社区内为残疾人营造良好的生活和康复环境，最终建立多层次、多方位的社区康复体系，为贫困残疾人提供更高质量的服务，尽可能地减少贫困对残疾人的负面影响。

（三）案例介绍①

E市D社区共有残疾人117名，其中包括肢体残疾、智力残疾、精神残疾、听力及语言多重残疾和视力残疾的残疾人群体。留守在村里的残疾人多为50岁以上的中老年人。D社区的经济发展水平一般，绝大多数的残疾

① 李昆：《赋权视角下残疾人精准扶贫的社工介入策略研究》，华中师范大学2017年硕士研究生学位论文。

人家庭经济状况较差。在这些家庭中，如果家庭成员是一对丧失能力的老年夫妻，那么他们的生活来源基本是依靠低保和养老金。另外有一些家庭因为没有青壮年劳力，因此被纳入了低保范围。同时，有一些残疾人因不符合低保标准而被取消资格。在调查的对象中，有49%的残疾人家庭没有月收入，依靠低保维持生活；有18.5%的残疾人家庭，月收入在500元以下；有11%的残疾人家庭，月收入在501—1 000元；有13%的残疾人家庭，月收入在1 001—2 000元；有6%的残疾人家庭，月收入在2 001—3 000元；仅有2.5%的残疾人家庭，月收入在3 000元以上。总的来说，残疾人家庭的经济水平不容乐观。

D社区中，残疾人的需求较为多样化，如医疗服务与救助、辅助器具服务、康复训练、教育费用补助与减免、职业教育、就业安置、贫困救助、文化服务、法律援助、生活服务和信息无障碍服务。这些服务均与经济水平有所关联，因此有必要开展社区残疾人的反贫困工作，帮助他们改善经济环境。

社会工作者在完成对服务对象的需求评估后，可以从以下几个方面进行介入。

第一，为残疾人家属开展教育扶贫。在走访的过程中，社会工作者发现，许多残疾人家庭由于经济困难，无法为下一代提供课业方面的辅导，也报不起补习班。这是很多残疾人家庭面临的问题。因此社会工作者在社区内开展“欢乐课堂”，为残疾人的孩子辅导功课。同时，也会招募志愿者，根据孩子们的兴趣爱好和志愿者的特长，开展兴趣活动。

第二，推动残疾人的就业扶贫。对具有一定劳动能力和文化水平的残疾人，社会工作者通过联系残疾人联合会、村民居委会的工作人员等，为其寻找工作机会，并针对残疾人的实际情况为其提供就业指导和培训，促进他们积极就业。另外，社会工作者在社区内为残疾人成立“阳光康复”小组以加强残疾人之间的沟通和交流，帮助其建立人际关系网络。

第三，助推落实社区残疾人的基本保障。许多残疾人对国家的福利政策较为陌生，社会工作者在社区内协助社区专职委员开展政策宣传活动，加深残疾人对国家政策的了解。在宣讲过程中，为残疾人创造了一个相互交流的环境。

第四，帮助残疾人在社区康复中，正确地认识自我，提升自我效能感。社会工作者通过在社区中开展个案、小组、社区活动，运用整合的社区社会工作方法，介入残疾人的反贫困工作。以社区为本的残疾人反贫困社会工作，不局限于服务本身，还重视残疾人所在的家庭、社区等，体现了系统与系统之间的互动。社会工作者应当为残疾人构建一个功能强大的社会服务系统，让残疾人能够自如地融入社会，积极发展自我。

第四节　特殊困难人群反贫困社会工作的反思与挑战

社会工作作为一个职业和一个专业，在我国已快速发展了 30 余年。2006 年，党的十六届六中全会通过了《中共中央关于构建社会主义和谐社会若干重大问题的决定》。在这份重要文件中，中央提出要“建设宏大的社会工作人才队伍”，这一战略部署开启了社会工作的新时代。截至 2018 年年底，全国各地在城乡社区、相关事业单位和社会组织共开发设置了 38.3 万个社会工作专业岗位和 5.1 万个社会工作服务站，成立了 9 793 家社会工作服务机构和 867 家社会工作行业协会，全国取得助理社会工作师和社会工作师证书的人员共 439 266 人。① 社会工作的繁荣发展为我国的社会建设做出了积极的贡献。但在社会工作参与反贫困事业的发展过程中，仍然存在一些困难和挑战。

一、特殊困难人群脱贫的制约因素

随着对贫困问题研究的不断深化，贫困问题远比某一横剖面上所统计出来的数字要复杂和深远得多，特殊困难群体脱贫的难度较大。党的十八大以来，我国的脱贫攻坚战已经取得了决定性进展，但由于未脱贫人口较多，脱贫任务也越发艰巨。在特殊困难人群的脱贫工作中，需要破解主体性、制度性、结构性的制约因素，以此探索一条可持续的反贫困之路。

（一）主体性因素对特殊困难人群脱贫的制约

第一，特殊困难人群脆弱性较高。脆弱性是指个人或家庭面临某些风险并由此导致财富损失或生活质量下降的可能性②，能够反映特殊困难人群的生存状况，也决定了他们的贫困程度。特殊困难人群主要为社会上的边缘群体，处于弱势地位，他们的人力资本、物质和金融资本、社会资本及可用的公共产品等较为薄弱，自然灾害、疾病、失业等也影响着这一人群的脆弱性。

---

① 中国社会工作联合会：《2018 年度中国社会工作发展报告》，(2019 - 4 - 27)[2020 - 3 - 10]，https://www.socialworkweekly.cn/thingking/5131.html。

② 韩斌、孔继君：《脆弱性—抗逆力视角下西部地区精准扶贫策略优化研究——以云南省为例》，载《资源开发与市场》2018 年第 8 期。

第二，特殊困难人群参与脱贫的主体性较低。长期以来，在我国的反贫困工作中，特殊困难人群只是国家扶贫计划的被动受益者，而不是真正的主角。特殊困难人群自身的责任与能动性被忽略，出现了所谓的“包办式扶贫”与“保姆式扶贫”，这种模式容易使贫困人群将个人问题社会化和国家化，认为国家应为贫困群体无限兜底[①]，也会弱化特殊困难人群改变困境的能力。

(二) 制度性因素对特殊困难人群脱贫的制约

中华人民共和国成立71年来，党和政府一直致力于解决贫困问题。中华人民共和国成立初期，国家采取“救济式”扶贫；1978年起，采取实物救济“输血式”扶贫；20世纪80年代中期，制定并实施反贫困计划；1994年，颁布《国家八七扶贫攻坚计划(1994—2000年)》；2001年起，进行整村推进，做好贫困地区劳动力转移培训和龙头企业产业化扶贫；党的十八大以来实施精准扶贫精准脱贫政策。[②] 在反贫困这项艰巨的事业中，我国不断创新政策，可以说，我国反贫困政策的演变是一个不断获得优化的过程。

然而，我国反贫困工作中的各项救助制度能够对短期陷入贫困的群体提供帮助，但是在实际工作的执行中，对救助对象的认定等制度化程序较为欠缺，导致一些本属于短期贫困的救助对象陷入了长期的贫困。虽然国家有各种社会保险可以解决一些风险，降低贫困的发生率，但是，我国的特殊困难人群大部分从事的都是收入较低的工作，甚至没有工作，他们参加社会

① 卫小将：《精准扶贫中群众的主体性塑造——基于赋权理论视角》，载《中国特色社会主义研究》2017年第5期。

② 唐超、罗明忠、张苇锟：《70年来中国扶贫政策演变及其优化路径》，载《农林经济管理学报》2019年第3期。

保险的财务能力较低，风险一旦发生，就容易陷入贫困。[①] 另外，以低保制度举例，一方面低保制度保障了低保家庭的基本生活，另一方面，客观上在低保家庭与社会其他人群之间画下了一条分隔线。

（三）结构性因素对特殊困难人群脱贫的制约

不均衡的资源分配使得特殊困难人群与主流社会生活群体之间的社会距离拉大，因此，他们所能交往和联系的对象与其具有同质性，这种同质性并不利于特殊困难人群向上流动，从而获得更多的社会资源，反而会延续到他们的下一代，社会关系网络也会更加封闭。李正东在分析低保家庭的结构性困境时认为，低保家庭贫困的持续、福利依赖及世代之间的相传，正是贫困结构性转移的结果。[②] 低保家庭与我国的特殊困难人群具有较高的重合性。缪尔达尔（Myrdal）认为，市场强化了富人与穷人之间的不平衡，但贫困的根源则是不平等的社会结构。[③] 因此，特殊困难人群的职业结构、家庭结构和收入结构，都对贫困的持续和传递有着显著的影响。

二、社会工作者开展社区反贫困实践的多重困境

社区为本的特殊困难人群反贫困社会工作要求社会工作者走进社区，学习挖掘和最大限度地利用社区资源，在理论的指导下为特殊困难人群提

① 李红波：《当前社会工作介入我国反贫困的必要性分析》，载《贵州社会科学》2011 年第 12 期。

② 李正东：《结构性困境与关系性约束：城市低保家庭的社会处境及其脱贫行动选择》，载《人文杂志》，2018 年第 10 期。

③ 贺庆生、刘叶：《论我国城市贫困治理的现实困境与路径选择》，载《学习与实践》2015 年第 12 期。

供服务，回应其需求。社区为本的反贫困模式能够有效对主流福利体系进行补充，也能够帮助被市场排斥在外的、生活艰难的特殊困难人群。同时也通过激发社区的内生力量，促进社区的改变。但是，由于贫困问题的复杂性、服务对象需求的多样性、社区文化的敏感性等因素，也经常使得社会工作者在实践过程中陷入困境。无论是对反贫困的工作成效还是社会工作者的自身发展来说，社会工作者的实践困境都应引起重视。

（一）专业自信与“文化识盲”

文化敏感性是社会工作非常关注的议题。社会工作作为助人的专业，如果缺乏文化敏感度就会将社会工作者自身的价值观和理念强加于服务对象，形成文化上的压迫，甚至对服务对象产生伤害。[①] 因此在针对社会工作专业学生及社会工作者的培养和训练的过程中，向来强调应消除对异文化的偏见，认识和接纳不同的文化背景，从而更好地助人。然而在这个过程中，文化敏感性是否真的能够通过学习进行获取？即使在本土开展社会工作实践，是否仍然存在文化敏感的问题？

“文化识盲”（cultural illiteracy）的概念来自人类学，是指人在沟通时，当一个人处于一套交织稠密的人际网络之中，被两组不同而又矛盾的信息牵绊，而在其中一组信息否定了另一组信息时，就会出现无法解读的，在人际互动中的深层信息（meta-message）的认知盲点。[②] 当人类学家进入田野后，由于和研究对象存在不同维度的差别，可能会对本土的文化产生陌生的感觉，甚至出现错误的认知和理解，继而造成认知和心理上的双重震撼。在社

①② 古学斌、张和清、杨锡聪：《专业限制与文化识盲：农村社会工作实践中的文化问题》，载《社会学研究》2007 年第 6 期。

会工作的实践过程中，其实也面临同样的问题。社会工作者在社区中开展反贫困工作，尽管能够非常清晰地认识到需要融入当地文化了解服务对象的需求，也秉持着专业的价值理念和技巧方法开展服务，但是，正是由于对专业的自信及双方背景知识的差异性，社会工作者有可能忽略服务对象自身的行动逻辑，从而产生文化冲突。古学斌等学者在云南开展“绿寨”项目时，对“文化识盲”的问题进行了深刻的反思。比如在农村社区，社会工作者召集村民开会。对社会工作者来说，可能习惯了在安静的会议室或教室开会，但是这样的对话环境，对村民来说也许就会使其局促不安，甚至会将社会工作者从“同伴”的角色推至“权威”的角色。与此同时，社会工作者在服务过程中会不自觉地运用专业术语，这是他们生活语言的一部分，但是对服务对象来说，这些专业术语不仅陌生，而且会使得服务对象产生理解上的偏差。这会对服务造成一定的负面影响，而社会工作者却并未意识到。另外，在语言文化、时间感知、思考逻辑等方面也存在差异。

因此，如何在不同的本土脉络下反思社会工作者因专业知识所造成的文化困境，增强对社区文化复杂性的理解并探索行之有效的社会工作反贫困实践路径，是当前社会工作学术界和实务界需要共同考虑的问题。

（二）专业关系和人际张力

社区为本的反贫困社会工作更多地强调从个人和社区的互构关系出发，超越个人与社区的二元对立，将个人服务和社区环境结合起来，从整合的角度促使服务对象和社区加以改变。社会工作者日常扎根社区，以特殊困难人群的福祉建设为基础开展服务。在这一实践过程中，社会工作者的角色主要有服务提供者、资源链接者、利益倡导者等。然而，由于在社区内长时间和特殊困难人群保持频繁的互动，服务对象极易对社会工作者产生依赖性。另外，因为社区中涉及的利益主体较为多样，服务的形式也更为丰富，面对社区中特殊困难人群在日常生活中复杂的人际张力，社会工作者也很难保持非常明晰的专业界限。① 一方面，社会工作的职业道德和伦理要求社会工作者不应与服务对象建立专业关系以外的其他关系；另一方面，由于社会工作“人在情境中”的特殊性质，多重关系恰好是社会工作这一特性的反映，甚至专业关系始于和服务对象建立互相信任的朋友关系。社区作为特殊困难人群的日常生活场景，社会工作者在这一场域内开展专业服务，从熟人关系中抽离极其不易，尤其在农村社区。

显然，非黑即白的专业关系对反贫困社会工作在社区中的开展是极其不利的，多重关系的产生也确实是社会工作者与服务对象一种互惠的选择。但模糊的关系界限也带来了诸多问题。面向特殊困难人群反贫困社会工作的最终目的是帮助特殊困难人群实现自助，使其脱离贫困的处境并能够可持续地维持下去。那么，专业关系的顺利结束即意味着社会工作者的服务达成了目标。然而，社会工作者和服务对象建立的朋友关系所导致的依赖性和情感联结，可能造成的结果是服务对象未能真正激发内生动力和形成自决能力，一旦社会工作者离开，原本在社区内部为贫困群体构建的支持模式或编织的服务链的良性运作就会停摆。

当下社会工作学界已开始讨论建立一种以日常生活为本的知识。② 这种知识对社会工作者把握和拿捏与服务对象的关系具备一定的指导性，但关

①② 童敏、辛峻青、骆成俊：《专业关系与朋友关系：一项社会工作历史视角的知识观考察》，载《社会工作与管理》2019 年第 5 期。

系的处理仍旧是社会工作者面临的一大难题。社会工作者在针对特殊困难人群的反贫困社会工作实践中如何“退场”，也仍需要我们不断进行反思和考虑。

三、特殊困难人群反贫困社会工作面临的挑战

特殊困难人群这类弱势群体贫困的状况不论是由于个体自身因素（态度、行为选择等）还是外在因素（时代发展、制度变革、结构变动等）所致，他们总是对自己的生活有一种无能为力的孤立感。[①] 从社会层面来看，社会排斥影响了特殊困难人群对社会资源的占有和获取，也阻碍了其构建积极的社会支持网络。因特殊贫困群体处在社会支持网络的底层，他们只能够被动地接受社会的规则和区分。[②] 从个体层面来看，特殊困难人群长期生活在贫困的处境中，他们在特定的生活圈中展开行动，早已形成思维定式。当他们与“圈外人”交往时，面对落差可能采取自我隔离的行动来回应社会。这种隔离加剧了特殊困难人群“圈子”的固化，让他们远离正常的社会生活。当然，社会工作者以专业的理论知识、方法模式和利他主义的价值取向，为弱势群体提供了帮助，增强了特殊困难人群抵御风险的能力。专业社会工作参与特殊困难人群的精准扶贫，为我国的反贫困事业做出了令人瞩目的贡献。但是我国的复杂国情、独特的社会结构和社会政策及纷繁多样的本土文化仍然为特殊困难人群的反贫困社会工作带来不少挑战。

① 樊金娥、金楠：《弱势群体：社会关系网络中的孤独者》，载《长春工业大学学报（社会科学版）》2005 年第 2 期。

② 李正东：《结构性困境与关系性约束：城市低保家庭的社会处境及其脱贫行动选择》，载《人文杂志》2018 年第 10 期。

第一，社会工作机构和社会工作者的能力建设有所不足。社会工作的职业化和专业化还未成熟，很多社会工作机构对自己的使命认识不清，对介入特殊困难人群的方法和技巧也并不熟悉，开展的服务并不适合服务对象。另外由于当前社会工作者的准入门槛较低，很多社会工作者缺乏基础训练，大众对社会工作的专业认同受到了较为严重的影响。同时，社会工作者自身的自我效能感也大打折扣。

第二，社会工作参与反贫困工作的定位存在偏差。社会工作助力反贫困应当运用专业工作方法，为贫困群体增权赋权，提供支持等，这是社会工作的优势所在。但目前在很多地方，政府购买服务的内容主要集中于入户建档、收入核实、扶贫效果抽样等一些行政性事务①，而政府购买服务的资金是很多社会工作机构最重要的经费来源。

第三，正式制度和非正式制度均对社会工作机构有所约束。参与反贫困社会工作的机构的发展可能面临着法律制度环境与现实生存空间的巨大张力。由于贫困人群需求的多样性，社会工作机构需要较大的活动空间来满足贫困人群的需求。但是制度空间往往对社会工作机构的实际活动空间有所限制。另外，对服务对象来说，社会工作机构的合法性对专业关系的建立和接受服务的程度有一定的影响，为其开展服务的社会工作机构需要具备一定的公共权威，以便获得服务对象的信任。在开展社会工作服务的过程中，社会工作机构与政府的关系也需要谨慎对待。一旦发生冲突，社会工作机构参与反贫困工作的资格可能会被剥夺。

---

① 席晓丽：《社会工作助力精准扶贫的“嵌入”和“浸润”路径》，载《贵州社会科学》2018年第5期。

最后，社区能力建设中人力资本有所缺失。在农村社区和小城镇当中，地域条件和经济发展水平不具有竞争力，尤其是贫困地区，有能力者大多外出求学求职。社会工作在以社区为依托，为服务对象构建社会支持网络时，难以为其积累优质的人力资本，因此支持效果甚微，从而影响服务成效。

第九章　社区为本的反贫困社会工作：反思与未来

在超百年的专业实践中，社会工作始终与处在贫困境地的个人、家庭、群体、社区一同工作，彰显了对于反贫困极强的理论和实践旨趣。与早期专业实践中以道德伦理为基础的贫困救助不同，当代社会工作始终致力于更充分地服务于贫困和被剥夺某些权利的人群。尽管解决贫困问题早已被确认为社会服务及社会工作者的主要任务之一，然而究竟如何发展合适的专业策略来应对贫困，至今仍然是一个充满争议和值得反思的话题。

第一节　社会工作的反贫困实践：经典议题的当代延展

社会工作是一门以实践为基础（practice-based）的专业和学科，它通过人与结构的双重干预，来促进社会发展和社会整合，以提升人们的福祉。尽管社会工作的实践及其理论基础在全球范围内表现出多样性，但社会正义和人类权利是社会工作遵行的两个最为重要的价值原则。长期以来，贫困被社会工作者视为一种对人类权利的侵害和社会不正义的表现形式，因此“反贫困”必然是实现社会正义的应有议题。

一、反贫困社会工作的传统脉络

全球语境中，社会工作在对抗贫困的问题上被指派为最重要的行动角色之一。事实上，社会工作在消除贫困方面具有非常长的实践历史和专业承诺。[①] 现代社会工作的发起本身就起源于对于贫困问题的处理，与贫困人群一同工作也是社会工作者最为熟悉的专业领域之一，社会工作者与资源缺乏的被边缘和被排斥的群体一同工作，通过社会工作介入改变他们贫困的处境。日常工作中的社会工作常常碰到并且习惯于去对抗经济和社会不平等所造成的广泛影响。

按照佩恩（Payne）的理解，社会工作实践的主要目标是促进社会变革和个人福祉之间的互动[②]，尤其是促进个人与社会环境之间的相互适应。传统社会工作的重要任务就是将个人事宜与公共议题联系在一起。然而，传统社会工作在连接宏观社会发展与个人发展之间的关系上存在内部的分割，社会工作反贫困实践也因此出现了两条既相互关联，又经常处于不平衡和张力状态的行动脉络：一条是通过赋权个人的策略来对抗贫困，消除社会的不正义；另外一条则是通过促进社会变革的策略来改变贫困者所处的结构环境和条件，从而对抗贫困、消除不正义。前者我们可以称之为“修复性的反贫困社会工作”，后者我们可以称之为“变革性的反贫困社会工作”。两者的共同点是都

---

① IFSW,“Global Definition of Social Work”, available online at http://ifsw.org/get-involved/global-definition-of-social-work, 2017, November.

② Payne M, *What is Professional Social Work?* Bristol: Policy Press, 2006: 14.

在社会工作的基本专业框架下去处理涉及社会不正义的贫困问题。两者的差异在于：修复性的反贫困社会工作在维持结构秩序的前提下，去修复不平等社会结构引发的社会后果，不触及引发贫困的基本社会安排；而变革性的社会工作则在根本上挑战社会组织的基本方式和规则，试图通过政治行动来促进社会变革，完成对社会安排和结构秩序的再造。具体而言，修复性的反贫困社会工作和变迁性的反贫困社会工作两种专业传统在专业立场、价值取向、基本假定、干预层次及干预目标上形成了具有差异的实践特点(见表 9－1)。

表 9－1　反贫困社会工作的两大传统脉络

专业立场	价值取向	基本假定	干预层次	干预目标
修复性的反贫困社会工作	道义助人	贫困问题的产生归因于个人	微观干预(导向需求满足)	满足需求与个人问题解决
变革性的反贫困社会工作	权利赋予	贫困问题的产生归因于社会	宏观干预(导向结构矫正)	资源缺乏和不平等分配的社会环境

修复性的反贫困社会工作侧重于从心理—社会的视角来调节贫困对象与社会之间的关系。在专业社会工作的历史话语中，倾向于将个人的贫困和物质需求阐释为一种心理的或道德的缺陷，并且认为贫困问题的解决应该在个人行为的层面找到答案。在这一理论脉络下，形成了一系列带有强烈意识形态色彩的分类概念来对贫困群体进行认定和识别，比如“工业化的残余”“社会问题群体”“问题家庭”等。这些概念或是侧重于宣称贫困群体的问题行为特征，比如不负责任、缺乏长远眼光，或是强调贫困群体社会特征的共性。社会工作同样是这些话语的推动和实践者，20 世纪 40 年代至 50 年代，“问题家庭”的概念进入社会工作的专业话语中。① 甚至在 21 世纪，这

① Philp A F, Timms N, *The Problem of The Problem Family*. London: Family Service Units, 1957.

种概念仍然在社会工作中非批判地再现。修复性的反贫困社会工作因此尤为强调通过外部的资源支持及促进自我的自治和觉醒,来改变个人特征或重建个人的身份,以此来铲除贫困的根源。在具体的反贫困实践上,常见的工作方法是人道的资源补充及在微观层面面向个人和家庭的赋权,相对而言较少会处理社会转型的问题。

与此不同的是,变革性的反贫困社会工作认为:贫困应当首先被视为一个反映社会不平等的结构性问题。贫困的根本原因是物质资源和非物质资源在社会成员内部的不均等分配或者是社会本身缺少资源再分配的渠道。资本主义的扩张使得财富的不平等分配及贫困问题在全球范围内蔓延,社会工作对贫困问题应当持续地关切,并迫切地需要有一种政治立场来思考我们整个社会的不平等和贫困问题,以及我们能为此做些什么。①实际上,反贫困的专业传统大致可以追溯至19世纪60年代至70年代的一系列关怀穷人的慈善性项目和国家干预。尤其是英国慈善组织会社的成立开创了以社区互助和社区合作等形式来为有需要的社区居民提供福利服务和贫困救助,同时也正式标志着社区社会工作的诞生。20世纪60年代欧美国家重新发现"贫困",反贫困的社区发展项目多种多样,盛行一时。与19世纪后期慈善组织会社反贫困服务的最大差别在于:欧美国家的决策者已经具有十分清晰且有计划的社会变革思想,通过社区规划来解决社区问题②,满足社会转型中的社区需要。在长期的专业实践中,变革性的反贫困社会工作与反压迫社会工作、激进社会工作及新结构社会工作结合,致力于改变在宏观和微观上产生

① Pierson J H, *Tackling Poverty and Social Exclusion: Promoting Social Justice in Social Work*. London: Routledge, 2016.

② 徐永祥:《社区工作》,高等教育出版社2004年版,第237页。

贫困的分配和压迫机制。比如，反压迫社会工作对贫困问题的本质和解决方法有着与众不同的观点，认为反压迫应当成为反贫困社会工作的中心。新结构社会工作重新强调了社会工作在反贫困中的双重任务，主张要将帮助个人和促进社会变迁两种取向结合在一起。马拉利（Mullaly）认为社会工作应该形成一种新的替代性身份，将社会工作作为一种结构响应来解决社会问题。①

二、传统反贫困社会工作的延展及其局限

我们可以看到，传统反贫困社会工作已经形成了较为不同的图景：修复性的反贫困社会工作一方面通过物质资料的转移和再分配来改变收入不平等的现状②，比如为贫困人口提供食物和衣物等支持，另一方面又在积极地实现微观层面的干预来重新调整个人/家庭与社会之间的关系。变革性的反贫困社会工作则高度参与对弱势群体的政治承认，并将其作为一种重要的专业伦理。社会工作认为身处贫困中的人在社会互动中没有被充分地赋予完全的公民身份，权利的缺损导致他们陷入“二等公民”③的状况，因此反贫困社会工作的重要任务就是批判性地检视被主流文化系统否定的尊严，重新从平等的角度赋予其群体成员身份。

如何与贫困人群一同工作、一同提升其社会福祉？反贫困的社会工作通常采取直接和间接的行动方式来回应处于贫困中的个人、家庭及社区的

① Mullaly B, *The New Structural Social Work*. Don Mills, Ont. : Oxford University Press, 2007.

② Petoukhov K, "Recognition, Redistribution and Representation: Assessing the Transformative Potential of Reparations for the Indian Residential School Experience," *McGill Sociological Review*, 2013, Vol. 3, No. 2, pp. 73 - 91.

③ Lister R, *Poverty*. Cambridge, UK Malden, MA: Polity Press, 2004.

需求。有些行动策略较为直接，比如社区照顾、反贫困运动等。而有些行动策略则较为间接，比如社会工作者通过改善儿童福利和儿童保护来间接地为贫困家庭提供支持。尽管各个国家的社会政策和福利供给主体都对贫困问题的处理具有自觉的意识和行动力，然而反贫困是一个相当复杂的过程，传统反贫困社会工作仍然集中地面临一系列理论与实践的局限。

第一，传统反贫困社会工作中理论与实践严重脱节。传统社会工作在反贫困的实践中缺乏足够的理论基础和实践指引。社会工作的贫困研究大多停留在简单描述其实践上，而没能够对那些形塑社会工作反贫困实践的基本假设给出批判性的审视。社会工作者应当是“创造性的制造者”或者是“建构性的社会工作者”，不仅需要去评估和发展已有的技术，同时也需要在理论和实践上双管齐下，从而更好地理解和应对根源在经济剥夺和贫困中的结构性不平等问题。

第二，传统反贫困社会工作对“贫困”的远离。纵观历史，20 世纪 90 年代可以说是贫困问题在社会工作领域中全面撤退的时期。尽管社会工作者都意识到有相当一部分服务对象普遍具有贫困的特点，但这一显著人群却很少在社会工作服务中被专门提及和响应。20 世纪 90 年代，“贫困”在很大程度上被排除在社会工作研究和实践的中心议题之外。[①] 社会工作在许多国家（比如英国）都较少地考虑贫困的问题及其对服务对象的影响。[②] 即使

① Becker S, *Responding to Poverty*. London New York: Longman, 1997: 107 - 109.

② Garrett P M, "Social Work and the Just Society," *Journal of Social Work*, 2002, Vol. 2, No. 2, pp. 187 - 210.

在一些地方性的反贫困策略中，社会工作也主要是“管理贫困的人”[1]，而不是对贫困本身有实质性影响的专业，社会工作开始远离专业设立之初最重要的议题。

第三，传统社会工作对“贫困”的理解和响应常常是模糊的。我们在与贫困人群一同工作的时候，究竟需要哪些知识？社会工作者又应该持有什么样的伦理立场？这些问题在传统社会工作中经常是被模糊的。尽管社会工作的诞生与反贫困紧紧联系在一起，然而非常遗憾的是，在后续的社会工作发展中，反贫困既没有在社会工作理论中有持续的理论建树，也没有在社会工作内部真正形成一个聚焦的研究及实践领域。

中国的反贫困社会工作嵌入在政府主导的社会救助体系之中。传统反贫困工作整体上突出存在三大制度系统上的不足。一是过于强调经济（货币）救助，而非经济的、发展性的反贫困内容较为欠缺。事实上，单一的经济救助并不能够很好地解决实际贫困问题发生中的“联合效应”。二是社会救助的主体仍然主要依赖政府及其资源调动，社会化资源的调动较为缺乏，贫困家庭在子女教育、家庭文化、照料陪伴方面的问题和需求较为突出，并且成为阻碍贫困家庭可持续发展的重要障碍。社会工作如何与既有的福利体系完成衔接来共同应对贫困问题，成为当前反贫困社会工作面临的巨大挑战。三是传统反贫困工作的基本立场和目标过多地聚焦于现有问题的弥补，而对个人、家庭与社区的正面成长，未来风险的预防性阻断关注不足。

---

① Balloch S and Jones B, *Poverty and Anti-Poverty Strategies*. London: Association of Metropolitan Authorities, 1990.

第二节　反贫困社会工作的当代转向

到底什么是贫困的本质？究竟贫困人群的特征是什么？反贫困社会工作的发展根植于对“贫困”在本体论、认识论上的基本看法和评价。反贫困社会工作的当代转向首先来自对于“贫困”的重新定义和认识。

一、多维的“贫困”定义及其争议

“贫困”是一个用来描述服务对象陷入物质、经济、资源等多维困境的词语。长期以来，贫困的概念过于狭窄地聚焦在经济收入上。早期社会政策主要依靠货币指标，即通过收入这一最直接的测量方式来测量资源掌握量及贫困的状况。将收入作为核心测量指标最大的优势是非常容易地确定所谓的“高”和“低”，从而可以为社会福利政策的制定和实施确立容易被操作化的门槛。比如在中国的反贫困社会政策中，城市贫困的认定主要是从“收入贫困”这一角度对贫困进行测度的，相关人群是否在收入上摆脱贫困是评价贫困治理成效的最核心和最关键指标。

如果转向国际语境，我们可以发现，“贫困”国际测量指标在不同国家的政策执行中有较为不同的定义。以英国为例，其贫困救助政策中对“贫困”的政策认定越来越从绝对走向相对、从单一维度走向多重维度。比如其在贫困测量的过程中使用的相对贫困概念，以家庭收入的均值或中位数来建构贫困线（低于平均收入水平）。2000 年，英国在第二次 *Opportunity for all* 年度报告中发展了三大指标来对儿童贫困状态进行测量。此报告对“贫困”做了多重维度的定义，其不仅包括生活在低收入家庭中的儿童比例、在无就业人口家庭中生活的儿童比例，还包括居住在标准住房条件以下的儿童数量。考虑低收入与低消费之间的人群并不匹配，用非货币的指标来全面检视社会成员受到社会剥夺或排斥状况成为主流。非货币形式主要是指多重资本形式，例如社会阶层、教育、就业经验等，将这些要素加进来后，预测社会剥夺的指标能力得到了实质性的提升。[①] 还有一些国家在制定反贫困社会政策的过程中会考虑相对收入、相对就业竞争和市场能力，以及心理—思维状况，也会用一种跨部门的视角来看待贫困问题。总之，“收入”这一贫困测量指标的不完美在过去的几十年被集中地意识到。基于单一时间点采集的收入既没有办法判断在较长的时间段中资源的掌握量，又由于压缩了贫困所具有的多元性而把贫困问题的理解限制在较为狭窄的领域。

伴随着全球化、城市化、工业化的浪潮，高风险成为当代社会的主要特征，并给社会成员带来巨大的风险冲击，贫困脆弱性的问题因此广泛地存在于社会之中，部分家庭随时会陷入贫困或发生贫困恶化。贫困问题的高发和蔓延已经成为各国发展必须应对的社会问题。改革开放以来经济快速转轨，中国社会发生极速的社会转型。社会分层及社会流动的加剧带来了一定程度上的社会不平等和社会两极化的问题，贫困问题集中爆发在特定区域，并且呈现出“社区化”的趋势。相比传统的贫困研究更多地关注农村贫困，城市贫困的现象及其应对在某种程度上也需得到广泛的社会关注，因为城市贫困群体在日常支出、生活压力、社会支持、社会脆弱性、家庭可持续发

① Nolan B and Whelan C. *Resources, Deprivation, and Poverty*. Oxford: Clarendon Press, 1996.

展等方面将集中地面临更大的挑战，城市贫困家庭及其儿童救助问题成为城市发展中的迫切问题和治理难点。改革开放以来，政府通过一系列社会保障政策和社会福利体系的完善来解决城市贫困问题，中国城市贫困发生率从1981年的27.91%下降到2013年1.79%，绝对贫困问题基本解决。然而，相对贫困问题将会在更长的范围内持续存在，并且成为引发社会矛盾的重要诱因，这就要求不断更新对“贫困”的认知，优化已有的贫困治理方式。

近10年来，贫困研究中对“贫困”的理解正在发生诸多变化，并成为重新指导反贫困社会工作发展的理论导引。第一，多维贫困成为当前世界各国进行贫困测度采取的主要方法和对策来源，贫困的多维性不断被强调。贫困被视为由于社会经济资源的缺乏而导致居民无法参与正常生活，它反映了个人和家庭所遭受社会排斥的复合后果。从这一意义上而言，贫困是多重性的。物质贫困主要是指经济资源的束缚对个人的选择和自治能力构成的阻碍，然而对贫困群体构成束缚的还包括社会资源、文化资源、政治资源等。更广泛意义上的发展贫困、能力贫困等对个人自由同样具有非常强的限制性。在贫困的测度上仅仅依靠收入标准并不能完全反映个人或家庭的边缘性和脆弱性，由此需要采取多维指标和多重视角。可以看到，英国及欧洲其他许多国家的贫困与社会排斥调查都在显示运用多维度综合指标的重要性。第二，贫困不仅与收入相关，还与教育、健康、生活、政治权利、行为习惯、思想观念等交叉相关，贫困的相关性不断被强调。贫困具有极强的延展性和系统性。诸多经验研究证实了贫困与教育、失业、较差的居住条件、家庭暴力、药物滥用及精神健康等问题之间的相关性。贫困总是与其他社会问题不可分割，包括种族问题、性别问题、无家可归、失业、饥饿、不充分的健康照料、家庭暴力、教育机会缺乏、社区资源获取受限等。[①] 因此，反贫困社会工作和更大意义上的贫困治理需要确立整体性的治理思路，通过教育、健康、生活条件、政治参与、行为思想等方面的帮扶而实现对贫困的全面治理。第三，贫困不仅具有当下的复杂性，也涉及长期和代际的脆弱性。在对贫困的理解上，单一经济收入维度的“低收入”和更加复合的“贫困特征”都同时被用来识别贫困。近年来，越来越多的政策制定者和研究者强调贫困测量的复杂性及未来的贫困预测问题。除了当前的低收入之外，失业、住房条件差、低程度教育获得及健康不平等等因素都有可能引发未来的贫困。除此之外，贫困和经济周期的问题需要被加以重新考虑。越来越多的研究者认为，基于某一个时间点测量的收入水平并非是一个令人信任的指标。第四，贫困救助不应当被视作一种道义的怜悯，而应该是一种社会正义的必然实践。长期以来，贫困被视为能力或智力的差异而导致的自然结果。一系列扶贫救助措施的出现，标志着贫困观念正在发生世界性的转变：贫困开始被视作一种社会不正义的问题而需要得到结构性的矫正，而不是基于道义的怜悯。在社会工作的视阈中，“贫困”所具有的多重属性及其复杂影响尤其得到强调，并成为社会工作迈向社会正义目标的重要切入点。

值得注意的是，“贫困”的定义实际上是一种规范的建构[②]，其在不同的历史时期和不同的国家语境中会有不同的侧重和强调，关于“必需物品”和“排斥”变动的标准和期望也会在不同历史时期表现出较强的差异性。各国反贫困政策中的“贫困”定义也会在特定福利体系的影响下被定义。比如在

---

① Rank M R, *One Nation, Underprivileged: Why American Poverty Affects Us All*. Oxford New York: Oxford University Press, 2005.

② Lister R, *Poverty*. Cambridge, UK Malden, MA: Polity Press, 2004.

一些欧洲福利国家中，当今的反贫困策略已经从社会保护和资源—权力的再分配转向了人力资源的投资①，这意味着对“贫困”的基本假设也在发生重要变化，也即认为贫困的风险主要来自公民自身福利获取的动力和能力水平，福利国家的首要责任应当是培养具有自我责任和自我治理能力的生产性公民。

有关“贫困”的定义，当代社会科学研究中存在着诸多争论。第一，贫困究竟是一个现实的截面状态还是一个历史的动态下降状态？传统在收入上贫困的人是否在其他指标上也存在严重的不足，或者在长时段的不同时期面临着不同程度的严重不足？贫困是一个当前的困境还是一个持续的困境？贫困的时间性及其与经济周期的关联性得到了学术界更进一步的关注。第二，贫困究竟是一个绝对的稀缺状态还是一种相对的稀缺状态？这里需要区分两种情况：一是实际收入在增加，事实受到剥夺的程度也在增加；二是实际的收入在降低，平均收入水平也在降低。前一种坚持以实际绝对收入作为重要的标准，而不管相对收入水平；而后一种坚持的是将相对收入水平作为标准。第三，贫困究竟是个人失败的证据还是一个根植于历史和当前社会结构、社会价值的社会问题？尽管世界上许多国家都宣称贫困是结构性的、多维的并且具有物质的真实性，已经对上千万人的生活构成了阻碍和抑制，但是个人责任又在新自由主义的政策话语中被一再强调。在当代的贫困研究中，社会排斥的概念在欧洲越来越成为一个重要的概念并被用来讨论社会不平等带来的影响，其主要是指限制或拒绝人们的参与，强

① Cantillon B, “The Paradox of the Social Investment State: Growth, Employment and Poverty in the Lisbon Era,” *Journal of European Social Policy*, 2011, Vol. 21, No. 5, pp. 432 - 449.

调个人经济、社会、文化权利获得的受限和缺失。然而有人认为“社会排斥”概念的流行恰恰就是“贫困”的委婉说法，甚至是对贫困根本性原因讨论的理论回避。对社会工作而言，如何协调“贫困”内在的二重性，一直是反贫困社会工作中持续存在的理论和实践难题。

贫困现象并不仅存于某个特定的历史时段或社会形态，也已经不再是个别现象或稳定地发生在某类人群中，而是贯穿于人类社会发展的始终并处于不断变动和多元分化的状态。在社会工作的知识脉络中，贫困问题作为典型的社会不正义问题，主要从经济、文化和政治维度上得到不同的概念表达和实践干预：在经济维度上，经济不正义主要被理解为群体之间物质资源的不正义分配，比如收入不平等、居住条件的差异等，其与更深层次的经济结构有关。在文化维度上，文化不正义主要被理解为来自意识形态的错误识别或者是科层化的文化价值创造了不正义的文化秩序，将一部分社会成员在文化上认定为下等的、边缘的、隐蔽的甚至是病态的群体。在政治维度上，政治不正义主要是指弱势群体不正当地被代表，以及在不同层面上政治参与的不平等。因此，社会工作将“贫困”更多地理解为一个不同维度上不正义的结果和复杂的干预领域。社会工作反贫困的主要领域因此包括了经济反贫困、文化反贫困及政治反贫困等多重领域，兼具反贫困理论模式和具体实务技术。

二、近10年来反贫困社会工作的多元范式

社会工作的反贫困实践涉及一套范式的成立，包含着一系列有关于世界本体的基本信念、原则和观点，同时也包含着知识获取的特定方式和伦

理，这些差异在根本上决定了我们对贫困问题的专业响应方式。在近10年里，社会工作形成了不同的理论与实践框架来处理贫困问题。

第一种是反贫困的保守范式。这一范式根植于贫困文化理论[1]，将“贫困”视为心理、道德、行为及文化病态或缺陷的结果。在贫困文化理论的描述中，贫困人群的基本特点是在个人、家庭、社区乃至更大社会层面所表现出的特殊问题行为。在这些不同的领域中，贫困人群无论在个性状况、家庭结构与动力、社会关系、社区组织等方面都集中地表现出贫困文化的特征。贫困文化理论从文化的视角来看待贫困，实际上是缺陷视角以及污名话语的典型理论代表。[2] 这一理论与当代与公共政策中的“福利受众”及社会工作中的“助人”极大地结合，共同构成了当代反贫困实践的保守范式。它主张以实证主义认识论来认识贫困问题，并将获得的专业知识作为一种客观真实。在价值立场上认为社会工作所服务的贫困群体偏离了社会规范和道德秩序，或者偏离了主流社会成员所共享的社会特征。因此在与贫困人群一同工作的时候，社会工作通常运用再教育、动机驱动、监控等实践内容来改变案主的行为和态度。反贫困社会工作的干预焦点是改变个人和家庭的文化惯性、改变贫困固化和传递的文化特征。

第二种是反贫困的结构范式。该范式在本体论上认为贫困是不平等社会结构和社会制度的产物，社会原因而非个人原因是贫困形成的根本原因，围绕特定群体（比如妇女、老年人、少数民族等）产生的剥夺和被剥夺问题才是贫困问题的本质。结构范式的反贫困社会工作同样主张实证主义的认识

---

① Lewis O, *La Vida*. Londen: Secker & Warburg, 1996.

② O'Connor A, *Poverty Knowledge*. Princeton, N J: Princeton University Press, 2009.

论，强调作为一种客观真实的专业知识。但在价值立场上，贫困并没有被视为一种异态或病态的社会存在。社会工作者认为贫困是一种与社会正义不兼容的现象，因此我们需要在伦理和社会结构上进行再调整和再分配。结构范式的反贫困社会工作不仅在理论上从“结构”的视角来看待贫困和贫困人群，在实践中同样形成了典型的“结构取向”，尤其常见于通过社区赋权、社区行动及广泛的政策倡导等方式来推动结构的调整。在这里，“结构”反映在诸多方面，比如隔离和受限制的就业机会、不安全的生产生活环境、低质量的教育、低水平的福利供给、较差的公共资源接近性等。可以看到，保守取向的反贫困社会工作将实践的重点放在纠偏贫困人群的失范和社会失序问题上，而结构取向的反贫困社会工作则将实践的重点放在社会制度的重构上。

第三种是反贫困的贫困感知范式。这一范式对贫困本质的看法实际上与结构范式基本接近，也将贫困视为社会不平等的产物。有所区别的是，贫困感知范式更多地从权利的视角来考察贫困及其对个人、家庭及社会产生的影响。更加重要的是，它的重要使命是挑战和克服贫困的影响，而不是管理甚至强化这种影响。贫困感知范式在贫困概念的界定上扩展了结构主义的理论阐述，认为贫困不仅是物质和社会资本的缺乏（比如住房、教育、健康资源等），同时也是符号资本的缺乏，其突出地表现在污名化、歧视、话语权缺失、他者叙事等方面。尽管贫困在根本上被视为人类权利被破坏和侵犯的结果，但贫困人群并不是被动的接受者；相反，他们是积极的能动者，始终在抵抗经济和符号资本严重缺乏的生存处境。贫困感知范式的社会工作强调权利、民主、包容和尊重的视角，基于社会正义来重新理解社会工作与贫困的关系。与前面两种范式强调实证主义的认识论不同，贫困感知范式并不认为知识可以通过实证主义来获得，而认为知识是在社会关系和社会互动中建构的，知识生产的过程具有政治性。社会工作者在服务案主的过程中，通过批判的建构主义视角来细致地理解贫困对个体、组织及社会不同层面的影响。① 在价值立场上，高扬整合性、包容性及“我们”的价值。在具体的实践中，反贫困社会工作以“关系”为知识和干预的基础，重新在与贫困人群共同工作的过程中找回服务对象自己的声音和知识。② 这一脉络的理论与实践在近10年中得到了美国、英国、新西兰、以色列等国家的社会工作研究者的集中反响。在贫困感知范式的指导下，反贫困社会工作将更多的实践重点放在社会工作者与案主之间的关系上，要求专业关系应该是持续、高密度的；要求社会工作者能够充分理解贫困对案主多方面的影响；社会工作实践应该饱含案主的视角和知识，准确地运用他们自己的语言来识别他们自身的问题，同时互动共享贫困的解决方案。③ 换言之，贫困感知范式在理论和实践双重意义上为反贫困社会工作确立了以服务使用者为中轴的立场。

三、贫困的福利干预：“社区”的落脚点

当代社会工作参与反贫困具有与传统时期较为不同的历史背景和现实语境。社会救助制度是社会保障制度的最重要、最基本的制度，是缓解贫困

① Davis A and Wainwright S, “Combating Poverty and Social Exclusion: Implications for Social Work Education,” *Social Work Education*, 2005, Vol. 25, No. 3, pp. 259 - 273.

② Krumer-Nevo M, “Listening to ‘life knowledge’: a New Research Direction in Poverty Studies,” *International Journal of Social Welfare*, 2005, Vol. 14, No. 2, pp. 99 - 106.

③ Weiss-Gal I, Levin L and Krumer-Nevo M, “Applying Critical Social Work in Direct Practice with Families,” *Child & Family Social Work*, 2014, Vol. 19, No. 1, pp. 55 - 64.

的有效途径之一，其最重要的目标是帮扶困难群体，调节社会关系，稳定社会秩序，从而促进社会经济健康有序发展。我国社会救助虽然经过几十年的发展已经在城市中基本实现了"应保尽保"和政府兜底，但在降低城市人口未来的贫困脆弱性、回应贫困人口的非经济需求方面的能力还面临诸多局限。针对贫困问题的社会救助无论从范围、目标、方式、水平上都亟待转型。2014年中华人民共和国国务院颁布的《社会救助暂行办法》重新确立了新时代贫困治理的多主体格局，其中明确提到了县级以上地方人民政府应当发挥社会工作服务机构和社会工作者的作用，为社会救助对象提供社会融入、能力提升、心理疏导等专业服务。专业社会工作人员对社会救助的参与，一方面有助于弥补传统民政保障的社会救助工作在治理资源和效能上的不足；另一方面通过调动社会组织的资源，将社会救助的内容从单纯的物质救助扩展到更广泛的社会服务内容，从而回应贫困家庭的需求。

社区成为当前反贫困社会工作的重要阵地，实际上与20世纪70年代社区工作在社会工作专业领域中的复兴有密切关联，其来源于具有保守主义倾向的社群主义的兴起，基本特征是融合自由主义和保守主义思想，试图创造超越自由主义和保守主义思想的"第三条道路"，通过重构社区基础来平衡极端的个人主义和强权国家之间的张力。在应然的理论想象中，社区是心理—情感的共同体，也是强有力的社会整合共同体。麦克米伦（McMillan）和查维斯（Chavis）定义了社区的四个支撑性构成要素：成员身份、影响、整合和需求满足及共享的情感联系。[①] 作为社会科学研究的一个基本单位，社区

① McMillan D W and Chavis D M, "Sense of Community: A Definition and Theory," *Journal of Community Psychology*, 1986, Vol. 14, No. 1, pp. 6 - 23.

已被广泛应用于研究分析和项目实施中。如同社会资本的定义一样，有关社区的定义也有着长久而多样化的争论，但在争论中也达成了大体一致的认识，即认为社区是一种地域性社会。因此，传统的社区定义都比较强调社区的地域性特征。但随着社区研究和现代社会的发展，人们对社区概念的看法也在发生着变化。例如，埃杰尼（A. Etzioni）就认为社区是由两个基本要素构成的：一是以情感为黏合剂的关系网络；二是成员间共同的价值观念、规范及身份认同等。[①] 他的定义没有提及地域，这似乎与近年来互联网的兴起使原来构成社区的一些要素，如情感、认同感等可以脱离地域而独立存在有关。但是，在实际的应用中，特别是社区脱贫项目的实施中，地域仍然是定义社区的最基本的要素之一。

对反贫困而言，社区同样被视为具有积极意义的存在。这种积极意义在很大程度上得益于“社区”和“社会资本”在反贫困领域的紧密结合。实际上，社区定义中所关注的要素，如社会网络、规范和信任等也正是社会资本的基本内容，而社会资本理论基本上也是以社区为视角分析研究其构成和功能的。近年来西方学者和实践部门开始广泛地将社会资本理论应用于社区的发展实践，许多项目意图通过增加社区社会资本以实现社区发展和社区脱贫的目标，将增加社会资本作为社区发展和社区脱贫的手段有其发展背景。20 世纪 60 年代后，美国贫困扶助政策的思路从原来的侧重个人扶助转向社区的整体发展支持。这种转变的原因在于此前实施多年的个人扶助政策不仅没有能够使贫困群体脱离贫困状态，反而使很多家庭完全成为政

① 文军、张赛军：《社会资本与社区脱贫——对社会资本独立性功能的分析》，载《西北师大学报（社会科学版）》2006 年版第 3 期。

府救济的依赖对象，而且相当多的贫困家庭还产生了祖孙数代都依赖政府救济的代际传递现象。为了改变这一状态，他们认为必须通过改变穷人的生活环境来实现最终的脱贫目的。在当前有关社会资本与社区发展的主流研究中，社会资本被认为与其他资本类型一样，具有可存储性并可以与其他资本形式互相转化。同时，社会资本在社区脱贫中被视为具有其他资本类型所没有的独立性：社区内的穷人可以在没有其他资本的基础上积累自己的社会资本，并将其转化为经济或者其他资本。当前社会资本在西方社区发展和社区脱贫项目中已经成为一个十分重要的视角。一些学者认为单独依赖社会资本的发展，实施社区重建是促进社区脱贫的一个独立手段。但也有许多研究对社会资本作为一种资本类型是否具有独立性功能表示质疑。社区为本的反贫困社会工作把社会资本的独立性功能应用于社区发展和社区脱贫面临着两个关键性的问题：一是社会资本是否能够转化为经济资本，二是贫困群体是否可能在没有其他资本支持下积累社会资本。

经典社会学和社会理论都对社区的整合、秩序和发展引发过思考。社区的落脚点使得社会工作在当前语境下得以延续反贫困的专业传统，在地方层面通过强调社区共同体、责任、社会行动及政策变迁等与贫困社区相关的影响因素，与社区中的贫困群体一同努力，通过一系列社会活动的开展促进贫困群体平等地参与社会生活的各项事务，从而改变那些使弱势群体陷入贫困的社会制度和社会过程。广泛的研究证明，社区的议题在理解和减轻贫困方面具有重要的意义。[①] 近年来，社区为本的反贫困社会工作专业表

① Gardner D S. Tuchman E and Hawkins B, "A Cross-curricular, Problem-Based Project to Promote Understanding of Poverty in Urban Communities," *Journal of Social Work Education*, 2010, Vol. 46, No. 1, pp. 147 - 156.

现极为突出：一方面我们可以看到，社区为本的反贫困社会工作敏锐地留意到了大众社会（mass society）中个人的缺权及宏观社会转型对地方产生的剥夺性影响。它成为一种与众不同的，促进社会经济变革的地理实践，来鼓励个人、家庭、朋友、邻里和社区组织如何应对社会转型背景下的脆弱性和被边缘化的危机。另一方面，社区为本的反贫困社会工作拒绝任何对贫困的简化理论，也并非将社区工作的重心简单放在满足社区贫困人口的经济和物质需求上。相反，在反贫困远离社会工作实践主流的背景下，社区为本的反贫困社会工作通过倡导聚焦贫困的多维实践，来改变对贫困的沉默，也同时呼唤多元性、差异性及政治性在社会工作专业中的复归。因此在促进社会变迁方面，社区为本的反贫困社会工作表现出强有力的价值导向和行动力。

从日常生活而言，社区本来就是个人与社会交织的生活场域。从研究的角度而言，社区也是同时能够关照个人福祉和社会可持续发展的研究场域。虽然由于地方政策、财税条件、政社关系及贫困程度的不同，社区为本的反贫困社会工作表现出不同的实践形态，但对“反贫困”仍然共享着一些基本的信念和行动路径。

（一）干预对象的选择：社会工作在哪些社区开展反贫困工作

通常人们对贫困群体的普遍印象是，他们在破烂的建筑中生活，没有目标，他们既不想也无法融入主流社会，这种刻板化的社会文化印象往往会进一步加剧种族隔离及贫困在特定社区的集中化。反贫困社会工作拒绝对贫困群体有先入为主的印象判断，通常的工作地点是那些处于高度缺乏状态且具有高强度需求的社区，工作目标是协助社区及社区成员改善资源和权利等多重需求未被满足的紧张状态。社会工作者开展反贫困项目的社区可能是城市社区也可能是农村社区，可能是单纯低收入的社区，也可能是多重弱势复合和风险高发的社区。与强调个人和家庭的能力挖掘不同，社区为本的反贫困社会工作敏锐地捕捉到社区贫困群体的特殊需求，同样重视正在经历贫困的社区及其经验，整体性地识别并满足社区的需求。但是社区之间在资源处境和抗逆力水平上具有较强的差异性和非均衡性，这是社区为本反贫困社会工作首先要考虑的重点。通过一系列相互关联的分化机制，比如土地、收入、种族、性别、文化等，社区之间产生了较强的贫困差异性。因此在反贫困的社区研究中，情景化的社区研究被用于检视所要服务的社区内部及社区之间的贫困异质性。

当然，社区为本的反贫困社会工作仍然聚焦于社区中的贫困群体。绝大部分得到社会工作支持的个人或家庭，都是在收入上完全或部分依赖政府贫困救助的对象。但在一个社区内部，社会工作者对社区内不同成员具有不同的服务亲近性，劳工阶层、收入水平较低者或者获得较低水平国家福利的人群往往成为反贫困社会工作中个案服务的对象。社会工作者通过在社区层面推进的一系列反贫困干预措施，旨在将社会保障和社会救助推向更高水平。

（二）干预的认识基础：社会工作如何理解社区的贫困

相较于修复性的反贫困社会工作，社区社会工作在对贫困的基本理解上更多地具有了批判性，超越于个体和家庭层面来检视贫困问题及其产生的影响。社会工作者认为：对社区及其中的贫困家庭而言，他们所面临的贫困不仅是长期的经济收入不足，还在更大的范围中涉及教育、健康、生活条件、政治参与、行为观点等方面的结构性限制，贫困群体所面临的可持续发展问题不仅是生存问题。从贫困家庭内部来看，贫困在家庭内还具有代际传递的可能，家庭生活习惯、家庭文化及家庭教育等可能对下一代（贫困家庭的孩子）的社会流动产生长远的影响。如果贫困家庭的孩子长期被滞留在底层而得不到向上流动的机会，那么不仅贫困家庭及其孩子将会在长期的代际传递中出现贫困的再生，社会风险也将长期聚集在基层社区中而与现有社会秩序产生冲突。为此，社区为本的反贫困社会工作以多维的视角来看待贫困、以整体的视角来救助贫困、以促进长远发展的视角来改善贫困。可以说，它提供了一种更广阔和更具批判性的视角来理解多元且相互关联的因素对社区中贫困个人和群体所造成的负面影响。

在理解社区贫困问题的时候，社会工作者被要求具备以下四种职业素养。(1) 完整地理解引发贫困的多重因素。对社区社会工作而言，社会工作者要意识到贫困与其他结构性不平等之间的关联性是极为重要的，也要意识到在更长远的时间段里，某些特定人群还将持续面临贫困，成为一种不平等的生活体验。(2) 我们需要定义社区福祉及与贫困相关的社区动力指标。比较常见的社区贫困特征主要包括：土地及其他生产性资源有限性和不公平分配，较少的人力资源，基本需求未得到满足（特别是食物、住房和健康），低收入和负债，缺少就业替代性的本地资源等所引发的贫困。(3) 理解贫困的主、客观双重维度。社会工作者除了关注服务对象贫困的客观现实之外，个体和集体的贫困经验在过去一二十年间成为反贫困社会工作较为关注的侧重点。贫困对服务对象的自尊、自信、生活期待及生活无力感的影响成为反贫困社会工作干预的重点之一。(4) 社会工作者在微观、中观、宏观的复杂交织中提出分析和应对贫困的替代性政策。社区为本的反贫困社会工作在理解贫困的问题上应当努力去反思一些宏观层面的特征，从更大的层面特别是社区主体之间的共同福祉的层面去寻找反贫困的策略，而不只是局限于贫困人群自身个体化的、主观的福祉状态。

（三）干预的目标：社会工作如何设定反贫困的目标

社区为本的反贫困社会工作具有短期和长期的两个重要目标：从短期目标来看，贫困群体财政或物质资源拥有状况是最明确的干预目标，也即社会工作需要集中去处理贫困和社会排斥对服务对象造成的影响。社区为本的反贫困社会工作的整体目标是去干预贫困社区的脆弱性及贫困群体生存的能力。由于贫困家庭的外部资源获得的局限性，反贫困社会工作致力有效回应贫困群体的五大类需求：生存需求、健康需求、心理及情绪发展需求、爱和自尊需求及社会支持需求。反贫困社会工作的具体工作目标包括：社区为本的评估、社区为本的研究及社区为本的政策分析和政策推动。除此之外，社区为本的反贫困社会工作还关心社区发展中长期风险和可持续发展的多维问题，其不仅涉及经济繁荣，还涉及生态抗逆力、政治参与和文化活力：(1) 经济繁荣是指社区能够参与与经济福利相关的活动和资源分配，社区成员对于宏观的结构变动具有充分的信心；(2) 生态抗逆力是指通过社区行动，使社区周围自然环境具备抵抗破坏及恢复常态的较高能力和水平；(3) 政治参与是指社区成员能够在权力结构中进行参与和合作的程度；(4) 文化活力是指社区能够维持和发展它的独特信仰，庆祝它的实践和仪式并且培育出具有意义的话语叙事。

反贫困社会工作的目标究竟该如何设定呢？这一点在不同的社会工作实践中是具有争议并呈现差异性的。社会工作对贫困的理解和响应实际上包括了两个递进的层面：第一个层面是理解贫困群体的问题，了解他们的需求和现状；第二个层面更多地包括了理解贫困产生和维持的过程，以及贫困是如何与生活中其他形式的压迫和歧视（比如歧视不同种族者、残疾人等）相关联的。贫困和社会排斥囿于各种社会藩篱中，比如社会互动、社会态度、社会政策、服务安排、制度设计等通过拒绝完整公民身份的获得，而将贫穷的人们真正困在边缘化的境地中。因此第二层意义上的反贫困社会工作超越了对贫困的个人病理学解释，而要求在干预目标上对结构和政治环境进行积极探索。当前，社区为本的反贫困社会工作更常见于社区层面开展整合性的干预，将干预目标扩展至更大的范围中。整个反贫困的干预过程也更加注重服务对象在服务设计、传递及评估过程中更广泛和更深层的参与，更加强调社区和群体在挑战结构性局限方面的始创性。

（四）干预策略：社会工作何以推动社区反贫困

当前各国反贫困社会政策的形成反过来催生了对社会工作专业的新需求，要求我们能够基于不同的方法论来对贫困问题进行更科学严谨的分析，并在此基础上进行强有力的干预。纵观全球反贫困行动的图景，大量在全国或是地区层面开展的综合性、多维度的调查在不间断地进行，用来识别贫困的关键特征及其决定因素。然而，这些相对宏观的调查往往无法对地方贫困的发生及其深层机制有充分的说明能力，也多有在家庭层面开展福利调查，以用来帮助判断贫困问题的程度和分布。

社会工作在社区层面开展反贫困干预的大致流程是：首先识别社区问

题，在此基础上通过社区参与来厘清社区需求的优先序列，基于此来设计和发展社区干预计划，最后监测干预并评估社区工作的有效性。在整个流程中，第一步是去收集社区层面的各种数据并且设计社区反贫困计划。社区为本的反贫困社会工作常见有以下干预策略。

1. 优势为本的反贫困策略

传统针对社区困难家庭的救助服务中，主要采取分散的、碎片化的活动组织方式来输送社区福利。然而，这种贫困救助服务一方面在内容上缺乏整体的规划和实施（实施的主体和内容之间缺乏有效的衔接），另一方面也无法使得社区贫困家庭获得系统的、长期的支持陪伴和改变。因此，社会工作者需要在反贫困行动中整体实现从“问题视角”向更积极的“优势视角”转变，改变以往社会救助思想和问题干预思路中被动的病理式思维。在常态的生活环境下，社会工作者应该重新重视以人为本的特点，综合去理解贫困家庭及其脱离困境所具有的优势和潜力，而不是聚焦于对疾病、失能或人格缺陷的补缺。同时应该倡导社会救助政策从临时情境的救助转向日常生活的长期正面支持和潜能挖掘。在这里，优势视角具有两个基本假设：一是有能力生活的人必然有能力使用与发展自身的潜能，并且可以获得资源；二是人类行为大多数取决于个人所拥有的资源。对贫困社区及其中的家庭而言，反贫困行动的策略应当重点挖掘两个层面的优势内容：一个是个体的优势，另一个是环境的优势。前者是指直接观察、分析个体所具有的积极情绪、积极人格特征、潜能、适应环境的能力等主体因素；后者则重视分析个体所处的家庭、群体、组织等环境所具有的，能够帮助个体克服困难和使用环境的各类资源。未来针对贫困家庭的长期陪伴与改变的重点，应是提升家庭及其成员在面临问题时的抗逆力，促进更广泛参与的保护行动。

2. 重点放在社会资本上的干预策略

如今，社会资本的概念在政治学、社会学和经济学等社会科学领域受到了普遍的重视，已成为这些学科之间一个共同的研究工具。社会资本也即以信任为基础的网络，可以被个人和家庭工具化地使用。社会资本在反贫困方面具有十分重要的意义，一些经验研究的结果表明，在经济低迷时期，贫困家庭正是通过强有力的社会网络来帮助自己生存的。以信任为基础的社会资本使资源和机会得以扩张。因此，聚焦社会资本的反贫困策略不仅包括群体内部的社会资本建设，也包括了社区之间、群体之间的社会资本网络建设。在许多社区为本的反贫困社会工作中，我们可以发现，他们的主要实践侧重点并非是计划组建各类社会组织，而是把已有的各种社会组织和社会资源搭建在一个共同的合作行动的框架之中。

3. 强调以“服务对象”为中心的反贫困策略

相较于贫困文化理论所认为的，贫穷的人对自己的贫困处境是顺从的，并且在家庭中形成的规范和价值会使得贫困在代际之间无可逆转地不断传递。社区为本的反贫困社会工作在很大程度上与这一理论具有矛盾性，相信贫困是能够在特定维度上被纠偏的。社区为本的反贫困社会工作强调主体经验、强调可持续的生活质量和社区福祉、强调自下而上的意义赋予和反贫困实践策略的生成。社区动员在社区为本的反贫困社会工作中得到了普遍使用，社会工作者在动员贫困群体加入社区行动的过程中，发挥了重要的促动者角色。社区为本的反贫困社会工作必须积极以居民为本位，赋予社区居民参与社区发展的成员资格，即一种身份、一种权利。倘若没有成员资格，社区居民便有可能始终处于被边缘化、被异化和被压迫的地位。在社区反贫困的行动中，除了充分注意社区居民的成员资格之外，还应当考虑政府与营利性的市场服务及非营利社区组织之间的多元复合问题。简言之，一般社区服务可以满足普通社区居民的公共需求，而营利性的市场服务是一对一的关系，可以较好地实现居民个体的愿望。非营利的社区组织是居民因共同的利益而结成的，提供某种社会服务，或以群体的形式表达意愿、维护利益。由于组织的成员是主动参与的，相互之间可以形成一种横向的社会联结，或者可以称为社会性团结。更重要的是，一方面这些社区组织可以带动贫困群体参与社区公共事务，并在此过程中建立且强化社区居民的社区归属感和社区认同；另一方面作为政府与居民之间的中介，这些社区组织还能够以社会复合主体的形式实现社区可持续发展的共同治理。

4. 强调差异化的反贫困策略

社会工作需要有必备的知识、技能和价值来评估贫困人群的社区福祉，并且发展出相关的服务项目或者提出改进性的建议来支持社区弱势群体的需求满足。但是社区为本的反贫困社会工作并非是放之四海皆准的干预策略，相反其更加注重不同社区在应对贫困问题上差异的条件和情境设置。对不同社区而言，反贫困的目标在多重持续上需要被特殊化地确定，需要在绝对—相对、原子—整体、当前—未来、自上而下和自下而上之间获得平衡。在前期的服务评估上，社会工作需要结合个体性的指标、群体性的指标和社区层面的指标去判断社区问题。根据具体的需求评估来判断社会工作者究竟该为贫困群体提供照料、支持还是指引。在社区研究中，越来越多的研究发现,个人对生活质量的客观和主观感知在很大程度上与他们所处的文化、组织及社区环境紧密相关。① 因此,社区为本的反贫困社会工作试图结合特定的人群与特定的地方情境之间的关联,旨在社区层面改变影响个人发展的家庭环境和社区环境。与传统面向贫困个人和家庭的社会救助不同,社区为本的反贫困社会工作聚焦地方社区层面的资源整合和服务输送,来为国家刚性的社会救助政策提供辅助性的、匹配性的服务支持。

(五)干预内容:社会工作推动何种反贫困行动

社区为本的反贫困社会工作比较多地在物质方面与贫困群体产生专业联系,但其干预内容除了给予收入支持之外还涉及其他方面,比如健康照料、家庭照顾等。政府和非政府部门常常通过合作在社区层面针对贫困群体开展一系列补偿和支持项目,这些项目可以以无偿或者是低价的形式出现。社会工作也通过发展互助网络和支持网络,集合贫困人群来共同解决重要的生计问题。同时,社会工作也通过与既有社会政策的结合来促进社会资本和文化资本的发展,以共同推动反贫困。比如,通过家庭支持的加强来缓解工作与家庭责任之间的张力。反贫困需要宏观社会政策与个体、家庭环境的联合改变。比如,在就业援助上,仅依靠培训和工作经验的获得没有办法来应对复杂的劳动力市场和家庭需求。

社会工作对贫困的响应整体是非常异质性的。从干预程度上来说,反

① Holden M, "Revisiting the Local Impact of Community Indicators Projects: Sustainable Seattle as Prophet in Its Own Land," *Applied Research in Quality of Life*, 2007, Vol. 1, No. 3 - 4, pp. 253 - 277; Matarrita-Cascante D, "Changing Communities, Community Satisfaction, and Quality of Life: A View of Multiple Perceived Indicators," *Social Indicators Research*, 2010, Vol. 98, No. 1, pp. 105 - 127.

贫困社会工作有的将“贫困”视为给定的条件，而有的则将“贫困”视为整个研究的中心。对一个特定的社区而言，反贫困的需求具有内在的多层性，涉及个人/家庭层面的社会经济处境、邻里关系的缺乏与不足、社区因素及更大人口群体上的发展问题。社区为本的反贫困社会工作试图整合微观、中观及宏观的实践来处理贫困问题（见图 9－1 所示）。

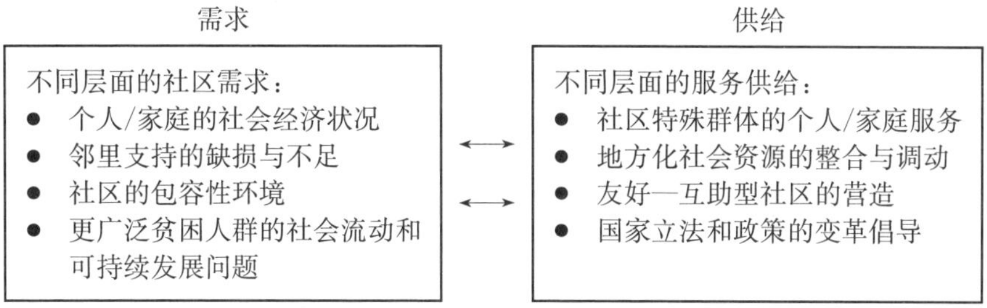

图 9－1　社区为本的反贫困社会工作实践层次

贫困者不仅经济收入偏低，而且教育、健康、婚姻、就业等多重劣势和风险在其家庭和个人身上不断累积。贫困不但意味着低收入，也意味着心理—社会功能的受损，比如不良的行为习惯（毒瘾或酗酒）、心理障碍、精神疾病、交往障碍、暴力倾向等。贫困的发生还与个人生存的环境，包括不稳定、不安全的居所，家庭环境和邻里关系不佳等相关。因此，贫困是多维的概念，需要得到社会政策和社会福利项目多维度的干预和支持。总体而言，贫困治理中应当优先从经济、教育、日常生活、就业、健康等五个维度着手改善贫困状况（见表 9－2）。

表 9－2　社区为本的反贫困社会工作的主要内容

经济反贫困	(1) 收入干预；(2) 过度支出干预
教育反贫困	(1) 教育资源补给；(2) 教育机会再分配；(3) 广泛的教育促进

续 表

日常生活反贫困	(1) 生活资源补给；(2) 居住条件改善；(3) 照料服务供给
就业反贫困	(1) 就业激励与就业促进；(2) 就业资源链接；(3) 就业能力培训
健康反贫困	(1) 身体健康促进；(2) 心理健康促进；(3) 社会功能修复

在经济反贫困方面，社区为本的社会工作在社区层面开展了一系列实践。(1) 收入干预。比如，在农村社区通过多样化的方式扩展收入的渠道、调整既有资源的整合和分配；筹措资金和资源，在社区建立以需求为导向的基金，用于弹性化地处理社区问题。(2) 支出干预。比如，通过外部链接的资源来减少贫困群体的必要消费，或者帮助他们以更低的价格来购买甚至是免费获得食品或衣物等。社会工作者通过政策倡导、增加贫困群体的福利资源来缓解贫困群体的支出压力，比如特定的医疗救助、保障性的药品提供等。同时社会工作者也通过降低消费或理性消费的倡导来帮助服务对象形成合理的收支结构。在教育反贫困方面，社区为本的社会工作开展了一系列实践，主要包括面向贫困群体的教育资源补给；社区范围内对教育机会再分配的政策倡导及全社会广泛的教育促进。在日常生活反贫困方面，社区为本的反贫困社会工作的主要工作范畴是面向贫困群体的生活资源补给、协助其改善居住条件、为其提供照料服务等。在就业反贫困方面，社区为本的反贫困社会工作的主要内容是就业激励与就业促进、就业资源链接，同时为贫困群体提供就业能力培训等。在健康反贫困方面，社区为本的反贫困社会工作聚焦于协助服务对象抵抗身体风险、心理风险和社会功能的风险，协助其在身体和心理上达成更高的健康水平、促进其社会功能的修复。从反贫困的内容层级上来看，社区为本的反贫困社会工作实际整体包

含了个体层面的反贫困行动、家庭层面的反贫困行动、邻里（群体）层面的反贫困行动及社区层面的反贫困行动。

近年来，社区为本的反贫困社会工作在批判性上得到了较强的回归。批判社会工作站在文化的立场上对“贫困的污名化”发起了文化挑战，这成为当前反贫困社会工作的前沿阵地。二战后新自由主义的福利语境不仅极大地在政策上改变了国家的福利供给方式（国家角色的撤出及福利供给的个人化），也在话语上完成了对贫困、失业等社会问题“去政治化”[①]的话语再造。哈维（Harvey）认为，新自由主义创造了一套崇尚私有产权、自由市场和自由贸易的制度框架，该制度框架将人类的福祉通过个体的市场自由加以增进。[②] 在社会政策方面，新自由主义的意识形态则不断将社会福利私人化，将社会问题心理化[③]，极大地压缩了解决社会问题的社会责任。在新自由主义的话语中，贫困被视为个人能力、努力或者是德行失败的结果。同时，个人、家庭乃至社区的贫困经历总是充斥着羞耻感。可以说，自由主义极大地冲击了社会工作的社会学基础及社会工作所做出的重要专业承诺——挑战一切压迫性的系统和话语。

正是在新自由主义话语盛行的背景下，一部分持批判主义立场的社会工作者开始反思意识形态对社会工作本身的冲击和结构化的影响。对此，

① Beddoe L and Keddell E, “Informed Outrage: Tackling Shame and Stigma in Poverty Education in Social Work,” *Ethics and Social Welfare*, 2016, Vol. 10, No. 2, pp. 149 - 162.

② Harvey D, *A Brief History of Neoliberalism*. Oxford New Oxford: Oxford University Press, 2005.

③ Gray M, Dean M, Agllias K. et al, “Perspectives on Neoliberalism for Human Service Professionals,” *Social Service Review*, 2015, Vol. 89, No. 2, pp. 368 - 392.

社会工作主要做出了两方面的回应和调整：一是在社会工作教育中重新强调宏观与微观之间的联系，呼吁社会工作一方面要协助解决贫困群体的私人问题，另一方面也要去应对结构性的压迫，两者都需要得到更多的专业努力①；二是强调结构性因素对贫困的影响，并且在社会工作反贫困的实践中倾向于从文化视角来理解贫困的生成与建构，其实践目标主要在于反思和改变社会建构和权力对贫困社区的问题化想象。在新近的社会工作实践中，社会工作采纳了一些实践框架和技术，重点强调公正和非污名化的实践。

第三节　未尽的研究议题和争议

如今对社区的理解已经跟福利、可持续性、社会包容及生活质量等不断产生关联，社区工作的主要任务也从对社会结构、规范、功能的讨论转向以社区自主性为导向的议题处理。这给传统的社区社会工作带来了许多新的面貌，也使得社会工作在反贫困中的专业实践越来越广泛。社会工作对社会正义的专业响应已经成为关涉专业重要性的核心议题。尽管全球的现代化转型伴随着严峻的贫困问题，同时也伴随着对专业社会工作在反贫困中专业角色的期待和服务需求，然而无论是对贫困的识别还是发展出应对贫困的专业策略，这在当代社会工作中都并非主流，反贫困社会工作的发展仍然还有诸多未尽的研究议题，至今充满争议。

① Beddoe L and Keddell E, "Informed Outrage: Tackling Shame and Stigma in Poverty Education in Social Work," *Ethics and Social Welfare*, 2016, Vol. 10, No. 2, pp. 149 - 162.

一、作为复杂社会问题的贫困及其干预

贫困研究致力于发现贫困的诱发效应，世界各国相关研究发现贫困与其他问题之间有强相关性。比如，来自不同国家的经验发现，贫困与儿童虐待、儿童忽视之间存在关联。有学者发现，即使是最低收入的适度增长也强有力地降低了儿童虐待的上报率。①然而研究者的角色与实践者的角色往往不同，每一位一线的社会工作者在与身处贫困的个人、家庭和社区一同工作的过程中，其所面临的通常是一派非常杂乱的图景，不仅家庭和社区内部的关系样态本身非常复杂，贫困还与其他许多问题相互交织，这种复杂性对社区为本的反贫困社会工作而言是最大的挑战。

贫困是一个典型的复杂问题，复杂且相互缠绕的致贫因素，无法用单一的方法去解决，因此又被认定为"抗解问题""棘手问题"等，比如全球气候变暖问题、健康问题、教育问题、贫困问题、发展中国家的人口红利问题等都是典型的复杂社会问题。复杂问题因其特点而长期使政策制定者和执行者感到困扰：第一，复杂问题的成因具有明显的多重性并相互交织；第二，对复杂问题进行干预和响应后，成效往往不显著甚至是不可见；第三，复杂问题的处理与社会风险和不确定的议题相关联；第四，复杂问题的解决方案是开放的，不存在对错，而只有好坏，也没有终结性的解决方案，往往只能给出部分且临时的解决方案。正是由于复杂问题的不可预期性、难以解决性和解决方案的开放性，长期以来贫困都被认为是社会政策制定者、执行者及研究者

① Raissian K M and Bullinger L R, "Money Matters: Does the Minimum Wage Affect Child Maltreatment Rates," *Children and Youth Services Review*, 2017, Vol. 72, No. C, pp. 60－70.

共同面临的难题。在反贫困社会工作中,贫困这个议题虽然经常能够听到,但却过大而难以处理,也无法依靠单一专业或单一角色来解决。对此,社会工作能够做的和能够改变的非常有限,这也是当前反贫困社会工作最大的实践焦虑。客观而言,由于贫困与其他结构性的问题缠绕在一起,社会工作实践无法充分地回应贫困群体的需求。尤其在诸多贫困议题逐渐在社会转型中与社会流动性、开放性及经济文化全球化关联的背景下,社会工作专业对贫困的有效回应更加面临挑战。事实上,贫困和被剥夺问题无法被直接解决。社会工作能够做的是去改变个人、家庭及社区对贫困的经验,或者改变社会应对的方式,这也恰恰是反贫困社会工作的专业局限性。如果对社会工作干预贫困问题的效果做出专业反思,我们可以发现:在个案工作和社区工作的决策中,仍然有一些机制在模糊甚至阻碍我们更深层次地关注和干预贫困问题,也就是社会工作实践存在从“抽象”到“行动”的不衔接问题。①

二、复杂且矛盾的社会工作角色

由于社会工作实践在复杂环境中的角色定位还没有被完全厘清,反贫困社会工作中的社会工作角色也常常处于复杂且矛盾的境地。其具体表现在以下四个方面。

第一,社会工作将整体性地去理解个人、家庭乃至社区的境遇,然而在实践中社会工作常常偏离这一承诺,在社区为本的反贫困社会工作中往往

① Michal K M, “Poverty-Aware Social Work: A Paradigm for Social Work Practice with People in Poverty,” *British Journal of Social Work*, 2016, Vol. 46, No. 6, pp. 1793－1808.

表现出对某一层面干预的集中偏好。社会工作者在社区反贫困的实践承受着来自不同系统的压力，比如个案数量、时间进度及财政预算等方面的限制使得社会工作者对贫困问题的介入面临诸多限制，只能优先去处理能够被直接观察且能够缓解的风险和问题，而较少有机会和有能力去改变案主所置身的社会经济环境。比如，在针对贫困家庭的服务中，由于购买服务的侧重点，使得社会工作者在家庭服务中以儿童为焦点，而对家庭整体处境的回应非常有限。有社会工作者感叹："由于预算的压力，社会工作者越来越少有机会真正接近家庭，社会工作者必须首先回应迫切的需求，对其他事情的关注变得次要且滞后。"

第二，反贫困的社会工作还可能遭遇一系列系统和组织的压力而影响反贫困社会工作的角色定位。在中国社会工作参与社会救助的实践中，我们同样能够发现结构性的力量对社会工作专业活动所构成的诸多限制。在反贫困的实践活动中，社会工作者变得越来越忙，有限的社会工作服务次数和快速的决策进程使得一线社会工作者很难充分地去了解家庭贫困的复杂性，很难履行好其反贫困的专业角色。"我们一个项目的活动次数基本上在做计划书和做预算的时候就敲定了，做完就结束了。我们自己也有这种感受，就是我们实际对社区里的这些贫困家庭接触的次数比较有限。不仅我们，没有人真正能够了解他们最真实的情况。"（SH－2019073101）这种张力可能会使社会工作者对贫困的关注被程序化地模糊、降低甚至是被抛弃。

第三，社会工作在反贫困的行动中通常处于非常复杂甚至是冲突的地位。Gupta 等学者反思性地指出了社会工作对贫困耻辱感及案主贫困遭遇的加深。①如果我们转向情境化地理解社会工作实际所提供的社区反贫困服务,我们会发现贫困社区与贫困群体的需求被定义的过程充满了多主体的建构性。需求评估被视为有关反贫困社会工作服务的看法与表述,它包括了来自直接服务受众的自我表述,也包括了间接服务受众等相关主体关于反贫困社会工作的看法,还代表着社会工作自身对服务的看法。在这其中,反贫困的重点常常发生偏移。

第四,社会工作所做的既不是单纯的技术活动,也不是简单的政策执行,而是一种朝向更好社会的规范活动。在这里,首先社会正义本身是非常复杂也具有争议的,其次反贫困社会工作在追求社会正义的过程中面临的最大问题是如何放置自身的专业位置,也就是社会工作自身如何去处理维护社会秩序和改变社会秩序之间的矛盾。② 社会工作建立了反贫困策略,带来了新慈善的产生,比如食物银行和社会商店的提供,同时,贫困群体也被视为值得且愿意接受直接援助的对象。

三、未来反贫困社会工作有效性的提升

尽管社会工作者始终在努力把控社会工作介入反贫困的程度和成效,社区为本的反贫困社会工作的有效性依然面临挑战。其主要来自三个方面。

① Gupta A, Blumhardt H, "Poverty, Exclusion and Child Protection Practice: the Contribution of 'the Politics of Recognition & Respect," *European Journal of Social Work*, 2018, Vol. 21, No. 2, pp. 247 - 259.

② Pierson J H, *Tackling Poverty and Social Exclusion*. London New York: Routledge. Taylor and Francls Group, 2016.

第一，反贫困社会工作远离对结构进行改变的专业承诺。从全球反贫困社会工作的实践来看，社会工作在针对贫困人群的紧急救助上显示出了较强的专业能力，但是忽略了在结构上进行反贫困的专业承诺。社会工作较少地关注引发家庭困境的根本原因，更多地将关注点投放在中断的影响上（比如对居住、上学及地方条件的影响），而不去讨论系统不平等及更广泛意义上对社会—政治的影响。换言之，社会工作的反贫困实践没有能够真正触及产生群体性贫困的深层结构问题。这一侧重点的转移在反贫困社会工作中具体表现在两个方面：一方面，有一些研究结论表明，大多数的社会工作者能够从结构的角度来认识贫困，然而他们并没有将自己视为能够改善服务对象被压迫和处于不平等地位的处境的重要角色和资源，而是开展了大量的个案工作来强调个人的病态和不足；另一方面，社会工作在反贫困工作中最常见的方法之一就是基于资源分配的现状来进行平衡性修复，虽然这种做法对贫困个人而言具有重要意义，但是并没有在根本上改变被压迫群体对贫困和其他困难的认知。[①] 社会工作始终没有在弱势群体的社会保护，或是与贫困和剥夺相关的风险议题之间产生紧密的联系。正是由于反贫困社会工作中偏向个案取向和修复性的行动，使得社会工作无法在超越个人和群体的层面上，批判性地检视或者有效地改变既有的社会秩序，更加无法处理服务对象的长期贫困问题。反贫困社会工作中，究竟是应该优先对贫困人群的个人需求和关切给予专业回应，还是应当优先维护现有社会秩序的合理性，这些问题至今都没有在反贫困社会工作中得到很好的解

① Stepney P, "Mission impossible? Critical Practice in Social Work," *British Journal of Social Work*, 2006, Vol. 36, No. 8, pp. 1289 - 1307.

决。如果这一问题不解决，那么社会工作反贫困项目的有效性将始终被质疑。

第二，来自意识形态和组织环境的影响。在实际的反贫困专业实践中（比如个案活动和社区工作决策中），我们对贫困的关注可能因为不同的原因而被模糊、忽视甚至是放弃。即便是那些致力于结构变迁的社会工作，促动结构变迁的努力和社会工作的实践之间往往充满各种距离，因为社会工作的专业活动总是受到各种制约，并嵌入在既定的治理结构中。比如，反压迫社会工作对反压迫的讨论可能会简化结构压迫与个人（服务对象）的经验和需求之间的复杂关系。文化和意识形态对反贫困社会工作的影响也是非常深远的，比如英国新工党对社会工作解决贫困问题的意愿极大地影响了反贫困社会工作的实践。尽管政府对消除贫困具有政治承诺，然而政府并未在再分配的问题上建立共识。有些国家从对“贫困”的讨论转向了对“社会排斥”的讨论。由此，“社会排斥”迅速成为社会工作实践的重要关注点，然而所带来的问题则是过于宽泛和高度普遍化地使用这一概念。有批评者认为，这一概念的使用恰恰模糊了贫困问题的本质，忽略了收入和财富分配的重要问题。此外，管理主义的盛行（尤其是指标化的考核及项目制的运作）对反贫困社会工作的服务目标、服务设计乃至具体的服务提供都构成了限制。受到各种结构性制约的社会工作在实际的反贫困工作中很难直接独立地与服务对象打交道，并且介入他们的家庭、组织和所在社区中来推进案主赋权和社会正义的实现。从干预的侧重点和方法上来看，社会工作内部也没有一致的实践框架，社会工作者往往在不同的情况下对贫困开展不同的行动。这种差异性本身反映出反贫困社会工作对贫困人群状况进行判断和干预的随意性。

第三，社会工作自身对反贫困的忽视和贫困固化。首先，尽管社会工作对处理贫困问题和社会排斥问题早已做出过专业承诺，然而社会工作教育恰恰极大地忽略了应对贫困的理论和实践探索。相当多的经验证据呈现了一个反贫困社会工作的悖论，即旨在对抗贫困的社会工作在某种程度上反而会固化，甚至强化服务对象的贫困境地。比如，贫穷且面临社会排斥处境的服务对象往往在社会工作者眼里被视为无用的、异常的或者是没有希望的。社会工作对贫困问题的响应，极大程度上呈现出一种混合的道德判断。同时，在反贫困社会工作中往往比较多地强调控制而不是对服务对象贫困出路的真正关切。对贫困的基本认识可能带来不恰当的服务设计，加重服务对象的自责和自我无力感，从而使得专业本身成为固化服务对象贫困处境的助推者。社会工作在服务中所使用的一些意识形态的概念，比如“好的/坏的”母亲、“合适/不合适”的性别角色等，这种对贫困群体进行问题化的话语标签无疑会强化既定的经济关系和性别关系。

对未来反贫困社会工作的实践而言，如何更多地让那些身处在贫困中的人充分地参与进来应当是反贫困社会工作需要考虑的问题。福利权利应当被反贫困社会工作服务更多地强调，因为收入问题不仅是重要的经济—社会问题，也是公民权利的问题，社会工作应当通过更充分的训练和承诺来提供福利权利给服务对象。当然，对社区为本的反贫困社会工作而言，社区之间的异质性和同质性及内部的差异需要在实际的工作中得以重视，这在很大程度上关涉反贫困项目和政策能够精准识别和推进的程度。反贫困社会政策在地方层面的实施和推进很难设计出共同的干预方法，不同的社区基于特殊的需求也表现出不同的行动偏好。因此，基于社区的情境性研究方法是制定反贫困政策和设计反贫困项目非常重要的工具[①]，这将对宏观层面的数据采集构成重要补充。

社会工作历来关注人类生存的基本状况。社会工作者应优化针对贫困个人、家庭及社区的反贫困思路，从临时经济救济转向系统常规支持，从道德帮扶转向风险预防。社区反贫困的未来发展应当逐步从经济导向转向系统导向，从道德帮扶转向风险预防，从临时治理转向常态治理，从碎片化活动转向长期的正面促进。就中国本土反贫困实践而言，社区为本的反贫困工作在未来应当逐步探索以下四个方面体制机制上的支持。(1) 反贫困社会工作需要一系列的创新，尤其是通过创造网络来解决贫困问题。当下的社会服务需要超越以社会工作者作为单一支持主体的格局，而采取一种集体化的、以联盟为基础的行动。在中国，创新项目购买和政府社会组织互动的方式，在社区层面探索购买专业社会工作的岗位，在社区常设反贫困专员等类似岗位来统筹协调目前社区各个条线的反贫困资源，搭建社区反贫困与社区可持续发展的服务平台。反贫困专员的设置一方面可以最大限度地保证社区社会工作者在社会工作服务提供上的一致性和连贯性，另一方面也有助于服务成效的达成。社会工作者与社区贫困家庭一同工作所需要的信任和专业关系需要长期搭建，对贫困家庭所处困境的深度了解也需要长时期的一对一接触才可能完成。(2) 探索中长期(3—5 年)社区反贫困及贫困群体成长促进的系列项目。这一项目需要在党建引领下，整合社区力量

① Hentschel J, "Rural Poverty in Ecuador: Assessing Local Realities for the Development of Anti-poverty Programs," *World Development*, 2002, Vol. 30, No. 1, pp. 33 - 47.

乃至更广范围的人财物资源(包括专家力量)来共同引进开发。比如,可以开展以贫困家庭儿童的正面成长为切入点的社区反贫困行动,着力通过对儿童正面成长的引导弥合儿童教育上的需求,同时带动儿童乃至家庭的改变。在实现方式上,该项目需要系列化和连续性,在活动组织上应当打破居民委员会活动的边界壁垒,在社区层面实现儿童服务的整合和集中运作。(3) 考虑当前社区服务硬件条件的局限,建议进一步挖掘可用资源,在社区内开发可用于未来社区服务的场地,将其打造为"梦想空间",为贫困群体及其他群体的服务提供固定的活动场地。(4) 社区为本的反贫困社会工作需要基于前期项目的入户建档资料和社会工作的动态追踪,进一步对服务对象进行分类和筛选,探索面向不同贫困社区、贫困家庭的分类福利输送机制。如社会工作者不仅需要系统梳理不同年龄段、不同性别、不同家庭情况、遭遇不同问题的儿童需求,也需要梳理不同儿童及其家庭的需求间隔和频率,以此来针对性地设计服务项目和输送方式。

在更大的专业领域中,社会工作作为一种实践与研究共生的学科,其需要发展实践导向的研究文化,同时也需要面向贫困问题用专门的研究来支撑反贫困实践。未来我们应该期待通过更细致的研究来形成地方性的研究数据,以判断反贫困社会工作实践的实然状态及其效果。社会工作教育也应当弥补长期以来教育教学中对反贫困知识的忽视,通过社会工作教育来帮助研究者、一线社会工作者及服务对象自身更充分地理解贫困对于社区的影响。未来,在社会工作的项目设计和服务提供上,相关的反贫困专业知识需要得到更多持续和彻底的批判性检视。

主要参考文献

一、英文书籍

[1] ADAMS R. Social work and empowerment[M]. 3rd ed. New York：Palgrave Macmillan，2003.

[2] BALLOCH S，JONES B. Poverty and anti-poverty strategies[M]. London：Association of Metropolitan Authorities，1990.

[3] BECKER S. Responding to poverty[M]. London：Longman，1997.

[4] BRYANT R. Community action，in readings in community work [M]// Henderson P，Thomas D N. London：George Allen and Unwin，1981.

[5] EHRENREICH J H. The altruistic imagination: a history of social work and social policy in the United States[M]. New York: Cornell University Press, 1985.

[6] JUDITH A B LEE. The Empowerment approach to social work practice: building the beloved community[M]. 2nd ed. New York: Columbia University Press, 2001.

[7] NOLAN B, WHELAN C. Resources, deprivation, and poverty [M]. Oxford: Clarendon Press, 1996.

[8] O'CONNOR A. Poverty knowledge: social science, social policy, and the poor in twentieth-century US history [M]. Princeton: Princeton University Press, 2009.

[9] PIERSON J H. Tackling poverty and social exclusion: promoting social justice in social work[M]. London: Routledge, 2016.

[10] RANK M R. One nation, underprivileged: why American poverty affects us all[M]. New York: Oxford University Press, 2005.

二、英文文章

[1] CANTILLON B. The paradox of the social investment state: growth, employment and poverty in the Lisbon era[J]. Journal of European Social Policy, 2011, 21(5): 432-449.

[2] DAVIS A, WAINWRIGHT S. Combating poverty and social exclusion: implications for social work education[J]. Social Work

Education, 2005, 24(3): 259 - 273.

[3] FRASER N. Reframing justice in a globalizing world[J]. New Left Review, 2005, 36(11): 69 - 88.

[4] GARDNER D S, TUCHMAN E, ROBERT H. A cross-curricular, problem-based project to promote understanding of poverty in urban communities[J]. Journal of Social Work Education, 2010, 46(1): 147 - 156.

[5] GARRETT P M. Social work and the just society: diversity, difference and the sequestration of poverty[J]. Journal of Social Work, 2002, 2(2): 187 - 210.

[6] HENTSCHEL J. Rural poverty in ecuador: assessing local realities for the development of anti-poverty programs [J]. World Development, 2002, 30(1): 33 - 47.

[7] KRUMER-NEVO M. Listening to "life knowledge": a new research direction in poverty studies[J]. International Journal of Social Welfare, 2005, 14(2): 99 - 106.

[8] KRUMER-NEVO M. Poverty-aware social work: a paradigm for social work practice with people in poverty[J]. British Journal of Social Work, 2016, 46(9): 1793 - 1808.

[9] BEDDOE L, KEDDELL E. Informed outrage: tackling shame and stigma in poverty education in social work[J]. Ethics and Social Welfare, 2016, 10(2): 149 - 162.

[10] MARGARET A. Forging a New Paradigm for Australian Rural Social Work Practice[J]. Rural Society, 2015, 15(3): 277 - 284.

[11] PETOUKHOV K. Recognition, redistribution and representation: assessing the transformative potential of reparations for the Indian residential school experience[J]. McGill Sociological Review, 2013, 3(2): 73 - 91.

[12] STEPNEY P. Mission impossible? Critical practice in social work [J]. British Journal of Social Work, 2005, 36(8): 1289 - 1307.

[13] VANCE C. Toward a radical model of social work in rural communities [J]. Journal Progressive Human Services, 2017, 28(1): 2 - 5.

[14] VILLADSEN K. The emergence of "neo-philanthropy": A new discursive space in welfare policy? Acta Sociologica, 2007, 50(3): 309 - 323.

[15] WEISS-GAL I, LEVIN L, Krumer-Nevo M. Applying critical social work in direct practice with families[J]. Child & Family Social Work, 2014, 19(1): 55 - 64.

三、中文书籍

[1] [美] Dennis Saleebey. 优势视角：社会工作新模式[M]. 杜立婕，袁园，译. 上海：华东理工大学出版社，2015.

[2] [美] Mary E. Richmond. 贫民中的友善探访：慈善工作者手册[M].

康姣,译.上海:华东理工大学出版社,2018.

[3] [印]阿马蒂亚·森.以自由看待发展[M].任赜,于真,译.北京:中国人民大学出版社,2002.

[4] 曾旭正.台湾的社区营造[M].新北:远足文化事业股份有限公司,2013.

[5] [美]戴维·A.哈德凯瑟,[美]帕翠霞·R.鲍沃斯,斯坦利·温内科.社区工作理论与实务[M].夏建中,等译.北京:中国人民大学出版社,2008.

[6] 邓蓉.社区社会工作实践案例集[M].武汉:武汉大学出版社,2018.

[7] 房列曙,陈恩虎,柴文杰.社区工作[M].合肥:合肥工业大学出版社,2005.

[8] 甘炳光,梁祖彬,陈丽云,等.社区工作:理论与实践[M].香港:香港中文大学出版社,1994.

[9] 黄承伟,刘欣,周晶.鉴往知来——十八世纪以来国际贫困与反贫困理论评述[M].南宁:广西人民出版社,2017.

[10] 江立华.社区工作[M].武汉:华中科技大学出版社,2009.

[11] 蒋国河.社会工作与农村反贫困:本土化实践与理论反思[M].北京:中国社会出版社,2017.

[12] 柯一青.社区营造策略分析[M].台中:白象文化事业有限公司,2015.

[13] 李瑞华.贫困与反贫困的经济学研究:以内蒙古为例[M].北京:中央编译出版社,2014.

[14] 李长洪,陈方圆.扶贫社会工作服务指南[M].北京:中国社会出版社,2017.

[15] 苏景辉.社区工作:理论与实务 [M].3版.台北:巨流图书股份有限公司,2009.

[16] 文军.西方社会工作理论[M].北京:高等教育出版社,2013.

[17] 文军.社会工作模式:理论与应用[M].北京:高等教育出版社,2011.

[18] 夏建中.社区工作[M].北京:中国人民大学出版社,2005.

[19] 徐永祥.社区工作[M].北京:高等教育出版社,2004.

[20] 徐勇.反贫困在行动:中国农村扶贫调查与实践[M].北京:中国社会科学出版社,2015.

[21] 叶至诚.社区工作与社区发展[M].台北:秀威资讯科技股份有限公司,2010.

[22] 殷妙仲,高鉴国.社区社会工作:中外视野中的交流[M].北京:中国社会科学出版社,2006.

[23] 张和清,杨锡聪等.社区为本的整合社会工作实践——理论、实务与绿耕经验[M].北京:社会科学文献出版社,2016.

[24] 周沛,易艳阳.社区社会工作[M].2版.北京:社会科学文献出版社,2019.

四、中文文章

[1] 曾庆捷,牛乙钦.乡村治理中的产业扶贫模式及其绩效评估[J].南开

学报(哲学社会科学版),2019(4):87－96.

[2] 陈成文,李春根.论精准扶贫政策与农村贫困人口需求的契合度[J].山东社会科学,2017(3):42－48.

[3] 陈成文,姚晓,廖欢.社会工作:实施精准扶贫的推进器[J].社会工作,2016(3):10－16.

[4] 陈树强.增权:社会工作理论与实践的新视角[J].社会学研究,2003(5):70－83.

[5] 陈涛,杨锡聪,陈锋.发展性社会工作的本土化理论及实践[J].新视野,2018(4):62－68.

[6] 程玲.可行能力视角下农村妇女的反贫困政策调适[J].吉林大学社会科学学报,2019(5):163－169,223.

[7] 高飞,向德平.专业社会工作参与精准扶贫的可能性与可及性[J].社会工作,2016(3):17－24,124.

[8] 古学斌,张和清,杨锡聪.地方国家、经济干预和农村贫困:一个中国西南村落的个案分析[J].社会学研究,2004(2):79－88.

[9] 古学斌,张和清,杨锡聪.专业限制与文化识盲:农村社会工作实践中的文化问题[J].社会学研究,2007(6):161－179,244－245.

[10] 关信平.当前我国专业社会工作的内在能力建设及其对社会工作教育的要求[J].社会建设,2017(4):12－15.

[11] 黄锐,文军.走出社区的迷思:当前中国社区建设的两难抉择[J].社会科学,2013(2):62－67.

[12] 蒋国河,平卫英,孙萍.发展性社会工作视角下的农村反贫困实

践——W县Y村妇女互助储金会的案例分析[J]. 江西财经大学学报,2018(6): 94-103.

[13] 李侨明,张和清. 社工"学步": 中国农村社会工作研究十年评(2006~2016)[J]. 社会建设,2017(1): 31-41.

[14] 李文祥,田野. 社会工作介入贫困群体的可行能力建设研究[J]. 社会科学,2018(12): 81-89.

[15] 李迎生,郭燕. 推动社会工作精准介入反贫困实践[J]. 中国人民大学学报,2018(5): 92-103.

[16] 李迎生,徐向文. 社会工作助力精准扶贫: 功能定位与实践探索[J]. 学海,2016(4): 114-123.

[17] 李志萌,张宜红. 革命老区产业扶贫模式、存在问题及破解路径——以赣南老区为例[J]. 江西社会科学,2016(7): 61-67.

[18] 林顺利,孟亚男. 嵌入与脱嵌: 社会工作参与精准扶贫的理论与实践[J]. 甘肃社会科学,2018(3): 9-15.

[19] 潘泽泉,许新. 贫困的社会建构、再生产及应对: 中国农村发展30年[J]. 学术研究,2009(11): 44-49.

[20] 钱宁,卜文虎. 以内源发展的社会政策思维助力"精准扶贫"——兼论农村社会工作的策略与方法[J]. 湖南师范大学社会科学学报,2017(3): 123-129.

[21] 沈红. 穷人主体建构与社区性制度创新[J]. 社会学研究,2002(1): 40-54.

[22] 汪鸿波,费梅苹. 乡村振兴背景下农村社会工作的实践反思及分层互

嵌[J]. 甘肃社会科学,2019(1): 79-85.

[23] 王思斌. 精准扶贫的社会工作参与——兼论实践型精准扶贫[J]. 社会工作,2016(3): 3-9.

[24] 王思斌. 金融增权: 社会工作的服务领域和能力建设[J]. 社会建设,2019(2): 3-6.

[25] 王思斌. 农村反贫困的制度—能力整合模式刍议——兼论社会工作的参与作用[J]. 江苏社会科学,2016(3): 48-54.

[26] 王文龙. 中国包村运动的异化与扶贫体制转型[J]. 江西财经大学学报,2015(2): 81-87.

[27] 王晓毅. 精准扶贫与驻村帮扶[J]. 国家行政学院学报,2016(3): 56-62.

[28] 王晓毅. 易地搬迁与精准扶贫: 宁夏生态移民再考察[J]. 新视野,2017(2): 27-34.

[29] 王雨磊. 精准扶贫何以"瞄不准"? ——扶贫政策落地的三重对焦[J]. 国家行政学院学报,2017(1): 88-93.

[30] 卫小将. 精准扶贫中群众的"求贫"心理与情感治理[J]. 中国行政管理,2019(7): 72-76.

[31] 卫小将. 精准扶贫中群众的主体性塑造——基于赋权理论视角[J]. 中国特色社会主义研究,2017(5): 80-85.

[32] 文军,吴越菲. 社区为本: 灾害社会工作服务及其本土实践——以云南鲁甸地震灾区社会工作服务为例[J]. 河北学刊,2016(5): 153-160.

[33] 文军，吴越菲.灾害社会工作的实践及反思——以云南鲁甸地震灾区社工整合服务为例[J].中国社会科学，2015(9)：165－181，207.

[34] 文军，张赛军.社会资本与社区脱贫——对社会资本独立性功能的分析[J].西北师大学报(社会科学版)，2006(3)：19－24.

[35] 文军."转型发展中的精准扶贫研究"专题[J].南通大学学报(社会科学版)，2018(1)：111.

[36] 吴越菲，文军.从社区导向到社区为本：重构灾害社会工作服务模式[J].华东师范大学学报(哲学社会科学版)，2016(6)：101－110.

[37] 席晓丽.社会工作助力精准扶贫的"嵌入"和"浸润"路径[J].贵州社会科学，2018(5)：164－168.

[38] 向德平，程玲.发展性社会工作的脉络、特点及其在反贫困中的运用[J].西北师大学报(社会科学版)，2019(2)：47－52.

[39] 向德平.充分发挥社会工作在产业扶贫中的作用[J].中国社会工作，2019(16):1.

[40] 向羽.从"服务"到"发展"：农村社会工作发展路径探析——对珠海农村社会工作发展的反思[J].社会工作与管理，2016(3)：31－38.

[41] 许汉泽，李小云.精准扶贫背景下驻村机制的实践困境及其后果——以豫中J县驻村"第一书记"扶贫为例？[J].江西财经大学学报，2017(3)：82－89.

[42] 闫红红，张和清.优势视角下农村妇女组织与社区参与的实践探索——以广东省M村妇女社会工作项目为例[J].妇女研究论丛，2019(2)：44－54.

[43] 袁君刚. 社会工作参与农村精准扶贫的比较优势探索[J]. 西北农林科技大学学报(社会科学版),2017(1):17-22.

[44] 原华荣. 生产性贫困与社会性贫困[J]. 社会学研究,1990(6):81-88.

[45] 张和清,闫红红,尚静. 社区为本的农村社会工作实务模式探索——国内外农村社会工作研究文献的综述[J]. 学海,2019(2):79-86.

[46] 张和清,杨锡聪,古学斌. 优势视角下的农村社会工作——以能力建设和资产建立为核心的农村社会工作实践模式[J]. 社会学研究,2008(6):174-193.

[47] 张和清. 从个案救助到社区能力建设——从两个案例看社会工作参与脱贫攻坚[J]. 中国社会工作,2017(25):19-20.

[48] 张和清. 扎根社区推动脱贫攻坚[J]. 人民论坛,2018(29):50-51.

[49] 张和清. 全球化背景下中国农村问题与农村社会工作[J]. 社会科学战线,2012(8):175-185.

[50] 张和清. 社会转型与社区为本的社会工作[J]. 思想战线,2011(4):38-39.

[51] 张和清. 中国社区社会工作的核心议题与实务模式探索——社区为本的整合社会工作实践[J]. 东南学术,2016(6):58-67,247.

[52] 张曦. 家庭再生产、贫困发生与精准扶贫政策实践[J]. 华南农业大学学报(社会科学版),2019(4):10-20.

[53] 张雪梅,李晶,李小云. 妇女贫困:从农村到城乡,从收入贫困到多维贫困——2000年以来中国“妇女贫困”研究评述与展望[J]. 妇女研究

论丛,2011(5):99-105.

[54] 张勇,陈太勇. 中国农村贫困社区“六轮驱动”扶贫模式研究——以XMN中国扶贫发展项目为例[J]. 开放研究,2017(2):23-29.

[55] 周怡. 贫困研究:结构解释与文化解释的对垒[J]. 社会学研究,2002(3):49-63.

[56] 卓彩琴. 贫弱群体的生产机制和消解策略——基于社会排斥视角分析[J]. 理论月刊,2014(2):168-172.

后　　记

2016 年 11 月，国务院颁布《“十三五”脱贫攻坚规划》，指出脱贫攻坚必须遵循“坚持统筹推进改革创新”的原则。2017 年 9 月，《中共中央办公厅 国务院办公厅关于支持深度贫困地区脱贫攻坚的实施意见》印发。同年 10 月，中国共产党第十九次全国代表大会胜利召开，习近平总书记在十九大报告中指出，要坚决打赢脱贫攻坚战，确保到 2020 年我国现行标准下农村贫困人口实现脱贫，贫困县全部摘帽，解决区域性整体贫困，做到脱真贫、真脱贫，让贫困人口和贫困地区同全国一起进入全面小康社会。

2018 年 6 月，《中共中央 国务院关于打赢脱贫攻坚战三年行动的指导意见》出台，在肯定过去 5 年我国脱贫工作成效的同时，提出未来 3 年还有

3 000万左右农村贫困人口需要脱贫，尤其是“三区三州”深度贫困的地区，应集中力量攻克贫困的难中之难、坚中之坚，确保坚决打赢脱贫攻坚战，实现全面建成小康社会的奋斗目标。同时提出继续组织实施社会工作专业人才服务“三区”计划、服务机构“牵手计划”、教育对口扶贫计划，拓展面向贫困地区的社会工作服务示范项目，发挥社会工作组织协调、资源链接、宣传倡导的优势。社会工作坚持以群众为主体、助人自助的理念，在支持贫困群体提升自我脱贫、自我发展的能力方面发挥专业优势，为扶贫工作提供了持续的力量和独特的视角。

中国社会工作从20世纪80年代末90年代初恢复重建以来，尤其是近年来发展十分迅速，在反贫困领域中大有作为。社会工作与反贫困有着深厚的历史渊源，从解决贫困问题的慈善实践开始，社区就作为社会工作开展反贫困实践的载体。回顾社会工作的历史，英美睦邻组织运动中所体现的社区自助和互助精神影响深远。以往的反贫困社会工作从社会救助角度、发展性视角或基于资产建设理论，帮助贫困人口维持或改善生活，强调贫困人口的自我脱贫，重视资产的积累。社区为本的反贫困社会工作将这三种视角整合，以社区为落脚点，围绕社区的特色和资源，注重社区的整体性和系统性，激发社区本身的活力，重视贫困人口的能力建设，支持贫困群体提升自我脱贫和自我发展的能力，强调激发贫困人口的自我意识和内生动力，同时社区为本的反贫困社会工作关注贫困社区的宏观议题，重视社区自助和互助精神的培育，以打造“社会生活共同体”为目标，实现贫困地区的可持续发展和永久脱贫。

本书是一项集体性成果，参与本书编写工作的作者主要由华东师范大学社会发展学院社会学系和社会工作系的老师和博士生组成，他们一起用社会工作专业智慧反思实践经验，凝聚心血汇编此书。全书由我负责总体构思和拟订提纲，并组织对各章节内容进行深入的研讨和反复的修改，吴越菲、吕洁琼负责协助我做了大量的统稿工作。本书的具体分工如下：第一章，文军、吕洁琼；第二章，吕洁琼、文军；第三章，李珊珊；第四、五章，高艺多；第六章，张梦泽；第七章，刘雨航；第八章，陈倩雯；第九章，吴越菲。再次对参与本书编写工作的老师和博士生们表示感谢。

在本书调研和撰写过程中，我们得到了中国社会工作教育协会反贫困社会工作专业委员会和中国社会学会发展社会学专业委员会的大力支持，我也曾多次参与以上两个专委会召开的有关反贫困议题的学术研讨会，研讨会上同行学者的发言给了我很好的思想启发，也提供了一些经验案例。此外，我所在的华东师范大学社会发展学院，在反贫困社会学、民俗学、人类学、人口学和社会工作等研究方面也投入了许多物力和财力，不仅在全国多地建立了反贫困理论研究和社会实践基地，而且以不同的方式组织师生参与到脱贫攻坚的伟大事业中。当前，我国反贫困事业正处在从脱贫攻坚向全面推进乡村振兴的大转型之中，脱贫摘帽不是终点，而是新生活和新奋斗的起点，也是中国社会转型发展的一种伟大实践。在上海市“中国特色的转型社会学研究”社会科学创新研究基地等科研机构的大力支持下，我们将继续关注和研究推进脱贫攻坚和乡村振兴的衔接机制，努力为中国乡村社会的转型发展做出应有的贡献。当然，由于社区为本的反贫困社会工作，无论在理论上还是实务上都是一项崭新的工作，这对于起步不久的中国专业社会工作者而言更是如此，我们衷心地希望从事反贫困相关领域工作的科研工作者、实务工作者，以及所有关心该领域的同仁们能将更多的精力投入这项事业，共同为反贫困社会工作的未来发展和学术研究做出贡献。

文 军

上海市"中国特色的转型社会学研究"

社会科学创新研究基地

2020 年 10 月 17 日写于华东师范大学樱桃河畔

2021 年 4 月 19 日修订于华东师范大学丽娃河畔